Facebook POUR LES NULS

4e édition

Carolyn Abram - Leah Pearlman

FIRST
Interactive

Facebbok pour les Nuls (4e édition)

Titre de l'édition originale : *Facebook 4nd Edition For Dummies®*

Collection dirigée par Jean-Pierre Cano
Traduction : Philip Escartin
Mise en page : maged

Edition française publiée en accord avec Wiley Publishing, Inc.
© Éditions First, un département d'Édi8, 2016
Éditions First, un département d'Édi8
12 avenue d'Italie
75013 Paris
Tél. : 01 44 16 09 00
Fax : 01 44 16 09 01
E-mail : firstinfo@efirst.com
Web : www.editionsfirst.fr
ISBN : 978-2-7540-8046-5
Dépôt légal : 1er trimestre 2016

Imprimé en France par Pollina - L75545

Sommaire

Introduction

Facebook est un réseau social qui met en relation les personnes. Il permet de communiquer et de garder contact avec des amis et votre famille partout dans le monde. Il facilite vos relations en ligne pour vous aider à les améliorer dans le monde réel. Surtout, Facebook vous met en relation avec les *personnes* que vous connaissez par le biais de *contenus* qui présentent pour vous une certaine importance. Que vous préfériez prendre des photos et des vidéos ou plus simplement les regarder, raconter votre vie par écrit ou lire l'actualité de vos amis, Facebook est conçu pour vous. Que vous vouliez partager des actualités et des sites Web, jouer à des jeux, organiser des événements, former des groupes ou promouvoir votre entreprise, Facebook vous le permet.

Facebook vous donne les commandes. Communiquer et partager des informations sont des activités puissantes si vous pouvez contrôler ce que vous faites dans votre espace. Quasiment toutes les informations et tous les moyens de communication de Facebook disposent de paramètres de confidentialité vous permettant de partager et de communiquer comme (et avec qui) vous voulez.

Facebook accueille tout le monde : étudiants, professionnels, petits-enfants (à condition qu'ils aient au moins 13 ans), parents, grands-parents, personnes actives, célébrités, amis lointains, colocataires, *etc*. Qui que vous soyez, utilisez Facebook pour enrichir votre vie. Vous ne serez pas déçu !

À propos de Facebook Poche pour les Nuls

La première partie de ce livre vous présente les bases pour vous lancer et vous inscrire sur Facebook. Elle est idéale pour découvrir la puissance de Facebook. Les deuxième et troisième parties explorent tous les outils disponibles pour partager tous types d'informations avec les personnes que vous appréciez. La quatrième partie vous propose de découvrir comment tirer profit des relations étroites qui existent entre Facebook et le reste du Web.

Voici quelques actions que vous pouvez réaliser avec ce livre :

- **Découvrir comment vous représenter vous-même en ligne.** Vos amis vous voient sous un certain angle, votre famille sous un autre, vos collègues vous voient différemment encore, les amis de vos amis autrement, *etc*. Facebook vous permet d'adapter votre image aux différents publics visés.
- **Entrer en contact et communiquer avec les personnes que vous connaissez.** Que vous cherchiez des amis proches ou perdus de vue, des membres de votre famille, des contacts professionnels, des coéquipiers ou des célébrités, Facebook vous met en relation. Ne dites plus jamais « adieu », à moins que vous vouliez définitivement couper les ponts.
- **Découvrir comment les outils en ligne peuvent améliorer vos relations dans le monde réel.** Les outils visant à organiser des événements ou créer des groupes, à partager des photos et à communiquer directement ou de manière passive vous permettent d'avoir une vie sociale active dans le monde réel.
- **Retrouver vos contacts Facebook sur le reste du Web.** Grâce à la plate-forme Facebook et aux possibilités de connexion, beaucoup de services que vous utilisez déjà sont encore plus puissants quand ils sont associés à vos amis Facebook.
- **Présenter son entreprise à ses clients, acteurs de son succès.** Un public engagé et une publicité bien ciblée contribuent à ce que votre message soit entendu.

Suppositions

Dans ce livre, nous supposons que :

- Vous avez au moins 13 ans.

- Vous avez accès à Internet et possédez une adresse e-mail.
- Vous connaissez des gens avec qui vous aimez communiquer.
- Vous maîtrisez la langue dans laquelle ce livre est écrit.

Conventions de ce livre

Dans cet ouvrage, nous adoptons quelques conventions pour le rendre plus lisible. Dès que vous devez entrer du texte, nous le mettons en **gras**. Les éléments dans cette `police de caractères` correspondent à des adresses e-mail ou des URL de sites Web. Quand un terme est en *italique*, sa définition n'est pas bien loin. Les fonctions Facebook et les commandes commencent par une majuscule, par exemple Paramètres généraux du compte. Les listes numérotées vous indiquent l'ordre des étapes à respecter pour accomplir une tâche. En revanche, il n'y a pas d'ordre pour lire les listes à puces. Lisez de bas en haut ou de haut en bas !

Enfin, nous, les auteurs, affirmons souvent nos opinions. Même si nous travaillons ou avons travaillé pour Facebook, les opinions que nous énonçons dans ce livre sont les nôtres et non celles de Facebook. Nous sommes des utilisateurs assidus de Facebook et l'étions bien avant d'intégrer l'entreprise. Pendant l'écriture de cet ouvrage, nous avons ôté notre « casquette d'employé » et l'avons remplacée par celle « d'utilisateur » pour être des guides irréprochables et partager objectivement notre passion pour le site.

Ce qu'il n'est pas nécessaire de lire

Ce livre s'adresse aux nouveaux utilisateurs Facebook. Certaines informations ciblent ceux qui souhaitent utiliser Facebook pour lancer ou développer une entreprise ou une activité. Si vous souhaitez vous inscrire sur Facebook avant tout pour rester en contact avec votre famille et vos amis, n'hésitez pas à faire l'impasse sur ces sections.

Comment ce livre est organisé ?

Facebook Poche pour les Nuls est divisé en quatre parties. Inutile de les lire les unes après les autres, ni même de lire certaines sections qui ne vous intéressent pas. Le premier chapitre de chaque partie vous offre un aperçu de l'application ou de la fonctionnalité traitée dans la partie, ainsi qu'une description des lecteurs ciblés. Si vous n'êtes pas sûr qu'une partie vous intéresse, lisez le premier chapitre. Si le doute persiste dans le chapitre suivant, lisez son introduction et prenez une décision.

Dans ce livre, les sujets sont traités dans l'ordre suivant : des fonctions les plus couramment utilisées aux moins utilisées. Nous vous conseillons de vous familiariser avec les fonctions de la première partie avant de passer à la suivante, *etc.* Au fil du livre, nous aborderons des fonctionnalités de plus en plus spécifiques, qui risquent d'intéresser seulement une catégorie de lecteurs.

N'oubliez pas la table des matières et l'index. Utilisez-les pour trouver rapidement les informations dont vous avez besoin. Voici le descriptif de chaque partie :

Première partie : Démarrer votre Facebook

Le Chapitre 1 vous présente Facebook et vous offre un aperçu des méthodes les plus populaires et pratiques que différents types de personnes utilisent pour intégrer Facebook dans leur vie. Dans les quelques chapitres qui suivent, nous vous aidons à définir votre profil et à prendre vos marques dans le site. Enfin, nous vous présentons tous les outils de confidentialité et vous donnons des conseils de sécurité nécessaires pour contrôler votre compte Facebook. Si chacun se sent en sécurité, toute la communauté Facebook en profite.

Deuxième partie : Partager sa vie sur Facebook

Une fois que vous êtes à l'aise avec les fonctions de base, la deuxième partie vous aide à créer un profil honnête, à être interactif et à entrer en contact avec les personnes que vous connaissez dans la communauté Facebook qui ne cesse de s'agrandir. Nous vous présentons les outils Facebook les plus couramment utilisés, notamment l'application Photos, et vous expliquons comment exploiter le système pour l'adapter à vos besoins.

Troisième partie : Le sens de l'organisation

La troisième partie vous indique comment Facebook peut vous aider à rester connecté avec les personnes que vous connaissez et proche d'elles. Nous vous expliquons également les différences entre communication publique et privée, interaction active et passive. Elles visent à satisfaire différentes exigences dans des situations sociales variées. Dans cette partie, vous découvrirez aussi comment les gens restent en contact grâce à l'utilisation des applications Groupes et Événements de Facebook.

Quatrième partie : Dans les entrailles de Facebook

Hormis enrichir la vie privée des utilisateurs, Facebook peut aussi aider les entreprises à se connecter avec leurs clients grâce à des méthodes spécifiques. Avec la plateforme Facebook, les messages de votre entreprise peuvent atteindre les consommateurs de manière ciblée et les interpeller.

Icônes utilisées dans ce livre

Qu'est-ce qu'un livre *Pour les Nuls* sans ses fameuses icônes chargées d'aider et de guider le lecteur ? Dans cette section, nous décrivons brièvement les icônes utilisées dans ce livre.

L'icône Truc désigne une information pratique visant à vous conseiller.

L'icône N'oubliez pas marque un point intéressant et pratique qu'il faut retenir.

L'icône Attention indique un danger. Avec cette icône, nous vous mettons en garde et vous demandons d'être prudent.

Par quoi commencer ?

Que vous utilisiez Facebook depuis des années ou que vous soyez novice, nous vous conseillons de commencer par le Chapitre 1 qui prépare le terrain pour tout le reste du livre. Après l'avoir lu, vous saurez quels sujets vous intéressent et pourrez vous diriger vers les chapitres correspondants. Toutefois, nous recommandons à tous les lecteurs de prendre le temps de lire le Chapitre 5 qui traite de la confidentialité sur Facebook. Facebook représente une communauté en ligne. Il est donc important que chacun sache comment agir au sein de la communauté afin de garantir un environnement sécurisé, amusant et pratique.

Si vous débutez sur Facebook et voulez l'utiliser pour améliorer vos relations personnelles, nous vous conseillons de lire ce livre de la première à la troisième partie. Si vous êtes plus que débutant et n'êtes pas persuadé que Facebook s'adresse à vous, vous trouverez des réponses à vos questions dans le Chapitre 1. Tant pis si le suspens est gâché, mais sachez que, qui que vous soyez, Facebook est fait pour vous.

Peut-être que Facebook vous est familier. Dans ce cas et parce que Facebook est en constante évolution, nous vous conseillons de vous munir de cet ouvrage pour en savoir plus. Les troisième et quatrième parties vous permettront certainement d'avoir une longueur d'avance.

Trêve de bavardages, il est temps de se lancer ! Feuilletez les pages d'une main, prenez votre souris de l'autre et ouvrez votre esprit à un outil révolutionnaire visant à améliorer et enrichir vos relations dans le monde réel.

Première partie

Démarrer votre Facebook

"Trop de téléchargements tue le téléchargements"

Dans cette partie...

Objectif atteint ! Nous avons réussi à vous conduire au-delà de l'introduction. Vous ne le voyez pas, mais un grand sourire illumine notre visage ! Comme vous êtes débutant, nous supposons que vous vous posez des questions basiques telles que :

- Qu'est-ce que Facebook ?
- Suis-je trop vieux pour Facebook ?
- Comment utiliser Facebook efficacement ?
- Je veux utiliser Facebook, mais par où commencer ?

Autant de questions intéressantes pour bien commencer votre exploration de Facebook. Dans cette partie, nous tentons d'y apporter des réponses claires et précises. Nous vous expliquons d'abord qui utilise Facebook et comment, puis nous abordons l'essentiel, c'est-à-dire l'inscription, la création de votre profil et la recherche d'amis. En outre, nous vous indiquons comment naviguer dans le site et comment protéger vos données.

Chapitre 1

Les multiples facettes de... Facebook

Dans ce chapitre :

- Découvrir Facebook.
- Ce que l'on peut faire et ne pas faire sur Facebook.
- En quoi Facebook est différent des autres réseaux sociaux.
- Les différentes manières d'utiliser Facebook.

Imaginez que vous tentiez d'aller de Paris à New York sans prendre l'avion, ou de cuire une quiche sans four, ou encore de monter au 20e étage d'un immeuble sans ascenseur. Vous aurez beau redoubler d'ingéniosité, sans les bons outils, vous risquez de sacrées déconvenues.

Tout comme un avion, un four ou un ascenseur, Facebook est un outil qui peut simplifier les tâches quotidiennes et les rendre plus amusantes. Facebook vous permet de gérer, maintenir et améliorer vos relations sociales. Réfléchissez aux moyens nécessaires pour accomplir les tâches suivantes :

- Obtenir le numéro de téléphone d'un vieil ami.
- Savoir ce que deviennent vos amis.
- Trouver un contact dans la ville dans laquelle vous déménagez ou dans l'entreprise dans laquelle vous postulez.
- Planifier un événement, gérer la liste des invités et la mettre à jour en cas de modifications.

- Collecter des fonds pour une œuvre de charité.
- Récolter des avis sur des films, livres et restaurants.
- Partager les photos et des vidéos de vos dernières vacances.
- Informer vos proches et amis de vos derniers succès, leur montrer vos photos, vos films, ou simplement leur témoigner votre affection.
- Vous souvenir de la date d'anniversaire de vos proches.
- Utiliser Facebook comme un blog.
- Faire part d'évènements artistiques (ou autres) importants.

La liste précédente est un exemple de toutes les tâches quotidiennes que Facebook vous aide à réaliser plus simplement et plus confortablement. Elle est loin d'être exhaustive, mais nous devons garder un peu d'espace dans ce livre pour vous apprendre à résoudre ces problèmes.

Facebook simplifie et améliore toutes vos relations sociales. C'est une sacrée prouesse. Une prouesse comparable à celle d'un mixeur capable de préparer un repas de sept plats en moins de six minutes, d'un médicament capable de procurer les abdominaux de Chuck Norris et les jambes de Raquel Welch sans exercice, d'une recette pour devenir millionnaire en six étapes. Toutefois, Facebook est quelque peu différent, au moins sur trois points. Premièrement, la prise en main n'est pas forcément évidente et se familiariser avec Facebook nécessite un peu de travail (ce dont vous êtes conscient, sinon vous ne vous lanceriez pas à la conquête de ces pages). Deuxièmement, Facebook ne coûte rien, et si vous n'êtes pas satisfait, vous pouvez être remboursé à 100 % ! Enfin, contrairement au mixeur ou aux médicaments, Facebook va véritablement changer votre vie, la rendre plus agréable, plus amusante, plus simple et plus drôle (désolés de nous répéter, mais c'est tellement vrai !).

Comprendre Facebook

Pensez aux personnes avec lesquelles vous avez communiqué aujourd'hui. Peut-être avez-vous acheté le journal ce matin et parlé avec votre voisin ? Peut-être avez-vous demandé à vos enfants à quelle heure ils comptaient rentrer, et avez négocié avec votre conjoint pour déterminer qui s'occuperait du dîner. Il se peut que vous ayez passé la journée à échanger avec vos collègues et que vous ayez déjeuné avec un ami. En soirée, vous avez peut-être envoyé un e-mail à un ancien colocataire, appelé un proche pour lui souhaiter son anniversaire ou planifié votre week-end entre amis. Pour finir la journée, vous vous êtes éventuellement posé devant la télévision pour vous tenir informé de l'actualité des politiciens, athlètes, hommes d'affaires et célébrités qui vous intéressent (ou pas). Chaque jour, vous échangez avec de nombreuses personnes, de différentes manières. Vous partagez des informations : « Tu as regardé les infos ce matin ? ». Vous appréciez la compagnie des autres : « Qui a une bonne blague à raconter ? ». Vous profitez des petits plaisirs de la vie : « Je t'ai préparé une petite surprise à l'école. » Tout au long de la journée, la plupart des décisions que vous prenez et les actions que vous faites dépendent ou sont liées à quelqu'un que vous connaissez.

C'est une vision rapprochée du monde dans lequel vous évoluez. Si vous élargissez un peu le champ, vous constaterez que toutes les personnes avec lesquelles vous interagissez (la famille, les amis, le facteur, la dame de la cantine, votre chanteur préféré et même les personnes qui ont écrit ce livre) sont au cœur de leur propre réalité. Il en va de même pour chaque personne qu'elles connaissent. Les relations entre chaque personne dans le monde s'entremêlent, interagissent et s'imbriquent pour former un *réseau social*. Ce réseau vivant, rythmé, changeant et croissant de relations humaines est l'un des concepts les plus géniaux et puissants de ces dernières années.

La puissance du réseau social réside dans la fiabilité et la vitesse de l'échange des informations entre les personnes connectées les unes aux autres. L'objectif de Facebook est de rendre le réseau social accessible, c'est-à-dire d'aider les gens à garder une trace et à rester en contact avec leurs connaissances. Il vise aussi à permettre à chacun de profiter de la puissance du réseau en leur offrant la possibilité de communiquer et d'échanger des informations avec n'importe qui ou toute personne de confiance.

Le réseau social de Facebook présente un autre avantage : il se construit et se gère lui-même. Chaque membre définit sa place dans le réseau. Quand vous créez un compte sur Facebook, vous commencez par rechercher les profils des personnes que vous connaissez et déterminez les liens virtuels qui vous y rattachent. En tant qu'utilisateur Facebook, vous avez tout intérêt à mettre à jour votre part du réseau aussi souvent que possible et à tisser un ensemble de liens avec les personnes que vous connaissez. Facebook peut devenir votre seul point d'accès pour vos connaissances et est donc plus utile quand vous trouvez exactement les personnes que vous connaissez. En raison de la structure de Facebook, vous n'êtes pas la seule personne capable de créer des liens avec ceux que vous connaissez (imaginez le plus grand jeu de cache à cache au monde). Une fois que vous avez établi quelques contacts, d'éventuels amis communs sont automatiquement informés de votre présence sur le site et peuvent chercher à entrer en contact avec vous. Rappel : c'est aussi dans leur intérêt de tenir à jour leur liste de contacts.

Découvrir ce qu'il est possible de faire sur Facebook

Maintenant que vous savez que Facebook est un moyen de rester en contact avec les personnes qui comptent pour vous, votre prochaine question peut être « Comment ? ». C'est une bonne question. D'ailleurs, elle est si pertinente que nous allons utiliser le reste de cet ouvrage pour y répondre. Mais d'abord, nous vous proposons un aperçu.

Créer un profil

L'une des premières étapes à réaliser quand vous créez un compte sur Facebook consiste à établir votre *profil*. Un profil sur Facebook est un CV social, une page vous concernant, que vous tenez à jour avec toutes les informations que vous voulez partager.

Facebook sait que si vous deviez distribuer des CV dans le monde réel, vous donneriez des documents différents à vos divers interlocuteurs. Votre CV social peut contenir votre numéro de téléphone, vos citations préférées et les photos de cette soirée endiablée qui s'est déroulée où vous savez, avec qui vous savez. Votre CV destiné à un éventuel employeur contiendrait sans doute le détail de votre parcours scolaire et professionnel. Pour votre famille, votre CV présenterait certainement votre adresse privée ainsi que les photos de vos dernières vacances et des informations sur les changements qui ont eu lieu dans votre vie.

Vous partagez différents aspects de votre vie et de votre personnalité avec diverses personnes et un profil Facebook, représenté dans la Figure 1.1, vous permet (ou plutôt vous *encourage*) à agir ainsi. C'est pourquoi votre profil dispose de toutes sortes de paramètres de confidentialité qui vous invitent à spécifier *qui* peut consulter *quelles* informations. Certaines personnes n'hésitent pas à ajouter toutes les informations possibles dans leur profil et à préciser les moindres détails. La règle la plus sûre pour gérer votre profil consiste à partager les informations que vous échangeriez avec quelqu'un dans la vraie vie. L'inverse s'applique aussi : ne partagez pas les informations que vous ne dévoileriez pas dans le monde réel. Nous revenons sur le profil plus en détail dans le Chapitre 2. Pour l'heure, considérez le profil comme une page Web personnelle avec des paramètres de confidentialité pour chaque information. Cette page vous représente très précisément, donc mieux vaut distribuer un CV social adapté à chaque personne.

Les motivations pour créer un profil sur Facebook sont doubles. D'abord, un profil permet aux personnes qui vous connaissent dans la vraie vie de vous trouver et d'entrer en contact avec vous sur Facebook. Chacun agit (ou tente d'être efficace) pour garder la trace des personnes qu'il connaît. Si votre nom est relativement commun, comme Jean Martin ou Caroline Dupont, il peut être difficile de vous trouver sans indication supplémentaire. Des informations telles que le nom de votre ville, votre parcours ou vos photos aident les gens à trouver le Jean et la Caroline qu'ils cherchent.

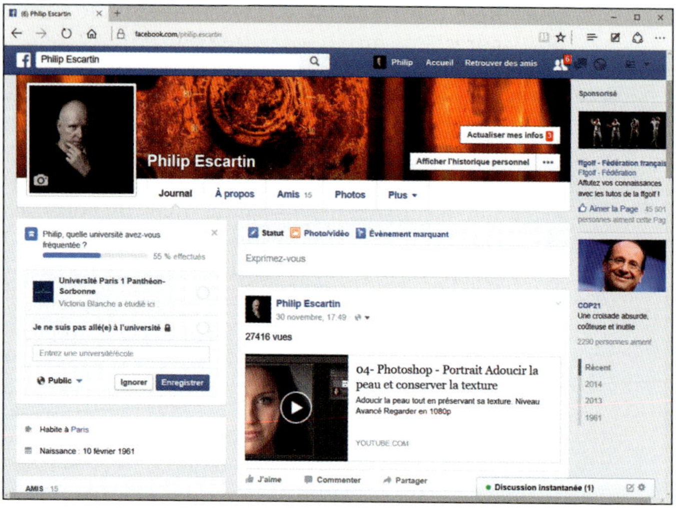

Figure 1.1 : Un profil Facebook.

La deuxième raison (plus sympa) pour créer un profil fidèle est l'économie de travail que cela représente. Avec un profil détaillé et précis, votre famille et vos amis disposent toujours des informations les plus récentes sur le lieu où vous vivez, les personnes que vous connaissez et ce que vous faites. Plus besoin de dicter votre numéro de téléphone à quelqu'un pendant qu'il tente désespérément de trouver un stylo ou les contacts de l'application de son smartphone ! Dites-lui juste qu'il est disponible sur Facebook. Si un cousin veut vous envoyer un cadeau d'anniversaire, il ne gâchera pas la surprise en vous demandant votre adresse. Quand votre profil est à jour, les conversations qui commençaient par l'interminable « Comment ça va ? » passent directement à l'essentiel : « J'ai vu tes photos de vacances la semaine dernière. Raconte comment tu t'es retrouvé avec cette tenue en noix de coco ! ».

Entrer en contact avec des amis

Après avoir créé un compte sur Facebook, testez sa puissance en recherchant des personnes que vous connaissez. Facebook propose les outils suivants :

- **Retrouver des amis :** Vous permet de consulter les adresses e-mail dans votre carnet d'adresses pour trouver les personnes qui sont déjà sur Facebook. Sélectionnez celles avec qui vous voulez entrer en contact.
- **Recherche :** Vous aide à trouver les personnes qui utilisent certainement déjà Facebook.
- **Vous connaissez :** Affiche le nom et la photo des personnes que vous êtes susceptible de connaître ou des célébrités dont vous voulez éventuellement suivre l'actualité. Ces personnes sont sélectionnées pour vous sur la base de différents indicateurs comme votre lieu de résidence, votre profession ou le nombre d'amis que vous avez en commun.

Quand vous avez établi quelques contacts, utilisez-les pour trouver d'autres personnes que vous connaissez en recherchant des noms familiers dans leurs contacts. Nous expliquons comment trouver des personnes que vous connaissez sur Facebook dans le Chapitre 4.

Communiquer avec des amis Facebook

Plus Facebook se popularise, plus la probabilité augmente que la personne avec qui vous tentez de communiquer soit joignable. De nos jours, il est fort probable de retrouver une personne rencontrée à un dîner, un ancien professeur de lycée ou un ami d'enfance perdu de vue, voire une personne avec qui vous avez joué en réseau depuis votre smartphone. En principe, renouer contact avec quelqu'un exigerait de passer plusieurs coups de fil, de consulter l'annuaire (à condition d'en savoir assez sur la personne pour identifier les bonnes informations) ou d'envoyer un e-mail à une adresse qui risque de ne plus être valide. Les différentes méthodes qui existent pour joindre les gens dépendent de la manière dont vous avez rencontré les personnes et des informations dont vous disposez à leur sujet.

Facebook simplifie la recherche et la prise de contact avec des gens dans un forum fiable. Si la personne que vous cherchez est active sur Facebook, vous pouvez la contacter, quel que soit l'endroit où elle vit ou le nombre de fois qu'elle a changé d'adresse e-mail.

S'exprimer

Sûr que vous avez quelque chose à dire. Ça se lit sur votre visage ! Peut-être êtes-vous simplement fier de votre famille ou alors vous vous réjouissez pour vendredi soir ou bien vous n'en revenez toujours pas de ce que vous avez vu ce matin sur le chemin du bureau ? Tout au long de la journée, nous vivons des événements qui nous donnent envie de nous tourner vers nos amis et de leur dire : « Tu sais quoi ? Eh bien… ». Facebook vous fournit la scène et un public à l'écoute. Dans le Chapitre 6, nous vous expliquons comment rédiger des articles plus ou moins courts sur les événements qui se produisent autour de vous et comment ils sont distribués à vos amis, de manière simple et non intrusive.

Partager ses photos/vidéos

Depuis l'invention de l'appareil photo numérique, tout le monde s'écrie « *Cheese !* » en chœur. Les photos et les vidéos sont idéales pour se créer de véritables albums de souvenirs.

Facebook offre trois possibilités pour charger, organiser et publier vos photos/vidéos :

- **Facebook fournit un emplacement facile d'accès pour toutes vos photos/vidéos.** Diriger toutes les personnes intéressées vers votre profil Facebook est plus simple que d'envoyer vos photos/vidéos à chacun par e-mail, d'indiquer un lien compliqué vers un site de photos et/ou de vidéo, ou bien d'attendre la prochaine réunion de famille pour montrer vos photos ou vos vidéos.
- **Chaque photo/vidéo chargée peut être associée aux profils des personnes y figurant.** Exemple : vous chargez des images de vous et de votre sœur et vous les associez à son profil. Dès que quelqu'un visite son profil, il voit ces éléments sans forcément vous connaître. C'est plutôt sympa puisque les photos et les vidéos ont une longévité inimaginable auparavant. Tant que des gens visitent le

profil de votre sœur, ils peuvent voir ces images fixes ou mobiles. Les albums photo ne sont plus réduits à être consultés une fois après un événement, mais peuvent l'être des années après.

- **Facebook vous permet de contrôler facilement qui a accès à vos photos/vidéos.** Dès que vous chargez une photo, une vidéo ou créez un nouvel album photos sur Facebook, vous décidez si tout le monde peut les voir, seulement vos amis ou juste certains amis. Par exemple, vous pouvez partager vos photos et vos vidéos de mariage avec tous vos amis et en sélectionner quelques-unes de votre lune de miel. Ce paramètre vous permet de réduire votre public aux amis susceptibles d'être les plus intéressés. Tous vos amis apprécieront vos photos d'enfance, tandis que les photos/vidéos de votre dernière soirée entre collègues risquent de n'intéresser que les personnes concernées.

Planifier un événement, adhérer à un groupe

Tout ce que vous faites qui implique d'autres personnes est plus simple sur Facebook… sauf les câlins ! Facebook ne vise pas à remplacer les contacts directs, mais à faciliter les interactions ou à simplifier la planification des contacts directs quand ils ne sont pas possibles. À cet effet, les deux outils Facebook les plus intéressants sont Événements et Groupes.

Les *groupes* sont des pages Web auxquelles les gens peuvent souscrire ou *adhérer*. Un groupe peut être intime, à l'image de cinq amis qui prévoient des activités communes. Un autre groupe peut être pratique, par exemple, les membres d'un club de golf. Certains groupes collectent des fonds comme des associations, *etc.* D'autres encore existent pour des raisons de solidarité et permettent aux personnes de se rassembler pour une même cause ou un même objectif. En fonction des paramètres du groupe, les membres peuvent charger des photos ou des vidéos, inviter d'autres personnes dans le groupe, recevoir des messages et consulter l'actualité et les mises à jour.

Les *événements* sont identiques aux groupes à la différence qu'ils sont datés. Plutôt que d'adhérer, les utilisateurs répondent à des événements, ce qui permet aux organisateurs de les planifier en conséquence et aux participants de recevoir des rappels. Les événements Facebook sont souvent utilisés pour organiser des petites rencontres, comme un dîner ou des événements à plus grande échelle comme une manifestation. Parfois, les événements sont plus notionnels que physiques. Par exemple, un événement peut être créé pour la Journée du vélo et sensibiliser les gens en espérant que l'invitation se diffuse bien (par des amis et des amis d'amis). Au QG de Facebook, les événements sont utilisés pour planifier des réunions professionnelles, des apéritifs entre amis, des séjours au ski, *etc.* Reportez-vous au Chapitre 10 pour en savoir plus sur les groupes et les événements Facebook.

Facebook et le Web

Les photos, les vidéos, les groupes et les événements Facebook ne sont qu'un petit exemple de la façon d'utiliser ce réseau social pour être en contact avec vos connaissances.

Les exemples de sites Web et d'applications créés par d'autres entreprises englobent des outils qui vous aident à traiter vos photos, créer des diaporamas, jouer à des jeux avec vos amis partout dans le monde et échanger des avis sur des films, de la musique, des livres et des restaurants. Une fois que vous êtes à l'aise avec les bases de Facebook, testez l'une ou l'autre des milliers d'applications et sites Web qui vous permettent d'interagir avec vos amis Facebook *via* leurs services.

Promouvoir son entreprise

Imaginons que vous ayez un objet à vendre ; un mixeur, par exemple. Comment attirer l'attention d'éventuels acheteurs ? Vous n'allez certainement pas vous rendre dans un parking désert et crier « Mixeur à vendre, mixeur à vendre ! ». Ça n'aurait aucun sens. Mieux vaut aller là où vous trouverez du monde, c'est-à-dire sur Facebook. Même si tout le monde peut (et devrait) utiliser Facebook pour communiquer avec ses amis et sa famille, de plus en plus de personnes l'utilisent pour échanger avec leur patron, leurs fans ou leurs supporteurs. En plus de leur profil privé, nombreux sont ceux qui créent des profils supplémentaires pour promouvoir leur groupe, entreprise, marque, produits, services ou eux-mêmes s'il s'agit de célébrités ou de politiciens. Ce type spécifique de profil Facebook est appelé Page, avec un P majuscule. Les Pages sont semblables aux profils utilisateurs dans la mesure où il s'agit de Pages Facebook visant à :

- Représenter un élément du monde réel.
- Fournir des informations fiables et nécessaires destinées à promouvoir cet élément.

Les Pages diffèrent des profils utilisateurs, car les rapports sont essentiellement unilatéraux. Par exemple, vous pouvez contacter une grande chaîne de boutiques alimentaires, mais elle n'aura pas de véritable relation avec vous. C'est pourquoi les Pages présentent un certain nombre de fonctionnalités, différentes de celles des profils, qui visent à faire la promotion d'une entreprise ou d'une célébrité.

Comme les utilisateurs Facebook entrent des informations détaillées sur eux-mêmes (et que leurs actions dévoilent quelque peu leur personnalité), Facebook peut fournir une plateforme publicitaire incomparable qui permet aux vendeurs de cibler un public en se basant sur la personnalité et les goûts des personnes.

Facebook propose aussi un autre type de ciblage, le *ciblage social*. Pour de nombreux produits commerciaux, nous avons tendance à acheter ceux que d'autres personnes nous recommandent ou qui sont proposés par des entreprises avec lesquelles les gens ont eu de bonnes expériences. Quand Facebook affiche une publicité, l'utilisateur sait si l'un de ses amis a déjà utilisé le produit ou service. En fait, si cette personne a un ami qui a interagi avec une publicité, elle a plus de chance de consulter cette publicité que quelqu'un dont aucun ami n'a interagi avec la publicité en question. Ce type de publicité ciblée est un procédé gagnant-gagnant pour les entrepreneurs et les consommateurs. Les premiers ne gaspillent pas d'argent et ne diffusent pas leurs messages à des personnes peu susceptibles d'acheter leurs produits. Les seconds consultent des publicités au sujet de produits qui risquent fort de les intéresser ou du moins qui leur fournissent des informations sur les habitudes de consommation de leurs amis.

Ce qu'il est interdit de faire sur Facebook

Facebook est conçu pour représenter de vraies personnes et de vraies associations et surtout pour être fiable. La plupart des règles de Facebook visent à assurer ces deux objectifs.

Remarque : Certaines actions, autres que celles citées ici, sont impossibles sur Facebook. Par exemple, vous ne pouvez pas envoyer un message à plusieurs personnes à moins d'être ami avec elles. Vous ne pouvez pas non plus rejoindre le réseau d'une école que vous n'avez pas fréquentée (ou le réseau d'une entreprise dans laquelle vous ne travaillez pas). Aussi, vous ne pouvez pas changer de la paille en or ! Ces règles influent sur la manière dont vous utilisez Facebook, mais pas sur la *possibilité* de l'utiliser. Nous présentons les quatre règles dans cette section, car si l'une d'elles vous pose problème, vous n'irez certainement pas plus loin dans la lecture de cet ouvrage.

Interdit de mentir

Bon, vous pouvez mentir, mais vous ne devriez pas, notamment au sujet de vos informations personnelles. Mentir sur son identité représente une violation des conditions d'utilisation de Facebook et peut conduire à la désactivation de votre profil. En d'autres termes, vous pouvez être radié. Même si beaucoup de personnes tentent de mentir, Facebook ne permet pas à n'importe qui de créer un compte avec un faux nom, comme un nom de célébrité, par exemple. Ceux qui ont essayé de mentir ont été découverts et leur compte a été désactivé.

Certains faux comptes ont survécu longtemps sur Facebook avant d'être détectés, car l'équipe de modération se concentre en priorité sur ceux qui enfreignent gravement les règles de sécurité. Donc, si vous pensez créer un faux profil pour vérifier ce que nous avançons, n'hésitez pas à trouver une autre occupation. Pourquoi pas le Frisbee ?

Interdit d'avoir moins de 13 ans

Ce n'est pas une blague ! Facebook prend très au sérieux la loi américaine qui interdit aux mineurs de moins de 13 ans de créer un profil en ligne pour eux-mêmes. Cette règle de sécurité, visant à protéger les mineurs, est une priorité pour la modération Facebook. Si vous avez moins de 13 ans ou connaissez un utilisateur de cet âge (ou moins), désactivez (ou incitez-le) votre/son compte sans attendre. Si vous êtes dénoncé à la modération Facebook, votre compte est immédiatement supprimé et l'équipe Facebook ne sera pas contente du tout (Carolyn et John non plus !). Facebook veille à tenir les mineurs à l'écart du site donc, si vous avez moins de 13 ans, gare à vous si votre entourage est aussi sur Facebook. Si vous avez plus de 13 ans et recherchez ceux qui en ont moins, lisez la prochaine section pour découvrir une autre règle à ne pas transgresser.

Interdit de harceler

Nous ne le répéterons jamais assez et le mettre en gras ne suffit vraiment pas. Peut-être devrions-nous le souligner, mettre en gras, en italique et en majuscules pour bien insister. Voyons voir :

<u>INTERDIT DE HARCELER</u>

Facebook concerne de vraies personnes et de vrais contacts. C'est une chose de s'envoyer des messages entre amis ou de contacter occasionnellement une personne dont le profil indique qu'elle est ouverte à celles qui ont les mêmes centres d'intérêt. En revanche, si les personnes que vous contactez se plaignent de vous, car vous leur envoyez trop de messages indésirables, votre compte est signalé, voire désactivé si vous ne cessez pas.

Imaginez que vous alliez dans un bar et que vous abordiez tous les clients alors qu'ils veulent juste boire leur café tranquillement. C'est ainsi que nous nous représentons l'envoi de messages indésirables sur Facebook. Dans ce cas, la modération Facebook risque de réagir comme un serveur en colère et de vous mettre à la porte.

Interdit de charger du contenu illégal

Facebook se doit de respecter la loi américaine, quelle que soit sa position sur la pornographie (les mineurs y ont accès), les œuvres protégées, les propos haineux, les descriptions de crimes et autres contenus offensants.

Cette règle entre dans la lignée des valeurs de Facebook qui se présente comme un site sûr et agréable pour tout le monde (à condition d'avoir au moins 13 ans). Ne pensez surtout pas qu'il s'agit de censure ; Facebook est un espace dédié à la liberté d'expression et à l'expression de soi, mais dès lors que la sécurité de quiconque est mise en danger ou qu'une loi est transgressée, des mesures disciplinaires s'imposent.

En quoi Facebook est différent des autres réseaux sociaux ?

Parallèlement à Facebook, d'autres sites tentent d'aider les gens à rester en contact. Les plus connus sont Twitter, Google+, MySpace, Orkut, LinkedIn, Bebo, Match.com ou Viadeo.

Pour certains, l'objectif est différent de celui de Facebook. LinkedIn et Viadeo, par exemple, sont des outils permettant de mettre en relation des personnes afin de créer un réseau professionnel. Au départ, MySpace a été conçu pour aider les petits groupes locaux à se faire connaître sans passer par la redoutable industrie musicale, mais simplement en créant un espace d'échange pour les personnes avec les mêmes goûts musicaux. Match.com est un site de réseau social spécifiquement destiné aux rencontres (vous pouvez d'ailleurs vous y inscrire en utilisant votre compte Facebook). Sinon, d'autres sites ont le même but que Facebook, mais des stratégies différentes. MySpace permet aux utilisateurs de personnaliser l'aspect et la convivialité de leur profil, tandis que Facebook conserve la même apparence et invite les utilisateurs à varier leur profil en chargeant un contenu unique. À l'inverse, Twitter permet à ses membres d'échanger des petits morceaux de texte, tandis que Facebook offre plus de flexibilité en permettant l'échange de photos, vidéos, *etc.* Aucun modèle n'est mieux qu'un autre ; les différents sites s'adressent à un public varié.

Qui est sur Facebook ?

À l'origine, Facebook a été créé pour que les étudiants de différentes universités puissent communiquer. Lors du lancement de Facebook, seules les personnes qui possédaient une adresse e-mail d'université valide pouvaient créer un compte.

Suite au succès qu'a rencontré le modèle réservé aux universités, Facebook a ouvert ses portes aux étudiants des grandes écoles américaines. Or, les étudiants de ces grandes écoles n'ont pas d'adresse e-mail attestant de l'établissement qu'ils fréquentent. C'est pourquoi Facebook dispose d'un système relativement complexe basé sur une vérification mutuelle des étudiants avant de pouvoir accéder à un réseau spécifique de grande école.

Facebook a pris une telle ampleur dans les grandes écoles qu'il s'est ensuite étendu aux réseaux professionnels. Les réseaux professionnels se sont basés sur le même modèle que les réseaux d'universités : pour créer un compte, il fallait s'identifier avec une adresse e-mail valide, d'une entreprise spécifique dans ce cas. C'est pourquoi les réseaux sociaux existaient seulement pour les entreprises assez grandes pour fournir des adresses e-mail à leurs employés. C'était notamment le cas de Microsoft, Apple, Amazon et d'autres.

Finalement, à l'automne 2004, plutôt que d'ouvrir des portes supplémentaires, Facebook a simplement abattu ses murs. Aujourd'hui, toute personne possédant une adresse e-mail peut prendre part à la grande aventure Facebook.

Les utilisateurs ont la possibilité de limiter la visibilité de certaines parties de leur profil ou de dévoiler leur profil entier à tous. Maintenant que Facebook est utilisé par plus d'un milliard de personnes, le jeu consiste à contrôler et faire des choix. Vous pouvez partager beaucoup ou peu avec le nombre de personnes que vous voulez. Verrouillez les parties de votre profil que vous *ne souhaitez pas* partager avec tout le monde.

Le Chapitre 5 explique comment vous protéger, ainsi que vos données.

Les deux raisons suivantes expliquent pourquoi Facebook a franchi le pas entre *réseaux approuvés* (ceux qui exigent une sorte de preuve d'identité, comme une adresse e-mail, pour s'y inscrire) et la possibilité pour tous de partager avec quiconque.

- **Facebook fournissait un grand nombre d'outils aux personnes qui y avaient accès.** Avant l'ouverture au grand public, 85 % des utilisateurs inscrits s'identifiaient au moins une fois par mois et 75 % de ces personnes s'identifiaient quotidiennement. De tels chiffres étaient la preuve que les créateurs de Facebook tenaient entre leurs mains quelque chose de spécial et que d'autres utilisateurs (en plus des étudiants et des employés des grandes entreprises) pouvaient tirer profit de leur accès à Facebook.

- **Facebook prend toute son ampleur quand beaucoup de personnes différentes sont actives sur ce réseau.** Cette raison explique de manière un peu moins évidente pourquoi Facebook s'est ouvert à tous. C'est pourquoi nous vous proposons d'examiner l'exemple suivant :

  Imaginons qu'un étudiant d'une université du Colorado veuille organiser une fête d'anniversaire. Au lycée, il utilisait Facebook pour planifier ses événements et gérer sa liste d'amis, mais à présent, certains de ses amis sont plus âgés, et ils n'étaient déjà plus au lycée lorsque Facebook est devenu populaire. En créant l'événement sur Facebook, sa liste d'invités risque d'être incomplète. S'il choisit de ne pas utiliser Facebook, il doit utiliser un moyen de communication moins efficace, comme la messagerie électronique, ce qui implique qu'il recherche l'adresse e-mail de chaque personne qu'il veut inviter et qu'il gère toutes les réponses au fur et à mesure de leur arrivée dans sa boîte de réception. Il peut aussi décider que ça n'en vaut pas la peine et n'inviter que les personnes qui sont sur Facebook. En fait, Facebook lui permet de créer un événement et de générer des invitations spéciales pour ceux qui ne sont pas sur le site, à condition de connaître leur adresse e-mail et de les entrer sur Facebook.

Facebook dispose d'outils intéressants pour organiser des informations, gérer des données et communiquer. Toutefois, leur utilité dépend de votre capacité à les exploiter pour joindre vos amis. Plus vous avez de contacts sur Facebook, plus ces outils sont utiles.

L'utilité du réseau social se mesure à sa fiabilité. Disposer d'une source unique pour trouver et interagir avec des amis, des connaissances, de la famille ou d'autres personnes avec les mêmes intérêts et croyances est la solution idéale pour effectuer la plupart des tâches quotidiennes les plus complexes. La gestion des relations avec les personnes que nous connaissons est le service que Facebook tente de fournir. Pour tous ceux pour qui Facebook est devenu la principale source d'informations et d'interactions, dès lors que quelqu'un n'est pas représenté sur Facebook, le service perd en puissance, car sa fiabilité pour trouver quiconque que vous recherchez est réduite. C'est pourquoi accueillir tout le monde sur Facebook était un moyen de valoriser le service pour ceux qui l'utilisaient déjà.

La majorité des utilisateurs Facebook ne sont pas et n'ont jamais été membres d'un réseau scolaire et Facebook s'est surtout développé au sein de la population, en dehors des universités et lycées. Dans la section suivante, nous évoquons comment les différentes populations utilisent Facebook. Notez que ces cas ne se limitent pas aux catégories dans lesquelles ils figurent. Les personnes appartenant à un réseau professionnel peuvent utiliser les mêmes paramètres et fonctionnalités que les étudiants, et les utilisateurs internationaux englobent les trois types de population. Ces sections révèlent simplement les tendances générales dans certaines populations et mettent en valeur certaines des différences qui les caractérisent.

Étudiants du « Book »

Les étudiants vivent dans un environnement unique en ce sens qu'une affiliation partagée à une même école implique un niveau de confiance. Cette confiance permet aux étudiants de créer un profil pour eux-mêmes et, s'ils le souhaitent, de partager leurs données uniquement avec les étudiants de leur école (et les personnes qu'ils approuvent manuellement). En raison de la proximité avec leurs pairs, les étudiants sont le groupe le plus ouvert vis-à-vis des informations qu'ils échangent sur Facebook. Tant que les étudiants et les informations qu'ils partagent sont protégés (voir Chapitre 5), cette abondance de flux d'informations est excellente pour enrichir leur vie et leurs relations.

Les étudiants utilisent Facebook pour toutes sortes de choses pratiques et divertissantes :

- **S'informer :** Les étudiants peuvent facilement entrer en contact avec ceux qui vivent à leurs côtés ou ceux inscrits aux mêmes cours. Se connecter avec ses pairs est très pratique pour travailler sur un projet commun, savoir quand rendre un devoir ou emprunter un livre.
- **Organiser des événements :** Les étudiants sont des as de l'organisation d'événements. Imaginons qu'une UFR (unité de formation et de recherche en université) veuille organiser un événement. Les représentants de cette UFR peuvent créer une page Événement sur Facebook et inviter qui ils souhaitent en seulement quelques clics. Ils peuvent spécifier si l'invitation doit être adressée uniquement à ceux invités au départ ou si tout le monde peut être invité. Il ne s'agit que d'un exemple, mais il démontre bien la puissance des événements Facebook. Chaque club, cité universitaire, équipe de sport ou groupe d'amis organise ses événements sur Facebook.
- **Taguer des photos :** La fonctionnalité Photos est l'une des plus populaires sur Facebook. Les étudiants participent souvent à des activités mémorables telles que des soirées, des jeux et des rallyes. Généralement, un grand nombre d'étudiants et un nombre quasi identique d'appareils photo assistent à ces événements. Pendant que les uns attendent un bus ou rentrent chez eux, d'autres ont déjà chargé les photos de l'événement sur Facebook. Sitôt l'événement achevé, sitôt son album photo figure sur Facebook. Même pas le temps de s'en souvenir !

L'un des aspects sympathiques des photos Facebook est que chaque photo peut être taguée avec des liens vers le profil des personnes qui y figurent. Toutes les photos sur lesquelles une personne est taguée sont regroupées dans un album. Ainsi, quand vous consultez le profil de cette personne, vous voyez toutes les photos sur lesquelles elle est taguée. Après une soirée endiablée sur le campus, les étudiants peuvent voir toutes les photos prises par leurs amis ou visualiser uniquement celles sur lesquelles ils prennent la pose. Réaction narcissique, mais humaine !

N'OUBLIEZ PAS

Vous ferez de même avec des vidéos.

- **Garder contact avec les amis d'enfance :** Les étudiants qui font leurs études loin de chez eux peuvent se sentir un peu seuls. En se connectant avec les amis qu'ils ne voient *plus* tous les jours, il est plus facile de garder contact. Quand ils chargent des photos de leur dernière soirée, leurs amis d'enfance peuvent envoyer un message de type : « Sympa la robe ! » ou « C'est qui à ta droite ? ». Même si les étudiants sont souvent très absorbés par la vie trépidante du campus, il se peut qu'ils entendent une musique ou lisent un passage qui leur rappelle un ami d'enfance. Plutôt que de rechercher son adresse e-mail ou d'essayer de trouver le temps de l'appeler, il leur suffit d'utiliser Facebook pour poster sur son mur un petit *Je pense à toi* sous forme d'article, de poke ou de message (voir Chapitre 9 pour en savoir plus sur ces options).

- **Flirter et ragoter :** Nous aurions dû placer ce point en tête de liste, car c'est certainement l'activité qui occupe le plus de temps consacré à Facebook. Tout au long de ce livre, nous allons parler de messages, pokes, discussions instantanées et cadeaux virtuels qui sont les moyens dont les étudiants disposent pour flirter et esquiver leurs devoirs.

  Chacun a la possibilité, sur son profil, d'indiquer qui il souhaite rencontrer (hommes, femmes ou les deux). Vous pouvez bien entendu spécifier si vous êtes en couple et avec qui. Poster des *articles* provocants (un ami peut écrire un message public sur le *mur* d'un autre ami), charger des photos intrigantes et modifier son statut sont à l'origine de toutes sortes de ragots sans lesquels la vie étudiante ne serait pas ce qu'elle est.

L'école de la vie

D'un point de vue chronologique, il n'y a qu'un petit écart entre quelqu'un qui finit ses études (université, grande école ou autre) et quelqu'un qui entre dans la vie active. Ces deux phases ont d'autres points communs. Pendant leurs études, la plupart des gens interagissent avec beaucoup de monde. Ils connaissent bien la ville dans laquelle ils vivent et répètent chaque jour une routine (cours, sports, activités) à laquelle ils sont habitués depuis des années. Après, les choses changent. Certains déménagent pour trouver un emploi et rencontrent alors de nouvelles personnes. Leurs groupes d'amis se dispersent (géographiquement et émotionnellement) et il est plus difficile de créer un environnement favorisant les relations sociales quand il n'y a plus de pause-déjeuner entre amis, de rendez-vous à la bibliothèque ou de sorties étudiantes le vendredi soir. Comme Facebook vise à entretenir les relations entre amis, quand la nature de ces relations change, l'usage de Facebook change aussi. Après leurs études, les gens utilisent leur réseau social de manière différente :

- **Emménager dans une nouvelle ville :** Il peut être très intimidant d'arriver dans une nouvelle ville avec toutes ses affaires et une carte sens dessus dessous. Trouver des bras ouverts ou au moins avoir quelques numéros à appeler facilite nettement la transition. Même si vous connaissez déjà quelques personnes qui vivent dans cette nouvelle ville, Facebook vous aide à entrer en contact avec d'anciens amis et connaissances dont vous avez oublié qu'ils vivent dans cette ville ou qui s'y sont installés depuis la dernière fois que vous en avez entendu parler.

  Exemple : Quand John a emménagé dans la baie de San Francisco, il a filtré sa liste d'amis à San Francisco et les réseaux de la Silicon Valley. La liste résultante contenait quatre fois plus de personnes que ce qu'il imaginait. Il a envoyé des messages pour annoncer son arrivée imminente et s'est adressé à ses différents contacts pour s'installer dans son appartement, rencontrer d'autres personnes et trouver des médecins, des itinéraires cyclables, un club de sport et des restaurants. Même si vous n'avez pas d'amis ou de connaissances dans votre nouvelle ville, quelqu'un en a certainement. Vos amis peuvent vous procurer des noms de personnes à contacter quand vous arrivez. C'est simple avec Facebook.

- **Trouver un emploi :** Depuis peu, de plus en plus de personnes utilisent Facebook pour gérer leur carrière ainsi que leur vie sociale. Si vous ciblez une entreprise spécifique, trouvez des personnes qui y travaillent déjà pour avoir un appui en interne ou obtenir un entretien. Si vous vous lancez dans un domaine particulier, consultez les emplois et intérêts de vos amis pour trouver quelqu'un pouvant vous renseigner.
- **Trouver des partenaires de loisirs :** Tout le monde s'accorde à dire qu'il est plus difficile de rencontrer des gens après les études. Facebook est l'outil idéal pour rencontrer de nouveaux amis ayant les mêmes centres d'intérêt, exerçant les mêmes activités ou éventuellement l'âme sœur. Vous pouvez naviguer au fil des profils de votre réseau en vous fondant sur différents types d'informations comme l'âge, l'orientation politique et le parcours professionnel. De nombreux sites proposent ce genre de services, mais Facebook fonctionne particulièrement bien, car les contacts que vous créez sont souvent basés sur des connaissances communes, ce qui rend les rencontres moins difficiles, plus renseignées et plus sûres.

Utiliser Facebook au travail

Facebook est en train de trouver ses marques dans les réseaux professionnels. C'est pourquoi il est impossible de généraliser la manière dont les personnes utilisent Facebook dans le monde professionnel, car tout dépend de l'entreprise. Toutefois, voici quelques utilisations qui nous ont été rapportées :

- Apprendre à connaître ses collègues éloignés et mettre des noms sur les visages.

- Héberger des événements relatifs à l'entreprise. Facebook utilise les événements pour organiser les soirées de l'entreprise.
- Utiliser les groupes pour les personnes de l'entreprise qui ont les mêmes centres d'intérêt et besoins.
- Être professionnellement présent sur Facebook. Faire de la publicité sur Facebook est un moyen de l'utiliser au travail. De plus, quand des entreprises travaillent ensemble, leurs employés ont tendance à utiliser Facebook pour se soutenir mutuellement.
- Poster et partager des anecdotes relatives à l'entreprise.

Facebook est mature

Facebook n'est pas réservé aux étudiants. Si vous avez entendu le contraire, c'est une information dépassée. Comme nous l'avons mentionné, le groupe Facebook qui grandit le plus vite est celui pour lequel les études ne sont plus qu'un lointain souvenir. Beaucoup de ces personnes trouvent dans Facebook le même intérêt que d'autres populations, mais elles l'utilisent pour d'autres types d'interactions.

Garder le contact avec la famille

De nos jours, les familles sont souvent dispersées aux quatre coins d'une région, d'un pays ou même du monde. Les enfants partent étudier, les parents voyagent pour des raisons professionnelles, les grands-parents prennent une retraite au soleil. Ces distances compliquent les interactions familiales et les limitent souvent à une réunion annuelle à l'heure des fêtes. Facebook offre aux familles un espace leur permettant virtuellement de se voir et d'interagir. Les parents peuvent télécharger les photos des enfants pour que chacun puisse les voir, les grands-parents peuvent écrire des articles pour donner de leurs nouvelles et les étudiants peuvent trouver du soutien pour une cause, organiser une soirée ou partager leur programme. Avec ces informations qui intéressent tous les membres de la famille, personne ne perd de temps à tenter d'avoir des nouvelles par d'autres moyens.

Les parents et les aînés de la famille disent souvent qu'ils auraient l'impression de faire intrusion dans la vie sociale de leur enfant s'ils étaient sur Facebook. Si vous êtes du même avis, nous vous conseillons de lire ces quelques commentaires :

- **Vous pensez que vos enfants ne veulent pas de vous dans leur vie sociale.** Si tel est le cas et que vous voulez le respecter, ne vous connectez pas avec eux sur Facebook. Évoluez dans votre propre réseau social sur Facebook et laissez-les vivre dans le leur. À aucun moment vous n'êtes obligé d'interagir avec eux. Ne pas aller sur Facebook parce que ses enfants l'utilisent équivaut à ne pas manger de glace parce que ses enfants en mangent. Bien évidemment, vous *pouvez* manger une glace ensemble (ou être connecté sur Facebook ensemble), mais vous n'y êtes pas obligé. Ne vous privez pas d'une bonne glace bien crémeuse juste parce que vos enfants risquent de s'offenser, car vous avez les mêmes goûts qu'eux.
- **Vous pensez à tort que vos enfants ne veulent pas de vous sur Facebook.** En fonction de l'âge et de la personnalité de vos enfants, il se peut qu'ils préfèrent que vous les rejoigniez sur Facebook. Certains enfants, notamment les étudiants, sont très occupés et actifs. Ils ne pensent pas toujours à appeler à la maison ou à passer un coup de fil à leurs grands-parents, oncles et tantes. Même s'ils le font, ils ne communiquent pas forcément sur leur vie sociale simplement parce qu'ils oublient (une hypothèse tirée de notre propre expérience). Ces relations peuvent être beaucoup plus fortes si toute la famille est sur Facebook. Chacun peut voir les dernières nouvelles et photos, même s'il n'y a eu aucun contact récent. Il est aussi possible de communiquer facilement entre deux coups de fil (voir Chapitre 9).
- **Les enfants sont *très doués* pour utiliser Facebook.** Si vous êtes connecté avec vos enfants sur Facebook et qu'ils chargent quelque chose que vous ne devez pas voir, ils savent exactement ce qu'il faut faire. Ils savent parfaitement comment être en contact avec vous, partager seulement les informations qu'ils souhaitent et cacher celles qui ne vous regardent pas. Si cela vous pose problème, nous vous conseillons d'en discuter avec vos

enfants afin de déterminer comment cohabiter gaiement sur Facebook.

Retrouvailles Facebook

Les aléas de la vie font que vos amis à un moment de votre vie ne sont pas forcément ceux qui partagent votre vie à un autre moment. Les personnes que vous considérez comme les plus importantes dans votre vie s'effacent avec le temps, à tel point que vous avez du mal à vous rappeler leur prénom. La première raison qui explique ce vide est tout à fait légitime : une journée compte trop peu d'heures. Pendant que vous vous faites de nouveaux amis, d'autres s'éloignent, car il est impossible d'entretenir plusieurs relations intenses. Facebook est un outil très puissant, même s'il ne propose pas encore de solution pour allonger les journées. Cependant, Facebook peut réduire les dommages créés par la distance.

Comme Facebook assure la longévité des relations humaines, ceux qui commencent à utiliser Facebook tôt (13 ans minimum) peuvent, au fil des années, garder contact avec les personnes qu'ils ont côtoyées à un moment de leur vie. Ce concept extrêmement puissant modifie les comportements humains face aux relations sociales. Trente ans après votre dernière conversation avec quelqu'un, vous pouvez vous souvenir d'un fait marquant, avoir envie de partager un événement ou juste être curieux de savoir ce qu'est devenue cette personne. Si elle figure dans votre liste d'amis Facebook, vous pouvez rester en contact, même si l'un de vous déménage, change de numéro de téléphone ou se marie et change de nom. Si ce concept vous effraie, Facebook dispose également d'outils vous permettant de couper toute relation avec ceux que vous voulez éviter.

Comme Facebook a un peu plus de dix ans (et puisque vous lisez ce livre), toute votre histoire sociale n'est certainement pas construite. Peut-être serez-vous tenté de contacter toutes vos anciennes connaissances. Nous vous le déconseillons. Essayez plutôt de créer votre réseau en fonction de vos besoins ou des opportunités qui se présentent. Si vous voulez charger une photo de classe et taguer vos camarades, recherchez-les d'abord sur Facebook, devenez leur ami et taguez-les ensuite. Peut-être souhaitez-vous ouvrir un restaurant et contacter un ami du lycée qui s'est lancé dans cette voie après le bac. Peut-être n'avez-vous jamais osé dévoiler vos sentiments à votre moitié. Pour toutes ces raisons, placez votre curseur dans la zone Recherche de Facebook.

Nous recevons souvent des témoignages d'enfants adoptés qui reprennent contact avec leurs parents biologiques ou de fratries disloquées qui se retrouvent sur Facebook.

Former des groupes

Contrairement aux étudiants, les adultes n'ont pas toujours l'opportunité de participer à des événements organisés par d'autres personnes. Au lieu de cela, ils fréquentent des clubs de lecture et des groupes de cuisine ou se rassemblent pour des événements sportifs ou des dîners. Les groupes Facebook peuvent valoriser ces événements. En créant un groupe sur Facebook pour votre club de lecture, il est très facile d'indiquer chaque semaine aux membres l'heure, la date, le lieu, ce que chacun doit apporter et les ouvrages à lire pour la prochaine réunion. Chacun peut rejoindre ou quitter un groupe à sa guise et vous n'avez plus besoin d'informer ceux qui ont déménagé ou qui ne sont plus intéressés par le groupe.

Pour les réunions uniques comme un match de foot, les événements Facebook proposent une solution intéressante. Il suffit de compléter la liste des invités et de décrire l'événement ; le reste se fait tout seul. Trois jours avant l'événement, chacun reçoit un rappel sur sa page d'accueil Facebook. Ainsi, personne n'a d'excuse pour ne pas venir (à moins d'être invité ailleurs). Pour vous assurer que la liste des invités est exacte ou que personne n'oublie, envoyez un message à ceux qui ont répondu (Présent ou Peut-être) ou qui n'ont pas répondu. Après l'événement, chargez des photos ou laissez des commentaires drôles sur le mur de l'événement. Le match de foot est immortalisé à jamais en ligne et toutes les personnes qui ont répondu ont un accès total.

La naissance du Book

Il y a une dizaine d'années, les étudiants de première année recevaient un petit livre (*book*) contenant le nom et la photo du visage (*face*) de tous les élèves de leur classe. Ces livres de visages (*face books*) étaient très pratiques pour connaître le nom des étudiants du campus. Cependant, ces *face books* posaient plusieurs problèmes. Si quelqu'un ne fournissait pas sa photo, ils étaient incomplets. Aussi, ils étaient dépassés dès la deuxième année, car chacun était très différent et ils ne représentaient pas les étudiants transférés ou d'autres classes. De plus, ils disposaient de peu d'informations sur chaque personne.

En février 2004, Mark Zuckerberg, un étudiant de deuxième année de Harward, a lancé un « *book* » en ligne dans lequel chacun pouvait charger sa photo et saisir des informations privées ; un service qui a résolu beaucoup des problèmes précités. En l'espace d'un mois, plus de la moitié des étudiants du premier cycle de Harward avait créé son propre profil. Zuckerberg s'est alors associé à d'autres personnes, dont Dustin Moskovitz et Chris Hughes pour étendre le site à d'autres écoles. L'auteur de cet ouvrage, Carolyn Abram, a été la première étudiante ne fréquentant pas Harward à avoir un compte. Durant l'été de la même année, Zuckerberg, Moskovitz et un autre associé, Andrew McCollum ont déménagé à Palo Alto en Californie où le site et l'entreprise n'ont cessé de se développer. En décembre 2004, le site comptait déjà un million d'étudiants. Dès que Facebook s'ouvrait à une nouvelle population (lycée, professionnels puis tout le monde), les gens adhéraient au site de plus en plus vite. Fin 2006, le site comptait plus de 10 millions d'utilisateurs. En 2007, il dénombrait plus de 50 millions d'utilisateurs actifs (les *utilisateurs actifs* sont ceux disposant d'un compte unique et ayant accédé au site durant les 30 derniers jours). Fin 2009, Facebook comptait plus de 250 millions d'utilisateurs et 1 000 employés. Deux ans plus tard, ce chiffre a doublé pour franchir la barre des 500 millions d'utilisateurs actifs qui se connectent chaque mois. À la sortie de ce livre, c'est le milliard d'utilisateurs actifs de Facebook qui a largement été dépassé.

Le Facebook international

Facebook est né dans les universités américaines et s'est étendu aux lycées du pays. Par conséquent, ce n'est pas avant l'automne 2006 (quand Facebook s'est ouvert à tout le monde) que Facebook a commencé à se faire connaître dans d'autres pays. Quand Facebook est arrivé au Canada et au Royaume-Uni, le site a littéralement décollé. Beaucoup de gens supposent que Facebook a atteint une telle popularité dans ces pays (plus forte qu'aux États-Unis), car les habitants du Canada et du

Royaume-Uni (et aussi de Norvège) ne pensaient pas, comme les Américains, que Facebook était destiné aux étudiants. Les Américains connaissaient le phénomène Facebook depuis deux ans alors que le site était réservé aux étudiants. Ce stigmate a véritablement perturbé la croissance de Facebook au sein des Américains plus âgés. Toutefois, ces dernières années, les plus de 35 ans constituent le groupe d'utilisateurs américains Facebook qui s'est développé le plus vite. De plus, l'idée que Facebook est réservé aux jeunes semble s'être estompée dans l'esprit de la population américaine.

Début 2008, Facebook a connu un autre pic de croissance, au moment où il est devenu possible de communiquer sur Facebook avec des personnes parlant une autre langue. Il est clair que Facebook est plus intéressant pour chacun quand tous ses amis utilisent le site. L'interface de Facebook, qui était exclusivement en anglais, était un frein pour beaucoup de personnes. C'est pourquoi Facebook a lancé l'application de traduction Facebook. Elle permet aux utilisateurs bilingues volontaires (anglais + autre langue) de Facebook de traduire Facebook en d'autres langues. Différents textes en anglais sont soumis aux volontaires qui peuvent proposer une traduction ou évaluer des traductions d'autres personnes.

Quand une traduction suggérée reçoit assez de votes, elle est validée comme texte de référence pour les personnes qui utilisent le site dans la langue cible. Il est possible de se créer un compte sur le site et d'opter pour la langue espagnole par exemple. Plutôt que de lire le texte en anglais, l'utilisateur dispose du texte espagnol suggéré et validé par les utilisateurs volontaires. Facebook a été traduit de cette manière en plus de 75 langues, en un peu plus de trois ans.

Chapitre 2

S'inscrire sur Facebook

Dans ce chapitre :

- S'inscrire et se lancer.
- Rejoindre un réseau.
- Créer son profil.

Au Chapitre 1, nous expliquons les raisons qui poussent à adhérer à Facebook. Dans ce chapitre, nous vous invitons à créer un compte et nous vous préparons à vous lancer dans l'univers Facebook. Il convient de garder les recommandations suivantes à l'esprit quand vous adhérez au site. Premièrement, plus vous avez d'amis sur Facebook, plus le site est utile et amusant. Sans amis, Facebook peut sembler fade. Deuxièmement, soyez patient, car plusieurs jours peuvent s'écouler avant que les personnes contactées ne vous acceptent en tant qu'ami sur Facebook. Si votre première expérience sur Facebook n'est pas aussi excitante que vous l'espériez, faites un deuxième essai dans les semaines qui suivent. Troisièmement, vous ne pouvez avoir qu'un seul compte sur Facebook. Facebook associe chaque compte à une adresse e-mail et votre adresse peut être associée à un seul compte. Ce système garantit un espace où les gens sont bien ceux qu'ils disent être sur Facebook.

S'inscrire sur Facebook

Officiellement, il suffit d'avoir une adresse e-mail valide ou un numéro de portable pour créer un compte sur Facebook ; *valide* signifie que vous devez pouvoir accéder facilement aux messages de ce compte ou que votre numéro de téléphone n'est pas factice, car vous recevez une confirmation d'adhésion par mail ou SMS. La Figure 2.1 représente la page d'inscription. Comme vous pouvez le voir, vous devez saisir quelques informations :

- **Nom complet :** Facebook est un espace fondé sur la véritable identité de chacun. Ainsi, les utilisateurs n'indiquent pas de faux nom ou de pseudonyme. Il existe différents paramètres visant à protéger vos données personnelles (voir Chapitre 5). Vous pouvez donc spécifier votre vrai nom sans crainte pour vous inscrire.
- **Adresse électronique :** Saisissez ici votre adresse e-mail valide. Si vous voulez rejoindre automatiquement un réseau scolaire ou professionnel, utilisez votre adresse e-mail scolaire ou professionnelle. Saisissez une deuxième fois votre adresse e-mail pour la confirmer.

  TRUC

  Vous constatez que le champ adresse électronique indique « ou mobile ». En effet, il est possible de spécifier un numéro de téléphone valide en lieu et place d'une adresse mail. Ce numéro sera validé par l'envoi d'un code par SMS de la part des services de Facebook. Confirmez votre numéro de téléphone en saisissant le code ainsi reçu dans le champ Confirmer qui s'affiche au moment de vous connecter. Vous comprenez que votre identifiant Facebook sera un numéro de mobile et non pas une adresse e-mail.
- **Mot de passe :** Comme pour tous les mots de passe, utilisez une combinaison de lettres et de chiffres pour créer votre mot de passe Facebook. Évitez d'utiliser le même mot de passe pour tous les sites auxquels vous adhérez et préférez un mot de passe unique pour Facebook.
- **Date de naissance :** Entrez votre date de naissance. Il est possible de masquer cette information sur votre profil.

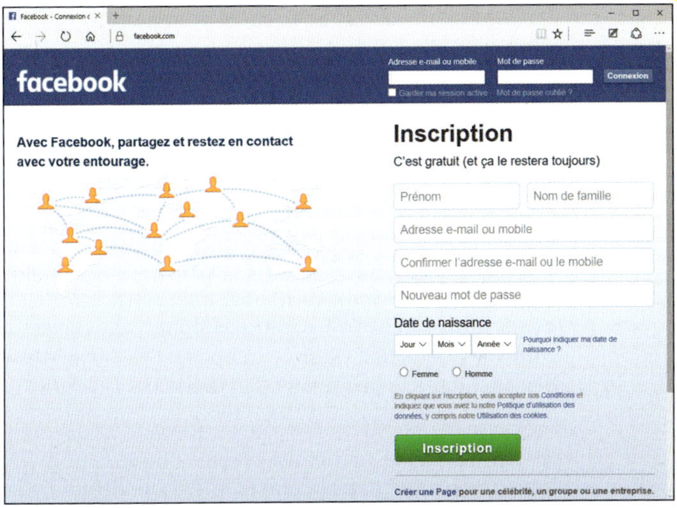

Figure 2.1 : Entrez vos données pour créer un compte Facebook.

- **Sexe :** Facebook utilise cette information pour construire les phrases vous concernant sur le site. Vous conviendrez que la phrase « Jennifer a ajouté une photo de lui-même. » n'est pas acceptable. Si vous voulez cacher votre sexe ou ne pas vous associer à l'un ou à l'autre, vous en aurez la possibilité après l'inscription. Cliquez sur Femme ou Homme selon le cas.

Une fois que vous avez complété le formulaire d'inscription, cliquez sur le bouton Inscription. Vous pouvez alors commencer à utiliser Facebook, mais n'avez pas encore de confirmation. Facebook utilise la *confirmation* pour s'assurer que vous êtes réellement la personne que vous prétendez être et que l'adresse e-mail que vous avez utilisée pour vous inscrire est vraiment la vôtre. Quand vous recevez votre e-mail de confirmation, cliquez sur le lien qui y figure pour vous assurer que votre inscription est confirmée. Si vous avez choisi de vous inscrire avec un numéro de mobile, reportez le code qui vous a été envoyé par texto.

Lors de votre première connexion, Facebook vous propose plusieurs étapes pour vous aider à bien démarrer et à trouver vos amis. Ces étapes consistent à entrer des informations permettant de trouver vos amis immédiatement ou ultérieurement.

Par exemple, ces étapes vous invitent à utiliser la fonction Retrouvez vos amis, décrite au Chapitre 4. Celle-ci vérifie votre carnet d'adresses e-mail et associe les adresses aux comptes Facebook pour vous permettre sans attendre de demander aux personnes que vous connaissez d'être vos amis sur Facebook.

L'assistant d'installation a tendance à changer en fonction du type d'adresse e-mail auquel vous vous associez et si un ami vous a invité à utiliser Facebook. Ainsi, au lieu de vous décrire tous les visages possibles de Facebook quand vous vous connectez pour la première fois, nous vous proposons de lire les sections « Centrer Facebook sur soi » et « Définir son profil », proposées plus loin dans ce chapitre. Ces concepts interviennent dans le processus d'installation, quand vous entrez vos données personnelles. Bien entendu, si vous ne souhaitez pas procéder à la recherche d'amis, cliquez sur le lien Ignorer cette étape situé dans la partie inférieure droite de la section centrale de la page. Confirmez dans le message qui apparaît.

Trop vieux pour Facebook ?

Non, certainement pas. Être trop vieux pour Facebook est une fausse idée que beaucoup de monde se fait, car Facebook était, à l'origine, exclusivement réservé aux étudiants. Même si c'est le cas, son utilité et sa nature ne se limitent pas aux besoins des étudiants.

Jeunes ou vieux, étudiants ou employés, nous disposons tous d'un réseau d'amis et de personnes avec qui nous interagissons au quotidien. Facebook tente d'associer ces connexions du monde réel pour faciliter le partage d'informations entre amis.

Si vous lisez cette section et pensez que vous êtes trop vieux pour utiliser Facebook, vous avez tort. De plus en plus de personnes d'un certain âge s'inscrivent sur Facebook chaque jour pour rester en contact avec d'anciens amis, partager des photos, créer des événements et prendre part à des organisations locales. Quasiment tous les sujets que nous abordons dans cet ouvrage s'adressent à tous les âges.

Évidemment, chacun utilise le site en fonction de son âge. Plus vous utiliserez Facebook, plus les nuances vous apparaîtront clairement. De manière générale, vous pouvez être sûr que vous et vos amis pourrez communiquer et utiliser Facebook.

Plus d'un milliard de personnes utilisent Facebook, et il ne s'agit pas d'une « bande de jeunes ». Au contraire, c'est un échantillon de personnes de tous âges, tous pays et tous milieux.

Après la recherche d'amis, Facebook vous invite à ajouter une photo de profil (pour télécharger une image en guise d'avatar). Vous pouvez là aussi passer outre cette étape par un clic sur le lien Ignorer.

Facebook demandera confirmation de l'inscription, comme à la Figure 2.2. Vous cliquerez sur le bouton Confirmer maintenant si vous disposez des éléments envoyés par mail ou par texto, ou bien vous demanderez qu'on vous les renvoie (lien Renvoyer le message électronique), ou alors vous cliquerez sur Entrez le code (pour indiquer le code envoyé par SMS lorsque vous vous inscrivez avec un numéro de téléphone mobile), et enfin, choisissez Changez d'adresse si l'adresse e-mail indiquée n'est pas celle que vous avez définie lors de votre inscription.

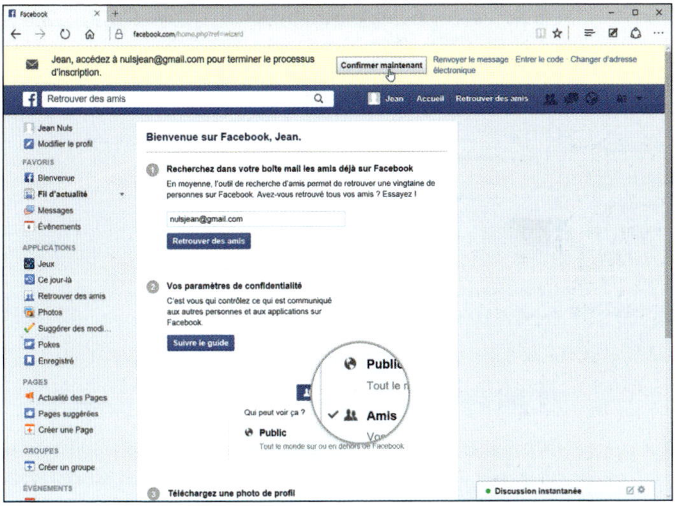

Figure 2.2 : Confirmez votre inscription sur Facebook.

Facebook… au final, c'est bien vous non ?

Dès que vous accédez à votre compte Facebook, vous êtes de nouveau sollicité pour rechercher vos amis et utiliser une photo de profil. Vous êtes également invité à définir le niveau de confidentialité de votre compte. Nous y reviendrons ultérieurement. Enfin, vous pouvez retrouver des personnes que vous connaissez. Il suffit de saisir leur adresse mail dans la section Retrouver les personnes que vous connaissez située dans la partie inférieure de la page.

Le plus simple pour indiquer des informations personnelles consiste à cliquer sur votre nom dans la partie supérieure centrale de Facebook. Ensuite, cliquez sur le bouton Actualiser mes infos en haut à droite. La rubrique À propos de s'affiche, comme à la Figure 2.3.

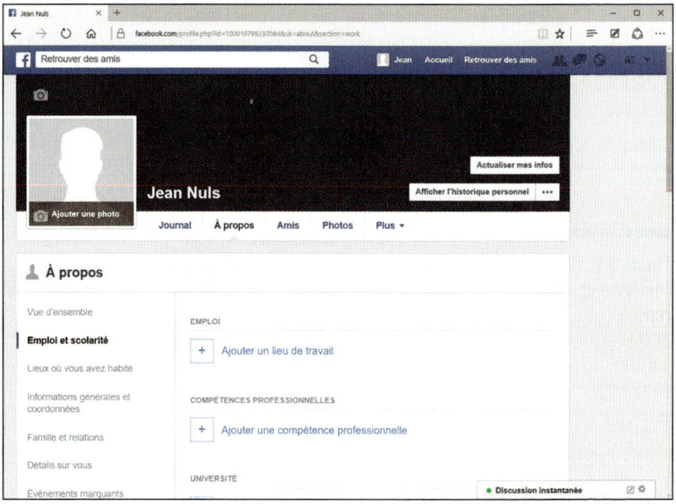

Figure 2.3 : Pour renseigner vos informations personnelles.

À propos… de vous

Nous approfondissons le sujet « profil » et expliquons son concept au Chapitre 6. Pour l'heure, notez simplement qu'il est important de définir son profil pour que les personnes que vous trouvez et celles qui vous trouvent puissent vous identifier et sachent qu'il s'agit vraiment de vous. Les informations que nous précisons dans cette section permettent à autrui de déterminer qui vous êtes.

Il vous suffit pour cela de cliquer sur les boutons et sur les liens de la section Vue d'ensemble. Vous vous demandez sûrement qui peut visualiser ces informations. Par défaut, tout le monde peut consulter les sections que nous présentons ici.

Configurez la confidentialité pour personnaliser ces paramètres (voir Chapitre 5).

Par exemple, pour indiquer votre lieu de travail, commencez par activer la rubrique Emploi et scolarité, puis cliquez sur le lien (ou le bouton) Ajoutez un lieu de travail. Vous accédez à une fiche de renseignement illustrée à la Figure 2.4.

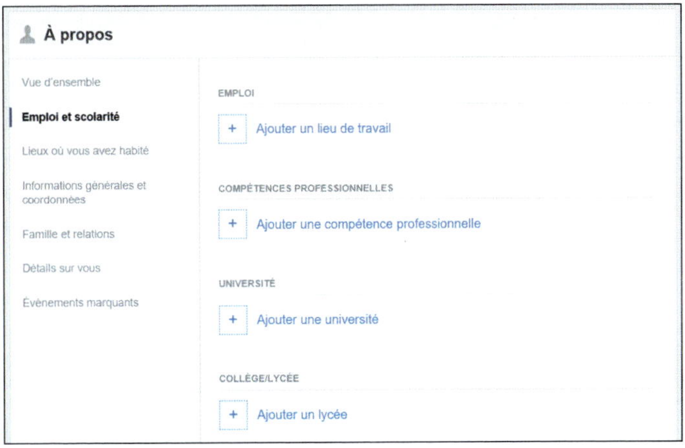

Figure 2.4 : Une fiche de renseignement Facebook standard.

Dans le reste de ce chapitre, nous détaillons quelques champs à remplir le plus tôt possible. Ici, nous décrivons les types de champs contenus dans chaque section (et les analysons plus en détail dans le Chapitre 6) :

- **Emplois et scolarité :** Cette section, qui parle d'elle-même, vous permet d'indiquer votre parcours scolaire et professionnel. Vous aidez ainsi les utilisateurs à se souvenir de vous quand vous demandez à être leur ami ou leur envoyez un message. Par exemple, si vous rencontrez quelqu'un à une conférence, votre profil parle pour vous et dit « Souvenez-vous, je suis celui qui écrit des livres *Pour les Nuls* ! ». De plus, si quelqu'un recherche les élèves d'une année spécifique dans l'école que vous avez fréquentée, vous apparaissez dans les résultats et d'anciens camarades de classe peuvent reprendre contact avec vous.

- **Lieux où vous avez habité :** Cette section permet d'indiquer vos lieux de résidence actuels et d'origine, ainsi que les lieux où vous avez vécu.
- **Informations générales et coordonnées :** Cette section contient plusieurs champs que vous voudrez sûrement partager avec autrui. Ces informations incluent des éléments allant de votre date de naissance au type de relations que vous enterriez actuellement ou que vous recherchez. Aucun de ces champs n'est obligatoire, mais ils vous encouragent à partager des détails biographiques permettant aux autres de comprendre qui vous êtes. Facebook est un carnet d'adresses étonnant. Comme le site permet de réduire la visibilité, vous pouvez partager facilement votre numéro de téléphone, votre adresse, vos adresses e-mail et vos pseudos de messagerie instantanée. Au Chapitre 5, nous vous indiquons comment régler le niveau de confidentialité de ces éléments.
- **Famille et relations :** Cette section peut être renseignée pour associer votre profil à celui de votre époux(se) ou concubin(e) et de vos parents et frères et sœurs.
- **Détails sur vous :** Cliquez sur le lien contenu dans cette section pour saisir quelques mots de présentation sur vous. C'est bien sûr facultatif.
- **Citations favorites :** Insérez ici vos expressions fétiches ou des mots d'esprit de célébrités qui vous tiennent à cœur.

  Famille et relations : Vous y indiquerez votre situation amoureuse, et les membres de votre famille.

  Détails sur vous : Le côté peut-être le plus créatif, car vous allez faire état de quelques talents ou de choses qui vous tiennent à cœur. Ici, vous écrirez quelques mots qui vous définiront, et en profiterez pour ajouter d'autres noms comme un surnom, votre nom de naissance, *etc.* Enfin, ajoutez vos citations favorites.
- **Événements marquants :** Cette section résume votre vie sous forme de chronologie avec les dates marquantes que vous avez indiquées (années de naissance et d'obtention de diplômes, par exemple). Vous choisissez les événe-

ments dans une liste qui apparaît lorsque vous cliquez sur Ajouter un événement marquant. Chaque rubrique contient des sous-rubriques. Si aucune ne vous convient, optez pour Créez le vôtre, comme à la Figure 2.5.

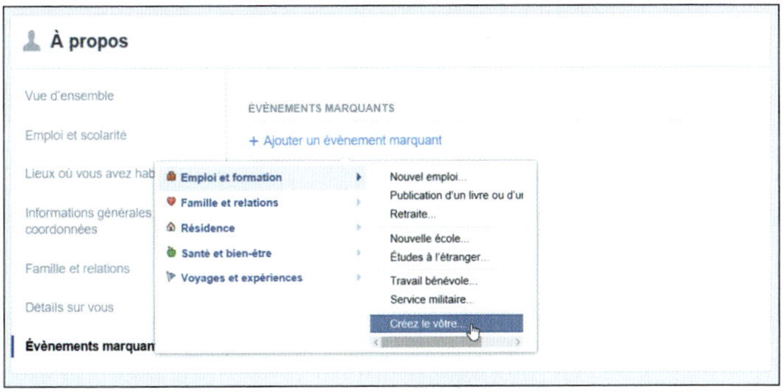

Figure 2.5 : Vos événements marquants.

Journal

Cliquez sur l'onglet Journal, situé sous le bandeau de couverture, pour afficher vos dernières activités sur Facebook. Une section située sur le côté gauche du journal affiche différentes informations tirées de l'onglet À propos, mentionné dans la section précédente. Cette zone propose un aperçu de votre personnalité. Après avoir complété l'onglet À propos, vous noterez que les données saisies s'affichent dans cette zone. Nous vous conseillons d'indiquer *au moins* votre lieu de résidence. C'est le meilleur moyen pour que d'anciens amis sachent qu'il s'agit vraiment de Charlotte du cours de gym ! Ces informations vous permettent d'indiquer à vos amis qui vous êtes et ce qui compte pour vous.

Image du profil

Située en haut à gauche de votre profil, cette image est un autre moyen de vous identifier, notamment si vous avez un nom très courant. Si votre photo de profil affiche une silhouette blanche sur fond gris, cliquez sur le bouton Ajouter une photo. Si vous avez déjà défini une photo de profil, placez le pointeur de la souris dessus, et cliquez sur Mettre à jour la photo du profil pour en changer. Vous trouverez de plus amples informations sur la photo de profil au Chapitre 6. Pour le moment, tenez-vous-en à ces considérations quand vous choisissez votre photo de profil :

- **Faire bonne impression au premier coup d'œil.** Votre photo de profil vous représente. C'est le premier élément visible dans votre profil. Généralement, les utilisateurs optent pour une photo plus ou moins flatteuse ou une photo de ce qui compte pour eux. Parfois, la photo de profil inclut d'autres personnes, amis ou autres. Quelquefois, c'est le lieu qui importe. Si la première photo que vous voyez représente quelqu'un à la plage, à une fête ou assis derrière un bureau, vous en tirez différentes conclusions. Quelle photo vous représente vraiment ?
- **La photo de profil est visible par tous.** Par défaut, votre photo de profil s'affiche dans les résultats de recherche visibles par tous les utilisateurs Facebook et peut être accessible par toute la population Internet. Ainsi, les personnes qui recherchent votre nom peuvent généralement visualiser cette photo. Assurez-vous qu'elle vous convient et que chacun peut la voir.
- **La photo est remplaçable.** Maintenant que nous avons réussi à vous mettre la pression par rapport à votre image et à la possibilité de vous identifier avec votre photo de profil, sachez que vous pouvez en changer à tout moment. C'est la fin de l'hiver et vous ne supportez plus de voir cette photo de vous sur la plage ? Pas de problème. Changez simplement votre photo de profil en cliquant sur le bouton Modifier la photo de profil qui s'affiche quand vous survolez l'image.

Couverture

Dans la zone supérieure de votre profil figure un bandeau pouvant contenir une image illustrative, appelée couverture. Cliquez sur le bouton Ajouter une photo de couverture. Dans le menu local qui apparaît, optez pour Choisir parmi mes photos afin d'utiliser une image que vous avez déjà publiée sur Facebook ; Ajouter une photo synchronisée, c'est-à-dire une photo publiée dans un album privé, dans lequel vous choisirez les photos à rendre publiques ; Importer une photo afin de télécharger une image depuis le disque dur de votre ordinateur par exemple. Une fois la couverture importée et enregistrée, le bouton Ajouter devient Modifier la photo de couverture. Considérez cette image comme la couverture de votre Journal, autrement dit, choisissez une image qui vous plaît ou vous correspond, donc pas forcément un portrait, mais plutôt un paysage, une nature morte, une photo d'événement familial ou personnel. Nous y reviendrons au Chapitre 6.

Question de confiance

Nous ne le répéterons jamais assez : Facebook est un site Web fondé sur la véritable identité et les vraies gens. Pour protéger ce fait, Facebook dispose de systèmes permettant de détecter les faux profils. Il peut s'agir de blagues (par exemple, quelqu'un qui crée un profil pour son chien) ou de *spammeurs* (des robots qui créent des comptes afin d'envoyer des milliers de demandes de faux amis). Quoi qu'il en soit, les faux profils sont interdits sur le site.

Vous n'êtes ni une fausse personne, ni un spammeur. Comment Facebook peut-il le savoir ? Facebook le vérifie en vous contrôlant. Faites-vous contrôler, ou cela risque de prendre du temps. Pour savoir si vous devez vous faire contrôler, lisez ce qui suit :

- **Vous êtes-vous inscrit avec une adresse e-mail *authentifiée* ou avec votre numéro de mobile ?** Tout le monde peut se procurer une adresse e-mail *authentifiée*. Par exemple, Google fournit des adresses e-mail à ses employés qui se terminent par un nom de domaine spécifique (dans ce cas, `@google.com`). Il est impossible d'avoir cette adresse si vous ne travaillez pas pour Google. La plupart des universités et entreprises ont des adresses e-mail authentifiées. Si vous vous êtes inscrit avec une telle adresse, vous êtes automatiquement approuvé.
- **Vous n'avez pas d'adresse e-mail authentifiée.** Vous devez être approuvé pour utiliser le site. Pour ce faire, continuez votre lecture.

Si vous n'avez pas d'adresse e-mail authentifiée, Facebook considère le pire à votre sujet et imagine que vous êtes susceptible d'envoyer des spams ou du contenu indésirable aux autres utilisateurs de Facebook. C'est un comportement suspicieux et paranoïaque, mais l'unique but de cette série de tests est de vous faire confiance. Si vous ne confirmez pas votre compte au bout de trois jours en authentifiant votre adresse e-mail, vous ne pourrez plus accéder à votre compte.

Pour vous authentifier auprès de Facebook, ouvrez la messagerie associée à l'adresse e-mail utilisée pour vous inscrire, puis ouvrez le message envoyé par Facebook (avec un titre comme « Encore une dernière étape pour débuter avec Facebook »). Cliquez sur le lien contenu dans ce message pour parachever votre inscription, et indiquez éventuellement le code de confirmation fourni à la fin du message. Votre inscription est désormais confirmée !

Pour une inscription avec un numéro de mobile, reportez le code reçu par texto.

Une autre étape pour aller plus loin dans votre authentification auprès de Facebook consiste à faire vérifier votre compte avec votre numéro de téléphone, comme le montre la Figure 2.6. Elle n'a rien d'obligatoire, mais permet d'accéder à des fonctionnalités avancées de Facebook (comme l'enregistrement d'un nom d'utilisateur). Pour vérifier un compte, procédez ainsi :

1. **Rendez-vous à l'adresse** `https://www.facebook.com/confirmphone.php`**.**

2. **Tapez votre mot de passe Facebook, et cliquez sur Continuer.**

   Vous accédez à une page de saisie de votre numéro de téléphone, comme le montre la Figure 2.6.

3. **Sélectionnez votre code de pays dans la première liste (+33 pour la France), puis renseignez le champ Numéro de téléphone.**

   Indiquez de préférence un numéro de téléphone portable, car vous allez recevoir un SMS.

4. **Cliquez sur le bouton Confirmer.**

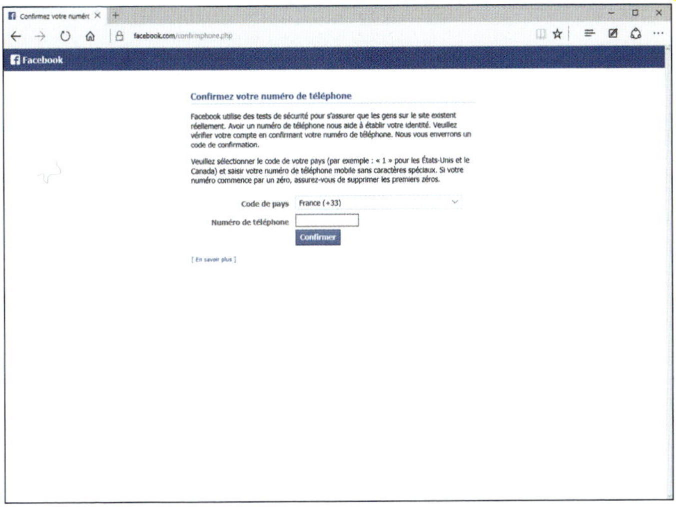

Figure 2.6 : Indiquez votre numéro de téléphone.

5. **Vérifiez le SMS sur votre portable. Il contient un code.**
6. **Entrez le code dans le champ Code de la fenêtre Confirmez votre numéro de portable.**
7. **Cliquez sur Confirmer.**

Chapitre 3

Se repérer dans Facebook

Dans ce chapitre :

- Naviguer dans Facebook.
- Explorer les éléments de la page d'accueil.
- Consulter le fil d'actualité et le télex.

Si vous avez toujours eu envie d'être le centre du monde, Facebook est vraiment fait pour vous. Enfin, disons que vous aurez l'impression d'être le centre du monde. En effet, la page d'accueil Facebook est entièrement orientée vers vous et *vos* amis. La colonne principale vous indique ce que vos amis ont fait récemment, et la colonne de droite affiche des informations clés telles que les événements à venir, les personnes avec qui vous n'êtes pas connecté et le contenu le plus intéressant que vos amis ont ajouté. Même les publicités de la colonne de droite sont ciblées vers vous et vos intérêts. Les barres de navigation se concentrent en haut et en bas de cette page et de chaque autre page du site. Ainsi, où que vous soyez, vous pouvez toujours retrouver votre chemin et basculer vers une page que vous connaissez.

Dans ce chapitre, nous détaillons tous les éléments que vous voyez dans la page d'accueil quand vous vous connectez et expliquons comment utiliser cette page pour accéder au reste du site.

La barre bleue de Facebook

John et Carolyn passent beaucoup de temps dans les cafés à travailler avec des écrivains, des étudiants, des chefs d'entreprise et des artistes en buvant un verre et en manipulant leur ordinateur portable. D'un coup d'œil sur la barre bleue située en haut de la page, il est possible de dire si quelqu'un navigue sur Facebook. La barre bleue héberge plusieurs liens de navigation importants sur Facebook. Quand vous maîtriserez la navigation avec la barre bleue, vous pourrez ôter vos chaussures et mettre vos doigts de pieds en éventail, car vous vous sentirez vraiment à l'aise sur Facebook ! La Figure 3.1 représente la barre bleue dont les liens sont expliqués de gauche à droite.

Figure 3.1 : La barre bleue, détaillée lien par lien.

Voilà ce que vous devez savoir sur chaque lien :

- **Logo Facebook :** Le logo Facebook à gauche de la barre bleue vous rappelle que vous êtes bien sur Facebook. *De facto*, quelle que soit votre activité sur ce réseau social, il suffit de cliquer sur le logo pour revenir à la page d'accueil.
- **Retrouver des amis :** Au Chapitre 4, nous abordons tous les détails de la recherche sur Facebook. Pour le moment, sachez que cette zone de recherche permet de retrouver des personnes, des groupes, des événements et des applications. Lors de la saisie d'un élément à rechercher, une liste de sujets vous est automatiquement proposée. Si la personne ou l'élément que vous recherchez y figure, faites défiler verticalement le contenu, ou bien utilisez la souris pour le sélectionner. Si vous appuyez sur la touche Entrée de votre clavier, vous accédez automatiquement au premier élément de la liste. Vous pouvez aussi utiliser la recherche pour voir ce que vos amis ou toute autre personne dans le monde publie sur un sujet particulier.

Vous pouvez retrouver votre ami d'enfance perdu de vue depuis si longtemps, une application pour un jeu, l'opinion des utilisateurs sur les dernières élections, des avis sur un produit que vous pensez acheter ou même le score en temps réel d'un événement sportif.

TRUC

Certaines personnes lancent des recherches que la zone de recherche n'est pas en mesure de traiter. Par exemple, la recherche d'éléments concernant Facebook, comme les comptes ou la confidentialité n'aboutit pas. La meilleure méthode pour découvrir Facebook ou naviguer vers un élément spécifique du site consiste à cliquer sur le petit triangle situé à l'extrémité droite de la barre bleue puis sur Aide.

- **Votre nom :** À côté de la zone de recherche, vous disposez d'un lien vers votre propre profil Facebook. Vous pouvez aussi accéder à votre profil en cliquant sur votre nom ou votre photo, où qu'ils figurent sur le site (voir Chapitre 2 pour en savoir plus sur le profil).
- **Accueil :** Ce lien a la même fonction que le logo Facebook. Où que vous soyez sur le site, lorsque vous cliquez sur ce lien, vous êtes redirigé sur la page d'accueil.
- **Retrouver des amis :** Ce lien vous permet de retrouver facilement des amis rencontrés au cours de votre vie à partir de vos différentes adresses e-mail.
- **Demande d'amis :** À côté du logo Facebook figure une icône représentant deux personnes censées être des amis. Lorsque vous cliquez sur cette icône, toutes les demandes d'amis en cours s'affichent ainsi que des suggestions d'amis. Toutefois, pour que Facebook fasse des suggestions d'amis, vous devez déjà avoir au moins un ami. En effet, Facebook se base sur les amis des amis pour vous proposer d'autres amis. Cette icône permet aussi d'accéder aux différentes méthodes pour rechercher des amis. Dès que vous recevez de nouvelles demandes d'amis, ou que des amis ont accepté votre invitation, un petit chiffre rouge indiquant le nombre de demandes ou d'acceptations apparaît sur cette icône. Une fois que vous les avez consultées, la petite icône rouge disparaît, que vous ayez répondu ou non.

- **Messages :** Une icône représentant deux bulles de BD vous permet d'accéder à votre boîte de réception. Quand vous cliquez sur cette icône, Facebook affiche les extraits des cinq ou six messages les plus récents ainsi que des liens vous permettant d'envoyer un nouveau message ou d'accéder à votre boîte de réception. Comme pour les demandes d'amis, une petite icône rouge apparaît pour vous indiquer le nombre de nouveaux messages reçus. Lorsque vous cliquez sur ce chiffre pour visualiser les nouveaux messages, il disparaît.

- **Notifications :** Sur Facebook, si quelqu'un effectue une action en rapport avec vous ou votre profil, vous en êtes informé au moyen d'un petit chiffre sur fond rouge qui s'affiche sur l'icône suivante, en forme de globe. Il se peut que quelqu'un vous ait tagué sur une photo, ait écrit quelque chose sur votre mur ou le mur d'un groupe auquel vous appartenez, vous ait offert un cadeau virtuel ou ait ajouté un commentaire à une de vos publications. Cliquez sur le globe pour visualiser les notifications les plus récentes et afficher un lien vers les autres.

- **Raccourcis de confidentialité :** Cliquez sur l'icône de cadenas afin d'accéder aux paramètres de confidentialité de votre compte, comme à la Figure 3.2. Ils servent à définir la visibilité des informations de votre profil (voir Chapitre 5).

- **Paramètres :** Cliquez sur l'icône du petit triangle à l'extrémité droite de la barre bleue afin d'accéder aux éléments suivants :

  - *Créer une page :* Permet de créer une page Facebook liée à votre compte. Une page est une version limitée d'un compte et permet une activité pseudo commerciale. Elle est notamment utilisée par des personnes publiques, des groupes de musiques, des artistes, des entrepreneurs, *etc.*

  - *Créer des groupes :* Permet de créer des groupes, sortes de pages Facebook réservées à des personnes que vous et des membres du groupe pourront inviter à suivre les activités. Par exemple, vous pourrez créer

Figure 3.2 : Pour accéder aux paramètres de confidentialité les plus importants.

un groupe pour partager rapidement des photos qui ne concernent que les membres de ce groupe.

- *Rechercher des groupes* : Permet de trouver des groupes afin d'y adhérer.
- *Créer des publicités* : Permet de créer des annonces commerciales, moyennant finances bien entendu. Cela permet de promouvoir une page Facebook.
- *Publicité sur Facebook* : Pour publier des annonces sur ce réseau social. Donne accès à la procédure permettant de créer ce type de publicité.
- *Historique personnel* : Sorte de détective privé qui rapporte toute votre activité Facebook. Cela est très utile pour redéfinir, par exemple, la confidentialité d'une action précise.
- *Préférences du fil d'actualité* : Ouvre une boîte de dialogue (Figure 3.3) qui permet de privilégier les actualités de certains amis en cliquant simplement sur la vignette de leur profil, de sélectionner les personnes dont vous ne souhaitez plus suivre les actualités, et

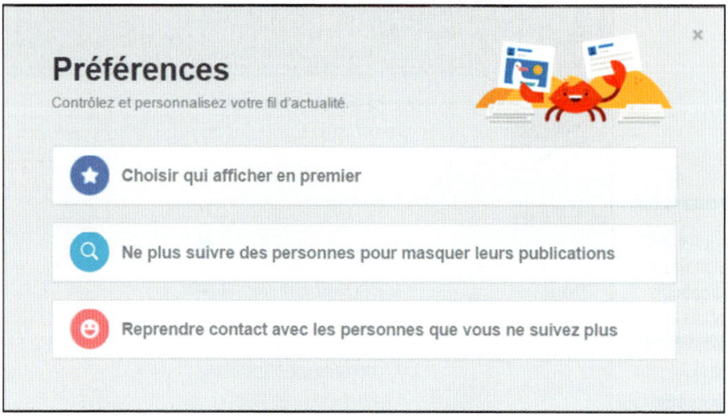

Figure 3.3 : Pour définir vos préférences d'actualité.

enfin de rétablir le contact avec des personnes que vous ne suiviez plus.

- *Paramètres* : Donne accès à l'ensemble des options de paramétrage de Facebook. La tâche semble colossale… elle l'est ! Difficile de s'y retrouver. Toutefois, les éléments les plus importants concernent la sécurité et la confidentialité.
- *Déconnexion :* Ferme votre session Facebook. Si vous partagez votre ordinateur avec d'autres personnes, assurez-vous de toujours vous déconnecter pour veiller à ce que personne ne puisse accéder à votre compte Facebook.
- *Aide :* Sollicitez l'aide lorsque vous ne savez pas ou plus effectuer certaines opérations sur Facebook. Hélas, vous ne trouverez pas toujours les réponses aux questions que vous vous posez.
- *Espace assistance :* Permet de savoir comment utiliser l'assistance « personnalisée » de Facebook.
- *Signaler un problème :* Ouvre une boîte de dialogue où vous choisissez une catégorie dans laquelle signaler un problème que vous rencontrez sur Facebook, comme le montre la Figure 3.4.

TRUC

Une autre méthode pour vous déconnecter de Facebook consiste à fermer la session de votre navigateur. Toute-

Figure 3.4 : Signalez à Facebook un problème sur… Facebook.

fois, si l'option Garder ma session active est sélectionnée, vous ne serez pas déconnecté tant que vous ne cliquerez pas explicitement sur Déconnexion. Garder ma session active vous garde connecté, même si vous fermez votre navigateur. C'est pourquoi nous vous recommandons de n'utiliser l'option Garder ma session active que sur un ordinateur non partagé.

De nombreuses applications Facebook sont écrites par des développeurs externes (non Facebook). Si vous avez des problèmes avec l'une de ces applications, les pages d'aide Facebook vous proposent différentes méthodes pour contacter directement les développeurs.

La page d'accueil

La page d'accueil s'ouvre quand vous vous connectez à Facebook. Elle présente quatre colonnes de données, décrites dans la section suivante.

Remarque : Avant d'avoir votre premier ami, la page d'accueil est très différente de ce qu'elle est quand vous commencez à prendre contact avec des amis. Comme les étapes spécifiées dans le Chapitre 2 vous invitent à trouver vos premiers amis, tout ce qui suit dans cette section suppose que vous avez au moins un ami sur Facebook. Si vous n'avez contacté aucun ami, passez directement au Chapitre 4 pour savoir comment en trouver et vous connecter avec les personnes que vous connaissez. N'oubliez pas de revenir par ici ensuite, car ce chapitre est très enrichissant !

Fil d'actualité

Imaginez que votre journal papier, TV ou radio propose un supplément contenant des articles sur les personnes que vous connaissez. C'est un fil d'actualité (colonne centrale de la page d'accueil). Tant que les personnes que vous connaissez sont actives sur Facebook, vous pouvez prendre de leurs nouvelles *via* votre page d'accueil Facebook. Un ami peut poster des photos de sa fête d'anniversaire, un autre peut écrire un commentaire concernant son nouvel emploi, d'autres encore peuvent répondre à une invitation pour une soirée de dégustation de vins. Tous ces éléments sont présentés dans votre fil d'actualité Facebook. Bonus du fil d'actualité : vous pouvez l'utiliser pour vous tenir au courant des événements juste en lisant les témoignages de vos amis. Dans le fil d'actualité de ce matin, John a trouvé des informations récentes sur un événement sportif important, sur les concerts du week-end prochain et sur l'attentat du *Bataclan*. Ne vous fiez pas à 100 % à Facebook pour toute l'actualité, mais de temps en temps, ce peut être un mandataire intéressant.

Dans le fil d'actualité, les nouvelles sont classées par dates de publication, les plus récentes s'affichant en haut. Plus vous descendez dans la page, plus les publications sont anciennes. Si vous avez beaucoup d'amis, ce peut être difficile à gérer et vous risquez de passer à côté d'informations intéressantes. Pour modifier l'ordre d'affichage des publications, vérifiez que vous êtes bien sur l'accueil. En cas de doute, cliquez sur le lien Accueil. Ensuite, cliquez sur Fil d'actualités dans la colonne de gauche. Dans le menu local qui s'affiche, choisissez À la une, comme sur la Figure 3.5 : les publications jugées les plus intéressantes s'afficheront en priorité en haut du fil. Nous y reviendrons au Chapitre 7.

Exprimez-vous

Pour publier quelque chose sur Facebook, repérez la zone de texte « Exprimez-vous » juste au-dessus du fil d'actualité, au centre de votre page d'accueil (Figure 3.6). Vous la retrouvez également sur votre profil. Dès que vous voulez partager une information, comme ce que vous êtes en train de faire, où vous êtes ou où vous allez, maintenant et dans la vie, vous pouvez le faire dans cette zone.

Figure 3.5 : Modifier l'ordre d'affichage du fil d'actualités.

Tout ce que vous y publiez s'affiche dans votre profil et est visible par les personnes autorisées. Au Chapitre 5, nous expliquons comment définir la confidentialité de chaque contenu que vous postez sur Facebook. Même si beaucoup de personnes peuvent consulter votre profil, elles ne voient pas toutes la même chose. Tout dépend des paramètres de confidentialité que vous attribuez aux éléments que vous postez. En plus de s'afficher dans votre profil, les éléments que vous postez peuvent apparaître dans le fil des personnes qui voient ces éléments. Si vous créez un statut indiquant à tous vos amis de voter aux prochaines élections, cette information sera publiée dans leur fil. Vos amis le liront (ou pas) en fonction de leur habitude de lecture du fil. Si vous postez une information destinée à tous les membres de votre famille excepté votre grand-mère, par exemple « N'oubliez pas de souhaiter son anniversaire à mamie », chaque membre de la famille (et personne d'autre) voit l'information dans son fil.

Figure 3.6 : Dites ce que vous avez à dire !

La colonne de gauche

La partie gauche de la page d'accueil regroupe de nombreux liens clés pour la navigation, nécessaires pour plonger dans les profondeurs de Facebook. La liste suivante explique certains liens proposés dans la partie gauche de la page d'accueil :

- ***<Votre nom>/Modifier le profil* :** Quand vous cliquez sur votre nom, vous accédez toujours à votre profil. Certains trouvent qu'un lien Profil serait plus intuitif. En revanche, ceux qui utilisent un ordinateur partagé sont rassurés de voir leur nom figurer dans la barre bleue afin de vérifier s'ils sont bien connectés à leur propre compte. Le lien Modifier le profil est un raccourci pour spécifier les informations qui vont y figurer.

  Rappelez-vous que si vous cliquez sur l'un de ces liens ou d'autres liens qui vous éloignent de la page d'accueil, vous pouvez toujours y revenir en cliquant sur le logo Facebook dans le coin supérieur gauche ou sur le lien Accueil dans le coin supérieur droit.

La section Favoris, illustrée à la Figure 3.7, propose les rubriques suivantes :

Figure 3.7 : La section Favoris de votre Facebook.

- **Bienvenue :** Cliquez sur ce lien pour accéder à une page vous invitant à trouver des amis, et à régler vos paramètres de confidentialité. Cette rubrique disparaît après quelques jours d'activité sur Facebook, notamment lorsque vous avez acquis de nouveaux amis.
- **Fil d'actualité :** Lorsque vous cliquez sur ce lien, vous actualisez votre page d'accueil et accédez exactement à ce que vous voyez quand vous vous connectez : le fil d'actualité des activités de vos amis. Le fil d'actualité enregistre et conserve le dernier état pour la consultation du fil d'actualité.

- **Messages :** Tous les utilisateurs Facebook peuvent vous envoyer un message, à moins que vous ne changiez les paramètres de confidentialité de la messagerie. Ce lien vous permet de les récupérer. Le nombre de messages nouveaux ou non lus figurant dans votre boîte de réception s'affiche entre parenthèses à côté du lien Messages. Quand vous cliquez sur ce lien, vous disposez de deux options supplémentaires. L'une vous permet d'accéder aux messages non lus, l'autre aux messages archivés.
- **Événements :** Utilisez l'application Événements pour organiser les événements de la vraie vie avec une liste d'invités, des rappels et un espace dédié à l'ajout de commentaires et de photos. Cliquez sur Événements pour afficher les événements à venir de vos amis, les invitations que vous avez reçues, et un bouton de création d'événements (voir Chapitre 11).

  Si vous avez créé des groupes, ils seront accessibles dans cette section de Facebook.

La section Amis, illustrée à la Figure 3.8, n'est disponible que si vous avez des amis. Elle regroupe les rubriques suivantes :

Figure 3.8 : La section Amis de Facebook.

- **Amis proches :** Cliquez sur ce lien pour afficher la liste de vos amis les plus actifs sur Facebook ces derniers temps. Vous pouvez aussi voir les mises à jour de statut les plus récentes. Si vous avez créé des listes d'amis (voir Chapitre 4), elles s'affichent sous le lien Amis proches dès que vous cliquez dessus. Lorsque vous cliquez sur une liste d'amis, votre fil d'actualité est filtré et affiche uniquement les informations des amis figurant dans cette liste. Seules les premières listes d'amis s'affichent, mais il suffit de cliquer sur le lien Plus pour accéder aux autres listes.

- **Exlus :** Permet de dresser une liste de personnes exclues de votre page Facebook. Cela ne concerne que les pages Facebook. Pour exclure des personnes de votre compte Facebook, vous devez les bloquer.
- **Connaissances :** Permet de créer et de gérer une liste de personnes qui auront le statut de « connaissances », c'est-à-dire dont vous verrez défiler un nombre limité d'actualités les concernant.
- **Famille :** Cliquez sur ce lien pour définir les membres de votre famille dans votre liste d'amis afin de n'afficher que les publications qui les concernent ou émanent d'eux.

  La section peut également contenir votre catégorie socio-professionnelle.

La section Applications, illustrée à la Figure 3.9 liste les rubriques suivantes :

Figure 3.9 : La section Applications de Facebook.

- *Jeux* : Cliquez sur cette application pour accéder à la liste des jeux les plus appréciés par la communauté Facebook et par vos amis.
- *Ce jour-là* : Contient des informations passées correspondant au jour en cours. Par exemple, après des années d'utilisation de Facebook, vous y retrouverez des activités et des publications d'il y a un, deux, trois ans et plus, jour pour jour.
- *Photos* : Récapitule l'ensemble de vos photos, albums et téléchargements, afin de mieux les gérer.
- *Articles* : Connue comme un outil de blog, l'application Articles propose aux utilisateurs une page vierge pour partager leurs pensées, anecdotes, tirades, diatribes, *etc.* Le lien Articles vous offre un accès rapide aux notes que

vous avez écrites et à celles écrites récemment par et sur vos amis (voir Chapitre 8).

- *Pokes* : Cette application regroupe les pokes que vous avez reçus et envoyés sur Facebook. Un *poke* est une sorte de tape amicale virtuelle adressée à une personne sur Facebook afin d'établir le contact ou de vous signaler à cette dernière. Lisez le Chapitre 9 pour en savoir plus sur les pokes.

Si vous utilisez Facebook depuis longtemps, il se peut que vous disposiez d'applications différentes de celles mentionnées ici. Elles dépendent de ce que vous avez utilisé récemment ou de ce que vous avez ajouté ou supprimé de votre profil. Les applications décrites dans cette section sont les applications par défaut que vous possédez quand vous vous inscrivez. Par la suite, vous avez un contrôle total sur les applications que vous ajoutez à votre profil Facebook.

N'OUBLIEZ PAS

Dès que vous utilisez une nouvelle application sur Facebook, un lien pour cette application apparaît dans le menu Applications. Vous pouvez supprimer le signet de n'importe quelle application en cliquant sur le X qui figure à côté du signet.

La section Groupes liste les groupes auxquels vous avez adhéré. Les groupes visent à regrouper les gens (virtuellement) autour de causes ou d'intérêts communs. Le lien Groupes vous dirige sur une page permettant de visualiser les groupes auxquels vous appartenez et qui ont été mis à jour récemment (voir Chapitre 10).

La section Intérêts permet d'indiquer vos centres d'intérêt et de regrouper les publications en lien avec ces derniers. Vous pouvez également vous abonner à des listes d'intérêt existantes afin d'avoir accès aux actualités publiées par des utilisateurs reconnus dans le domaine.

La section Pages permet de créer des Pages Facebook consacrées au sujet de votre choix, puis d'afficher ces dernières, mais également de rechercher et de lister les Pages qui pourraient vous intéresser (en lien avec vos goûts ou ceux de vos amis).

Quoi de neuf dans la colonne à droite du fil d'actualité

Juste à droite du fil d'actualité, dans une troisième colonne, vous disposez d'un méli-mélo quelque peu aléatoire de ce qui est nouveau, de ce qui se passe et de ce qui est prévu prochainement sur Facebook :

- **Événements :** Les rappels concernant les événements auxquels vous êtes convié s'affichent dans cette colonne trois jours avant le début de l'événement, à moins que vous déclinez l'invitation. Cliquez sur un événement pour afficher la liste des événements du jour, et sur Afficher tout pour visualiser tous les événements auxquels vous êtes invité. Après les événements, cette colonne indique les anniversaires du jour. Vous n'aurez aucun rappel d'anniversaire pour les amis qui ont choisi de cacher leur date d'anniversaire dans leur profil.
- **Demandes d'ajout à la liste d'amis :** Quand quelqu'un vous demande de confirmer que vous êtes amis sur Facebook, c'est un exemple de demande. La demande contient des liens permettant d'accepter ou de refuser. Quand une demande est en cours, un lien s'affiche en haut de la colonne droite de votre page d'accueil. S'il n'y a rien, vous n'avez aucune demande en cours. Cliquez sur le nom de la personne qui demande à devenir votre ami, puis cliquez sur Confirmer ou Pas maintenant.
- **Vous connaissez peut-être :** Imaginez devoir sortir pour trouver toutes les personnes que vous connaissez sur Facebook. C'est une tâche particulièrement difficile. Dans cet espace, Facebook vous propose des suggestions susceptibles de vous intéresser et le titre de cette section varie en fonction de vos besoins. Vont s'afficher des personnes que Facebook suppose que vous connaissez ou aimez. Ces suggestions sont estimées à l'aide de différents facteurs, dont le plus important est le nombre d'amis en commun avec la personne suggérée. Si vous voyez quelqu'un que vous reconnaissez, cliquez sur sa photo pour l'ajouter comme ami. Il se peut que cette zone

n'apparaisse pas si Facebook n'a pas de suggestions à vous soumettre.

- **Retrouvez plus d'amis(e)s :** Nous avons déjà décrit cette fonction qui permet de trouver des amis à partir de vos différentes adresses e-mail.
- **Sponsorisé :** Facebook ne pousse pas sur les arbres ! Le site n'est pas non plus tombé du ciel d'un coup de baguette magique. C'est le fruit d'un travail manuel considérable (manuel dans le sens « saisie ») et requiert d'innombrables ordinateurs pour stocker toutes les informations que vous et vos amis ajoutez sur le site chaque jour. Travail et technologie coûtent de l'argent. Les publicités qui s'affichent dans cette partie financent tout le système. Elles sont *a priori* le reflet de vos goûts et habitudes sur Facebook. Il peut s'agir de liens publicitaires renvoyant à des sites Web commerciaux ou de mises en avant de Pages Facebook consacrées à des produits.

Télex

Si vous comptez beaucoup d'amis et, surtout, d'amis qui sont actifs sur Facebook, vous aurez certainement remarqué dans le haut de la colonne de droite de la page d'accueil une sorte de version miniature du fil d'actualité. Il s'agit du télex, qui indique les différentes activités de vos amis Facebook. Dès qu'ils publient quelque chose, commentent une publication, indiquent aimer un sujet ou une publication, cela apparaît en temps réel dans le télex. Il suffit de cliquer sur l'une des dépêches ainsi affichées pour l'afficher dans une info-bulle de façon plus complète.

Discussion instantanée

Sous le Télex, vous disposez d'une liste d'amis avec lesquels vous conversez régulièrement, et qui sont ouverts à la discussion instantanée. Un petit point vert indique que la personne utilise actuellement la discussion instantanée, et qu'elle est prête à entrer en communication directe. Cette fonctionnalité est semblable à AOL Instant Messenger, Skype ou Yahoo! Messenger. Dans la partie inférieure de cette liste, vous trouverez des conversations que vous avez engagées avec des groupes, et en dessous avec une liste d'amis supplémentaires. Lorsque vous cliquez sur le nom d'un ami dans la liste des personnes disponibles (avec ou sans point vert), une petite fenêtre de conversation apparaît dans la partie inférieure droite de l'interface de Facebook. Les discussions sont mémorisées par Facebook. Vous pouvez accéder à l'ensemble de vos conversations par un clic sur le lien Messages situé dans la colonne de gauche lorsque vous êtes sur votre page d'accueil.

Liens en bas de page

Lorsque vous affichez votre page d'accueil Facebook, la partie inférieure de la troisième colonne propose une série de liens de couleur bleue. Il concentre toutes les informations importantes sur le réseau social Facebook, Facebook pour les entreprises, la société Facebook et les règles en vigueur sur Facebook. Ces liens sont décrits ci-après :

- **Français (France) :** Cliquez sur ce lien pour accéder à une boîte de dialogue de sélection de la langue dans laquelle vous souhaitez utiliser Facebook.
- **Confidentialité :** Décrit la politique d'utilisation des données Facebook.
- **Conditions d'utilisation :** Même si ce lien doit être le moins utilisé de tous les liens du site, c'est l'un des plus importants. Facebook met un point d'honneur à traquer ceux qui enfreignent les conditions d'utilisation dans le but de nuire. Pour le bien de ceux qui utilisent le site avec respect, Facebook prend très au sérieux les violations des conditions d'utilisation. L'utilisation d'une fausse date d'anniversaire, d'un faux nom, de contenu pornographique ou protégé et tout comportement assimilable à du spamming sont autant de raisons justifiant la désactivation d'un compte.
- **Cookies :** Ce lien affiche la page d'aide consacrée aux cookies et à la façon dont Facebook les exploite. Pour mémoire, les *cookies* sont de petits fichiers enregistrés sur votre ordinateur lors de votre navigation sur le Web, qui mémorisent vos sujets de recherche ou la façon dont

vous remplissez certains formulaires, afin de vous proposer des publicités ciblées ou de préremplir les champs de formulaires.

- **Publicité :** Explore les principales offres de Facebook pour faire la promotion de votre produit à l'aide d'une page spécifique.
- **Choisir sa pub :** Ouvre une page d'explications sur la manière de cibler la publicité qui vous est adressée.

Plus : Ouvrez ce menu local pour accéder aux rubriques suivantes :

- **À propos de :** Ce lien vous dirige vers la page Facebook… de Facebook. Libre à vous de cliquer sur le bouton J'aime de cette Page afin de vous y abonner et de recevoir les actualités du site et de la société Facebook.
- **Emplois :** Envie de travailler pour Facebook ? Cliquez sur ce lien pour consulter les postes disponibles et en savoir plus sur l'environnement de travail.
- **Créer une Page :** Ce lien permet de créer une Page Facebook dédiée à un produit, une entreprise, un lieu, une célébrité, un divertissement ou une cause.
- **Développeurs :** La plupart des applications que vous pouvez ajouter à votre profil Facebook sont écrites par des développeurs indépendants de Facebook. Ce lien s'adresse à ceux qui veulent créer une nouvelle application pour Facebook.
- **Aide :** La page d'aide vous fournit toutes sortes d'outils vous aidant à utiliser le site, à vous protéger sur Facebook, et à envoyer vos suggestions pour améliorer le site.

Chapitre 4

Rechercher des amis sur Facebook

Dans ce chapitre :

- Comprendre la notion d'ami.
- Trouver des amis de différentes manières.
- Organiser et gérer sa liste d'amis.

Il existe des centaines de citations sur l'amitié et les amis. Nous en avons lu un grand nombre afin d'en tirer la conclusion suivante : avoir des amis c'est bien, ne pas en avoir, c'est triste. Cet adage est vrai dans la vie réelle comme sur Facebook. Sans amis sur Facebook, vous êtes face à un écran vierge et ne pouvez communiquer qu'avec vous-même. Avec des amis, vous pouvez regarder des photos sans vous rendre compte à quel point le temps passe vite.

Facebook part du principe que vous avez des informations à partager avec vos amis (et d'autres que vous préférez réserver à certains amis). Ainsi, si vous n'avez pas d'amis susceptibles de consulter votre profil, quel intérêt d'en créer un ? Les messages ne sont pas utiles s'ils n'ont pas de destinataires. Les photos sont faites pour être regardées, mais si l'accès est limité à certains amis, encore faut-il en avoir.

Sur Facebook, toutes les amitiés sont *réciproques*, ce qui signifie que si vous ajoutez quelqu'un en tant qu'ami, il doit confirmer cette amitié avant que chacun apparaisse sur les deux profils. Si quelqu'un vous ajoute comme ami, vous pouvez confirmer ou ignorer. Si vous confirmez : félicitations, vous avez un nouvel ami ! En revanche, si vous ignorez l'ami, l'autre personne ne le saura pas.

Maintenant que nous avons réussi à vous donner l'impression que vous n'avez pas d'amis, sachez qu'il n'y a aucune crainte à avoir, car il existe plusieurs façons de trouver ses amis sur Facebook. Si vos amis ne sont pas inscrits sur Facebook, invitez-les à vous rejoindre et proposez-leur d'être amis sur Facebook, comme dans la vraie vie.

Facebook : ces amis qui vous veulent du bien

Un *ami Facebook* est comme un ami dans la vraie vie (même si certains pensent que vous n'êtes pas de vrais amis si vous n'êtes pas amis Facebook… à moins que ce ne soit le contraire ?). Toutefois, il existe des différences subtiles entre vos amis dans la vraie vie et vos amis sur Facebook. Vous devez connaître les quelques spécificités de l'amitié version Facebook.

Un reflet de la réalité

Les amis Facebook sont avant tout des amis. Il s'agit des personnes que vous fréquentez, avec lesquelles vous voulez rester en contact, qui comptent pour vous et que vous voulez publiquement considérer comme des amis. Il ne s'agit pas de personnes que vous rencontrez *via* Facebook, mais bel et bien de personnes que vous connaissez, avec qui vous prenez le temps de discuter quand vous les croisez dans la rue ou que vous invitez à des soirées, dîners et autres événements.

Dans la vraie vie, il y a beaucoup de nuances en amitié. Pensez aux différences entre une connaissance, un collègue de travail, un partenaire de loisirs, un ancien amour avec qui vous êtes resté ami et un meilleur ami. Dans le monde réel, ces nuances ne cessent de changer. Par exemple, imaginez que vous commenciez à appeler votre partenaire de loisirs pour qu'il vous conseille ou encore qu'il soit impossible que vous et votre ex restiez amis. Sur Facebook, toutes ces personnes sont vos amis.

Il existe plusieurs moyens de gérer ces différentes relations en utilisant les listes d'amis que nous aborderons plus tard dans ce chapitre. Généralement, toutes les amitiés sont créées de façon égale sur Facebook. Quand les gens consultent votre liste d'amis, ils voient une longue liste qui peut uniquement être triée par réseau et non en fonction de votre conception de l'amitié (*meilleurs amis* ou *trop dur de refuser une amitié*).

Un contact

Un ami Facebook est aussi un contact, c'est-à-dire que vous donnez à tous vos amis Facebook la possibilité de prendre contact avec vous. Dans la plupart des cas (en fonction de vos paramètres de confidentialité et des informations que vous décidez de partager), vous offrez également à vos amis un accès à d'autres informations comme votre numéro de téléphone, votre adresse postale et votre adresse e-mail.

En échange, vos amis deviennent vos contacts : vous pouvez les contacter *via* Facebook en plus d'avoir accès à leur numéro de téléphone, leur adresse postale et leur adresse e-mail.

Une question de confidentialité

Lorsque vous envoyez et confirmez une demande d'ami, gardez toujours en tête que vos amis ont accès à votre profil. Vous pouvez limiter la visibilité de la plupart des éléments de votre profil à une poignée d'amis, mais la majorité des utilisateurs ouvrent leur profil à tous leurs amis, voire plus. Si votre profil est configuré ainsi et que vous acceptiez une demande d'amitié, cela signifie que vous fournissez à cet ami un accès à tous les éléments que vos amis peuvent voir.

Cela peut sembler effrayant, mais, au final, il en va de même dans la vraie vie. La seule différence est que dans le monde réel, ce processus se fait au fur et à mesure, tandis que sur Facebook, un seul clic suffit. Dans une certaine mesure, une simple connaissance devient une personne avec laquelle vous aimez passer du temps, dont vous prenez des nouvelles et que vous savez écouter. Cette intimité amicale revient à permettre à quelqu'un de consulter votre profil. De plus, c'est un moyen de dire à tout le monde : « Cette personne compte pour moi ! ».

Une implication dans le fil d'actualité

Le *fil d'actualité* est une liste de nouvelles sur les actions que vos amis réalisent sur Facebook et sur d'autres sites. Imaginez le fil d'actualité comme un journal télévisé personnalisé. Plutôt que de vous informer sur ce qui se passe dans le monde, il vous informe sur ce qui se passe dans *votre* monde. Une nouvelle du fil d'actualité peut ressembler à « Paul a écrit sur le mur de Pierre. » ou « Gérard a été tagué dans une vidéo. » Toutes ces nouvelles sont associées au contenu correspondant, relatif à vos amis.

Quand vous ajoutez des personnes comme amis, les nouvelles qu'elles postent s'affichent automatiquement dans votre fil d'actualité. Ainsi, vous pouvez voir leur statut, le genre de photos qu'elles chargent, *etc.* Cependant, si vous n'êtes pas trop intéressé par cette personne (disons que vous venez de la rencontrer au travail et que vous ne vous souciez pas trop de savoir ce qu'elle fait au quotidien) ou si vous trouvez que ses publications n'ont pas grand intérêt, vous avez la possibilité de les masquer en vous désabonnant (nous traitons ce sujet dans le Chapitre 7).

Une implication en temps réel

Vous voudrez sans doute savoir ce que font vos amis en général, mais, pour certains, vous serez peut-être curieux de savoir ce qu'ils font *au moment* où ils le font. Si vous possédez un portable, vous pouvez être informé en temps réel de ce que vos meilleurs amis font aussi souvent qu'ils le souhaitent. Demandez au préalable à recevoir des notifications pour toute nouvelle activité émanant de l'ami en question : affichez son profil, cliquez sur le bouton Amis placé sur la photo de couverture. Dans le menu local qui s'ouvre, comme le montre la Figure 4.1, cliquez sur Recevoir des notifications.

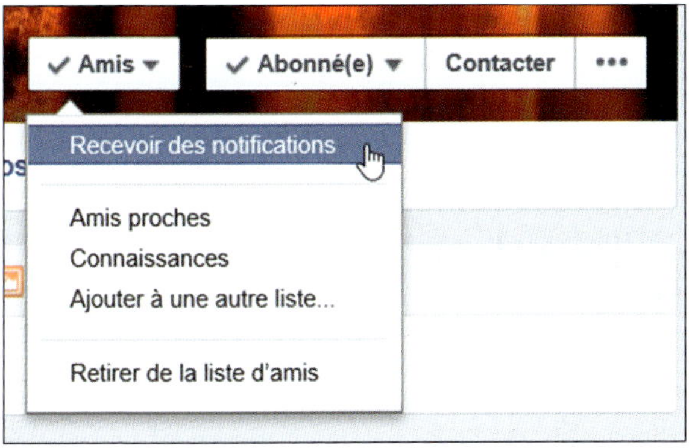

Figure 4.1 : Recevoir les notifications d'un ami.

Dès que cette personne publie quelque chose sur son profil, vous recevez une notification contenant la mise à jour du statut. Si vous utilisez Facebook sur un téléphone mobile ou une tablette numérique, la notification en question s'affichera sur votre écran d'accueil. Nous vous conseillons de réserver cette fonctionnalité à vos meilleurs amis qui actualisent généralement leur profil avec du contenu intéressant (sinon vous risquez de ne plus supporter l'incessante sonnerie de votre téléphone ou de votre tablette !).

En fonction du niveau de confidentialité des comptes de vos amis, d'autres activités en temps réel pourront être divulguées dans le fil d'actualité ou directement sur leur profil. Par exemple, si une personne a utilisé son compte Facebook pour ouvrir un compte Deezer, vous pourrez savoir ce que cette personne a écouté et surtout quand elle l'a écouté. Facebook délateur ? Un peu quand même, mais il en va aussi de la responsabilité de ses utilisateurs.

Sur l'interface de Facebook, le nombre de notifications reçues s'affiche sur l'icône du globe terrestre en haut à gauche du bandeau bleu, comme à la Figure 4.2. Cliquez sur cette icône pour prendre connaissance du contenu de la notification.

Peut-être voudrez-vous savoir ce que fait votre sœur, votre conjoint, votre meilleur ami ou votre collègue de travail en temps réel. Vous abonner au statut de quelqu'un est un moyen de découvrir que vous vous trouvez au même endroit que la

Figure 4.2 : Une notification vient d'arriver.

personne ou de poser une question comme « Qui veut dîner avec moi ce soir ? ».

Si vous changez d'avis sur la réception des mises à jour en temps réel, accédez au profil de la personne concernée, cliquez sur Amis, et décochez l'option Recevoir des notifications.

La philosophie des amitiés facebookiennes

Vous risquez d'entendre plusieurs versions sur les règles de Facebook. Peut-être vous dira-t-on qu'il est malpoli d'ignorer une demande d'ami. Ne portez aucune attention à ces fausses rumeurs. La vérité sur l'étiquette d'ami Facebook est ici.

Choisir ses amis intelligemment

En principe, vous envoyez et confirmez des demandes d'amitié aux personnes que vous connaissez. Si vous ne les connaissez pas (demande d'ami aléatoire), cliquez sur Supprimer l'invitation, comme à la Figure 4.3. Pour toutes les raisons énumérées dans la section précédente (confidentialité, fil d'actualité et reflet de la réalité), n'acceptez personne comme ami s'il n'existe aucune relation entre vous. Souvenez-vous des conseils qu'on vous donnait pour bien choisir vos amis au lycée ! C'est toujours vrai aujourd'hui. En acceptant une demande d'ami alors que vous ne devriez pas, vous risquez, au prochain virage, d'être éjecté d'une moto conduite par un certain Harley ! Faites-nous confiance, c'est exactement comme ça que ça va se passer.

Figure 4.3 : Confirmer ou refuser une invitation d'un(e) inconnu(e).

Privilégier la qualité plutôt que la quantité

Une autre idée reçue sur Facebook consiste à penser que c'est la course à celui qui aura le plus d'amis. C'est totalement faux, sauf pour les très jeunes adolescents qui testent maladroitement leur popularité. Entre le fil d'actualité et les implications en termes de confidentialité, tentez de limiter votre liste d'amis aux personnes qui vous importent vraiment. Le nombre de personnes qui comptent pour vous (y compris celles qui comptent plus et celles qui comptent un peu moins) peut être plus ou moins élevé. La moyenne avoisine 120 amis par utilisateur Facebook. Une personne avec 120 amis se soucie-t-elle de manière égale de tous ses amis ? Certainement pas. Cela signifie-t-il que cette personne est superficielle ? Non, cela signifie simplement que cette personne veut rester en contact avec toutes les personnes qu'elle a rencontrées au cours de sa vie. Tout changement de travail, d'école et de lieu de résidence privilégie la rencontre de nouveaux amis, sans pour autant oublier les anciens.

Faut-il absolument essayer d'avoir 120 amis ? Non, la mère de Carolyn profite pleinement de Facebook avec moins de 30 amis. Ce nombre lui permet de partager ses photos avec ses amis, de jouer à des jeux avec les personnes qu'elle connaît et d'avoir un fil d'actualité relativement actif. L'objectif est simplement de réunir tous les gens qui comptent. Que ce nombre soit faible ou élevé, l'important est qu'ils figurent dans la liste et que vous puissiez communiquer avec eux.

Trouver ses amis sur Facebook

Vous savez désormais à quel point les amis sont importants. Si vous vous sentez un peu seul, demandez à certaines personnes d'être vos amis. Comment faire ? Facebook est vaste et si vous cherchez simplement votre ami Jean, vous devrez préciser quelques détails supplémentaires. Facebook dispose de plusieurs outils qui vous suggèrent des profils de personnes que vous connaissez peut-être et souhaitez avoir comme amis, ainsi que d'une fonctionnalité de recherche par nom pour trouver des personnes spécifiques.

Ajoutez à cela que très rapidement, vos amis vous en suggéreront d'autres et que, dans sa bienveillance à ne pas vous laisser mourir dans l'abandon le plus complet, Facebook aussi ne manquera de vous dire « Connaissez-vous ? » suivi d'un trombinoscope quasi inépuisable. Facebook n'a jamais autant pris au pied de la lettre l'adage selon lequel « les amis de mes amis sont mes amis ».

Si seulement la fonction Retrouver des amis existait dans le monde réel !

Retrouver des amis est un outil qui associe les adresses e-mail de votre carnet d'adresses aux profils des utilisateurs Facebook. Comme chaque adresse e-mail correspond à un seul compte Facebook, vous pouvez faire confiance à ces associations pour trouver les bonnes personnes grâce à leur adresse e-mail.

Avec votre autorisation, Retrouver des amis invite aussi les personnes qui n'ont pas de compte Facebook associé à l'adresse e-mail contenue dans votre carnet d'adresses à rejoindre Facebook. Si elles s'inscrivent grâce à l'invitation que vous leur envoyez, elles reçoivent une demande d'ami de votre part.

Pour utiliser Retrouver des amis, vous devez spécifier votre adresse e-mail et votre mot de passe à Facebook. Facebook ne conserve pas ces informations, mais les utilise pour récupérer votre liste de contacts.

Il se peut que vous ayez croisé la fonction Retrouver des amis quand vous avez défini votre compte. Les étapes suivantes supposent que vous utilisez une adresse e-mail fondée sur le Web (Hotmail, Gmail, Yahoo! Mail, *etc.*), que vous n'avez pas utilisé Retrouver des amis récemment et que votre carnet d'adresses contient les adresses e-mail de vos amis. Plus tard dans ce chapitre, nous couvrirons d'autres options, comme l'utilisation d'un carnet d'adresses e-mail fondé sur un client de messagerie ou sur un numéro de téléphone. Voici comment utiliser Retrouver des amis :

1. **Accédez à votre compte Facebook.**
2. **Cliquez sur Retrouver des amis dans le bandeau supérieur bleu, ou dans la colonne à gauche lorsque vous affichez l'accueil.**

   La Figure 4.4 représente la fonction Retrouver des amis.

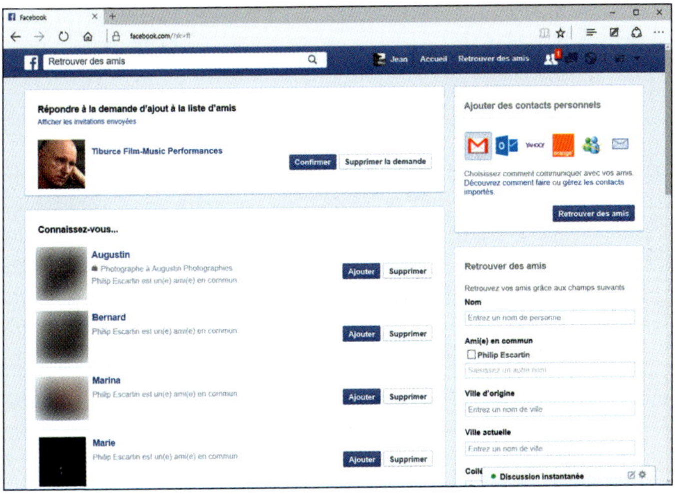

Figure 4.4 : Retrouver des amis.

Vous constatez la présence de plusieurs zones de recherche :

- *Répondre à la demande d'ajout à la liste d'amis :* N'apparaît que si vous avez reçu une demande d'ami. À vous d'y répondre ou non par l'affirmative.

- *Connaissez-vous :* Ici, Facebook propose (ou pas) une liste d'amis potentiels, c'est-à-dire de personnes que vous connaissez peut-être, car elles sont amies avec plusieurs autres de vos amis. Cliquez sur le bouton Ajouter des amis auxquels vous souhaitez envoyer une demande de contact.
- *Ajouter des contacts personnels :* Pour ajouter des personnes de votre carnet d'adresses, comme cela est expliqué dans la prochaine section.
- *Retrouver des amis :* Contient un certain nombre de champs qui seront utiles pour retrouver des personnes que vous avez totalement perdues de vue. Ainsi, vous les retrouverez grâce à leur nom, leur ville d'origine, leur établissement scolaire, ou encore leur employeur.

Vos amis doivent confirmer vos demandes avant que vous ne deveniez officiellement amis sur Facebook. Ainsi, vous ne pouvez pas consulter le profil de vos amis avant la confirmation.

Importer un carnet d'adresses

Si vous utilisez *un client de messagerie*, c'est-à-dire un programme de votre ordinateur qui gère vos e-mails (comme Microsoft Outlook ou Apple Mail), créez un fichier contenant vos contacts et importez-le pour que Facebook puisse établir les correspondances. La création de votre fichier de contacts dépend du client de messagerie que vous utilisez. Voici comment obtenir les bonnes instructions :

1. **Ouvrez la page Retrouver des amis par un clic sur le bouton éponyme.**
2. **Dans la section Ajouter des contacts personnels, cliquez sur votre service de messagerie, comme Gmail, Outlook, Yahoo!, *etc.*, comme le montre la Figure 4.5.**

   Le service de messagerie correspondant à l'adresse que vous avez indiquée lors de votre inscription sur Facebook est sélectionné par défaut s'il s'agit d'un compte Gmail, Outlook, Yahoo!, Orange, Live Messenger, et SFR. Dans ce cas, votre adresse apparaît dans le champ de saisie de

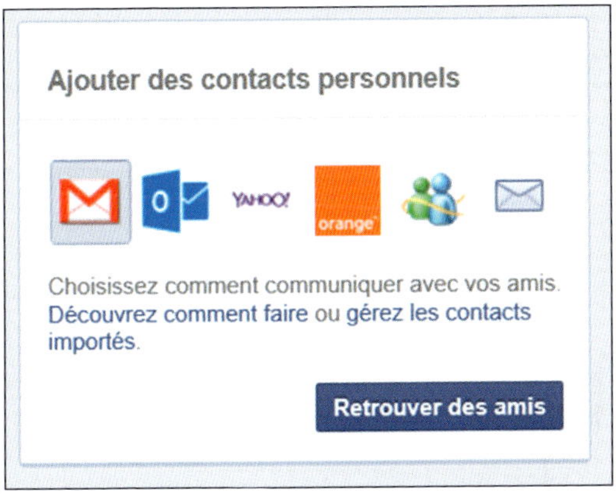

Figure 4.5 : Retrouver des amis par un compte de messagerie.

l'adresse mail. Vous n'avez plus qu'à cliquer sur le bouton Retrouver des amis.

Si vous utilisez une adresse de messagerie non proposée par Facebook dans la section Ajouter des contacts personnels, cliquez sur l'icône de l'enveloppe appelée Autre service de courrier électronique. Saisissez ensuite votre adresse mail, puis votre mot de passe d'accès à ce compte de messagerie. Enfin, cliquez sur Retrouver des amis.

Dans tous les cas de figure, Facebook se connecte à votre compte de messagerie. Il est possible qu'une nouvelle fenêtre de demande de connexion à votre compte mail apparaisse. Dans ce cas, saisissez votre adresse mail puis votre mot de passe. Ensuite, Facebook analyse le carnet d'adresses dont il affiche le contenu, comme à la Figure 4.6. Il vous indique ainsi les contacts qui peuvent devenir des amis Facebook dans la mesure où ils possèdent déjà un compte Facebook.

3. **Cochez les vignettes des contacts que vous souhaitez solliciter comme amis Facebook.**

4. **Cliquez sur le bouton Ajouter des amis.**

   Vous passez alors automatiquement à une étape où vous pouvez inviter vos amis et vos proches, mais aussi tous

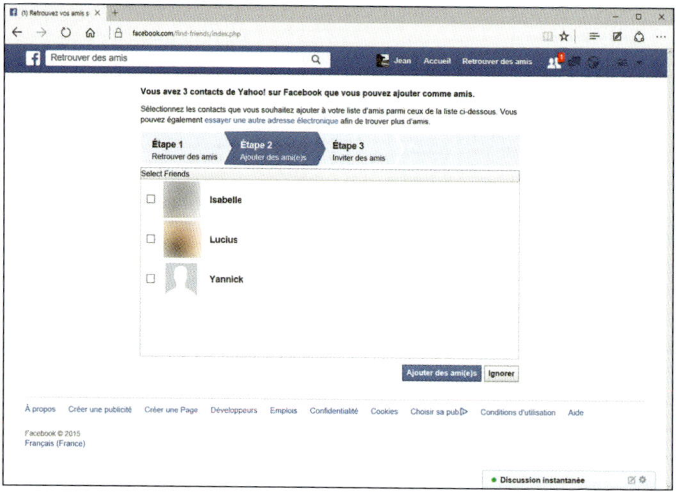

Figure 4.6 : Des contacts que vous pouvez inviter à devenir vos amis.

vos contacts ayant un compte Facebook à vous rejoindre sur ce réseau social.

5. **Inviter ou non des amis sur Facebook, et cliquez sur Envoyer des invitations ou Ignorer.**

   Facebook vous bascule éventuellement dans une page de suggestions (si un membre de Facebook vous a suggéré des amis) et de réponse à des invitations que vous avez reçues.

Suggestions

Une fois que vous avez un ou deux amis, Facebook peut commencer à vous suggérer d'autres personnes susceptibles de devenir vos amis. Pour ce faire, Facebook s'appuie sur les personnes avec qui vous avez des amis ou des réseaux en commun. Dans la section Connaissez-vous, illustrée dans la Figure 4.7, vous disposez d'une liste d'utilisateurs, proposée par Facebook, que vous êtes susceptible de connaître et de demander comme amis. Si le nom d'une connaissance figure dans cette liste et que vous vouliez l'ajouter à vos amis, cliquez simplement sur le bouton Ajouter situé à droite du nom de la personne. En cas de doute, cliquez sur un nom ou une photo de profil pour rassembler plus d'informations et savoir si et

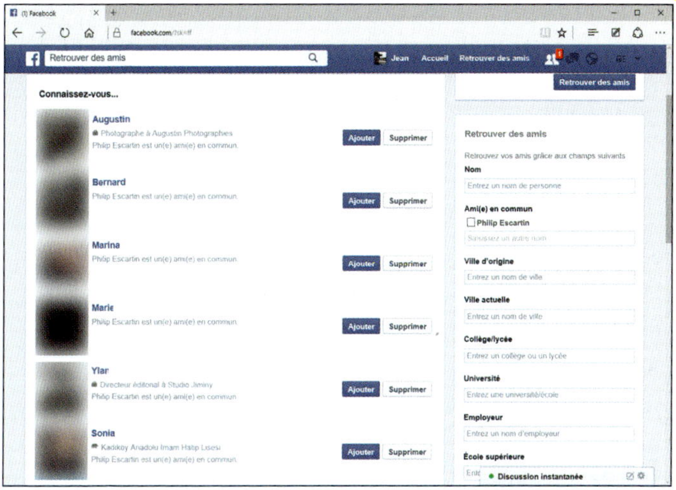

Figure 4.7 : Facebook propose des amis.

comment vous connaissez cette personne. Vous serez alors plus apte à décider si vous voulez l'ajouter comme ami.

Si vous êtes sûr de ne pas connaître quelqu'un ou si vous connaissez quelqu'un, mais êtes sûr de ne pas vouloir être son ami sur Facebook, ignorez simplement la suggestion. Cela peut durer des heures d'étudier la liste des suggestions, donc assurez-vous d'avoir du temps et un fauteuil confortable avant de commencer.

TRUC

Ces mêmes suggestions apparaissent dans le menu local du bouton d'accès aux demandes d'amis de la barre bleue de Facebook, comme le montre la Figure 4.8.

Trouver ceux que l'on cherche : la recherche

La fonction Retrouver des amis est un outil intéressant pour créer votre liste d'amis rapidement sans trop vous fatiguer. Toutefois, quand elle commence à prendre forme, qu'en est-il si vous trouvez d'autres personnes qui souhaitent être vos amis ? La recherche Facebook dispose de différentes méthodes vous permettant de rechercher des groupes de personnes que vous

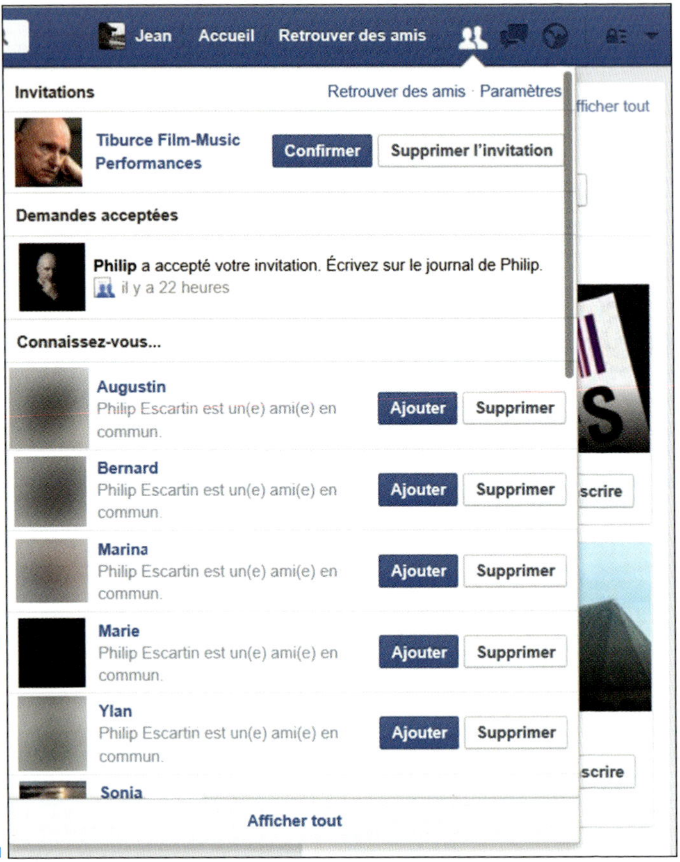

Figure 4.8 : Les suggestions sont également disponibles sous ce bouton.

connaissez. La recherche Facebook offre également la possibilité de rechercher certains amis en indiquant leur nom.

Rechercher d'anciens camarades de classe

La recherche par école puise dans les informations des profils des utilisateurs pour créer une longue liste de recherche. Elle vous permet de trouver facilement vos anciens amis de collège, lycée, université, grande école, *etc*. Vous avez toujours voulu savoir ce qu'est devenue cette ravissante petite copine du collège ? Ne cherchez plus !

Pour accéder à la recherche par école :

1. **Cliquez sur Retrouver des amis dans la grande barre bleue.**

   Cette action ouvre la page du même nom, déjà rencontrée ci-dessus dans le chapitre.

2. **Localisez la section Retrouver des amis dans la colonne de droite.**

   Si vous avez déjà spécifié certaines informations sur les écoles que vous avez fréquentées dans votre profil, il se peut qu'elles figurent ici et vous permettent en un clic de cibler la recherche dans les écoles mentionnées. Vous êtes libre de rechercher des personnes d'autres écoles. Il suffit de saisir les écoles souhaitées dans les champs prévus à cet effet.

3. **Dans les champs idoines, indiquez votre collège, lycée, université ou école, comme à la Figure 4.9.**

   À mesure que vous saisissez le nom d'un établissement, une liste de suggestions s'affiche. Précisez le nom de la ville afin d'accélérer la recherche. Cliquez sur celle qui correspond à votre établissement.

4. **Vérifiez si vous connaissez quelqu'un dans les résultats, et cliquez sur le bouton Ajouter situé à droite de sa vignette.**

Utilisez la même technique pour effectuer une recherche *par employeur*. Elle se fonde sur les informations que les utilisateurs indiquent dans leur profil concernant leur parcours professionnel. En principe, les gens précisent le nom de l'entreprise dans laquelle ils travaillent et ont travaillé, ainsi que les dates de leurs différents emplois.

La recherche de collègues de travail vous permet de rechercher les personnes qui travaillent (ou travaillaient) avec vous. En fonction de la taille de l'entreprise et du nombre de collègues utilisant Facebook, ce type de recherche renvoie généralement trop ou pas assez de résultats. Mais croisez les doigts, le résultat peut vous convenir ! Pour ne pas obtenir trop de résultats, vous pouvez rechercher des noms spécifiques dans les entreprises de votre choix. Par exemple, il est plus facile de

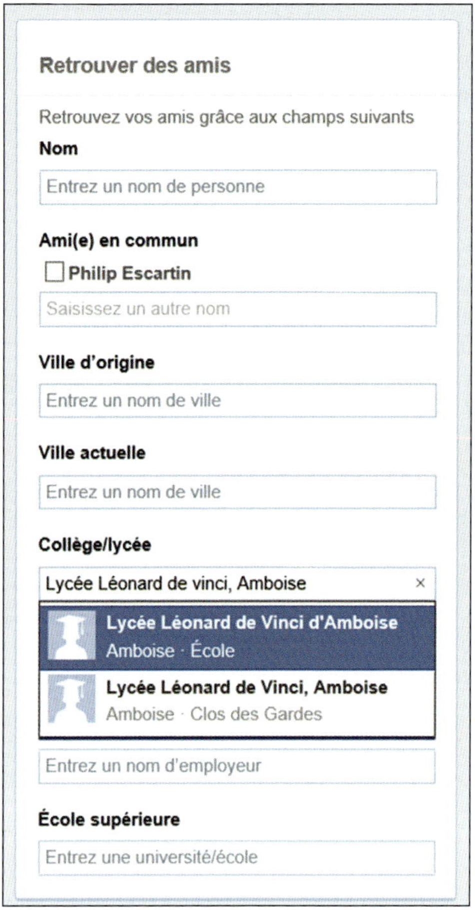

Figure 4.9 : Pour retrouver des anciens élèves de votre lycée.

rechercher « Pierre », un collègue de Microsoft, plutôt que de rechercher tous les collègues Microsoft. Si vous ne trouvez pas les personnes que vous cherchez, cela ne signifie pas forcément qu'elles ne sont pas sur Facebook. Cela signifie simplement qu'elles n'ont pas indiqué les informations nécessaires dans leur profil. Dans ce cas, mieux vaut tenter de les trouver en indiquant leur nom dans la recherche classique.

Reprenez la procédure ci-dessus, et saisissez des informations dans le champ Entrez un nom d'employeur et/ou cochez celle de l'employeur que vous avez désigné dans votre profil.

Recherche rapide

En vous dirigeant vers la recherche par école ou employeur, nous avons oublié de mentionner la zone de recherche rapide. Faut-il encore la présenter ? Pour rechercher rapidement quelqu'un, entrez le nom de la personne dans le champ Retrouver des amis en haut à gauche du bandeau bleu. Appuyez sur Entrée et obtenez rapidement la liste des résultats de votre recherche.

Si la fonction Retrouver des amis n'a rien donné et que vous cherchiez d'autres amis, pensez à ceux qui sont sur Facebook. Entrez leur nom complet dans la zone de recherche rapide et voyez si le résultat est plus convaincant. Lisez les résultats, savonnez, rincez et recommencez !

Effectuer un suivi : gérer la liste d'amis

Après tout ce travail pour trouver et ajouter des amis, vous êtes peut-être épuisé et avez envie de jeter votre ordinateur par la fenêtre. Vous risquez de le regretter ! Optez pour une solution moins radicale et gardez votre liste d'amis sous contrôle.

Créer et appliquer des Listes d'amis

Les *Listes d'amis* (L majuscule) sont des sous-ensembles de votre longue liste d'amis (l minuscule). Vous suivez ? Les Listes d'amis sont un moyen de classer vos amis dans des listes pour faciliter l'utilisation de Facebook, et de le personnaliser conformément à vous et à vos catégories d'amis. La création de Listes d'amis vous permet de :

- Partager différents types d'informations avec différents groupes d'amis. Par exemple, vos meilleurs amis voudront certainement visualiser les photos de votre dernière soirée, tandis que votre famille sera plus intéressée par vos photos de mariage. L'utilisation de Listes d'amis pour assurer une certaine confidentialité est traitée dans le Chapitre 5.

- Consulter différentes informations de différents amis. Vous pouvez filtrer votre fil d'actualité en fonction de vos Listes d'amis. Certains utilisateurs créent des Listes d'amis qui correspondent aux endroits où ils ont vécu. De cette manière, leurs amis de Paris sont dans une liste, ceux de Marseille dans une autre et ceux de Bordeaux dans une troisième liste. Ainsi, quand ils lisent leur fil d'actualité, ils voient d'abord ce qui se passe à Paris, puis à Lyon et enfin à Bordeaux.
- Communiquer avec les mêmes groupes de personnes. Les Listes d'amis peuvent être utilisées dans la boîte de réception. Disons que vous invitez toujours le même groupe de personnes pour faire du vélo. Ajoutez-les tous dans une Liste d'amis pour pouvoir simplement envoyer des messages à tout le groupe plutôt que de taper les noms à chaque fois. Pour envoyer un message à une Liste d'amis, entrez simplement le nom de la liste dans le champ À où vous saisissez habituellement un nom.
- Dans le Chapitre 9, nous abordons l'utilisation de Listes d'amis dans la discussion instantanée. Elle vous permet d'être en ligne ou hors ligne pour différents groupes de personnes ou de cibler facilement un groupe d'amis spécifique actuellement en ligne si vous cherchez à fixer une date pour un dîner ou êtes à la recherche de personnes pour un covoiturage.

Les options permettant de créer des Listes d'amis sont virtuellement sans limites. Chaque liste peut compter plus de 1 500 amis, chaque ami peut figurer sur plus d'une liste, et vous pouvez créer jusqu'à 100 Listes d'amis. Vos listes peuvent être associées à des loisirs (sortie entre filles), à des besoins du monde réel (famille) ou à des besoins professionnels (collègues de travail).

Respectez ces étapes pour créer une Liste d'amis :

1. **Affichez la page d'accueil de votre compte Facebook par un clic sur le bouton Accueil.**

2. **Dans la colonne de gauche, placez le pointeur de la souris sur la catégorie Amis, et cliquez sur la mention Plus qui apparaît sur la droite, comme le montre la Figure 4.10.**

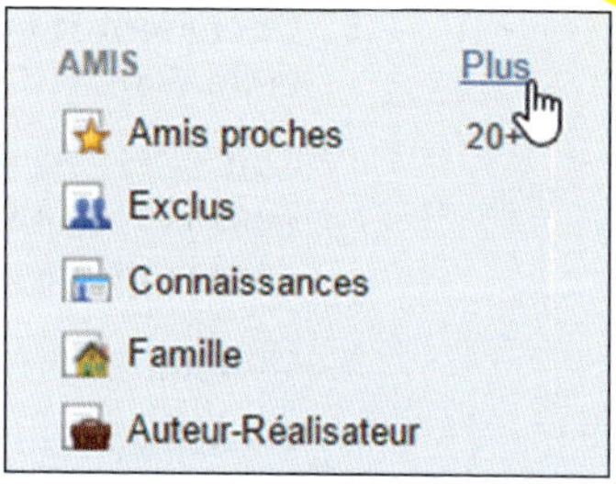

Figure 4.10 : Pour accéder à la gestion des listes.

TRUC

Si la mention Plus ne s'affiche pas, cliquez directement sur Amis.

Vous accédez à une page permettant de créer et de gérer des listes, comme à la Figure 4.11.

Figure 4.11 : Créer une Liste d'amis.

3. **Cliquez sur le bouton Créer une liste.**
4. **Dans la fenêtre qui s'ouvre, tapez le nom de votre liste.**

   Peut-être *Les Nuls* pour l'équipe des Nuls.

5. **Choisissez les personnes que vous voulez intégrer dans cette liste.**

   Commencez à saisir un nom dans la zone Membres, et cliquez sur les photos de profils qui s'affichent sous forme de liste de suggestions.

6. **Cliquez sur Créer.**

   Désormais, partout où les Listes d'amis s'affichent sur Facebook, y compris là où vous définissez la confidentialité, dans le fil d'actualité, la discussion instantanée, la boîte de réception et la page Amis, vous avez accès à la nouvelle liste que vous venez de créer.

TRUC

À tout moment, vous avez la possibilité de modifier le nom ou les membres d'une liste. Pour ce faire, cliquez sur le nom de la liste dans la partie gauche de votre page d'accueil (sous Amis) puis sur le bouton Gérer la liste dans l'angle supérieur droit de la page. Vous pouvez aussi renommer la liste et ajouter ou retirer des amis de la liste. En effet, vous pouvez à tout moment ajouter des amis dans vos listes. Dans la page de profil d'un ami, il suffit de cliquer sur le bouton Amis en regard de son nom et de sélectionner la commande adéquate.

N'OUBLIEZ PAS

Les Listes d'amis sont privées. Donc, si la liste à laquelle vous envoyez un message est nommée *Collègues ennuyeux*, tout ce que vos collègues ennuyeux voient est une liste de noms.

TRUC

Vous pouvez créer la liste sans y ajouter immédiatement des noms. Pour y procéder par la suite, il vous suffit d'accéder à cette liste exactement comme quand vous l'avez créée. Parmi les éléments qui s'affichent dans la colonne centrale de Facebook, cliquez sur le nom de votre liste. La liste est vide. Cliquez alors sur le bouton Ajouter des amis à la liste. Choisissez-les dans le trombinoscope qui apparaît.

Grand nettoyage de printemps

Quelquefois, l'absence de Listes d'amis peut cacher le fait que vous avez trop d'amis dont vous ne vous souciez plus. Ce n'est pas de votre faute. Après tout, vous n'y pouvez rien si vous êtes si populaire ! Si ces amis envahissent trop votre espace Facebook, il est temps de faire le ménage.

Non, faire le ménage ne signifie pas attendre que le nombre de vos amis fonde comme neige au soleil. Au contraire, il s'agit là d'analyser votre longue liste d'amis et de faire le tri. Les règles qui s'imposent en matière de ménage sont semblables à celles du nettoyage de printemps : jeter tout ce que vous n'avez pas utilisé depuis un an ! Si vous n'avez pas pensé à un ami pendant plusieurs années ou si vous ne vous souvenez plus pourquoi vous avez accepté la demande d'un ami, supprimez cette personne de votre liste d'amis. Quand vous visualisez l'onglet Amis de votre profil, un bouton Amis est affiché à droite du nom de chaque personne. Cliquez dessus et, dans le menu local qui apparaît, sélectionnez Retirer de la liste d'amis pour supprimer cet ami, comme le montre la Figure 4.12. C'est tout !

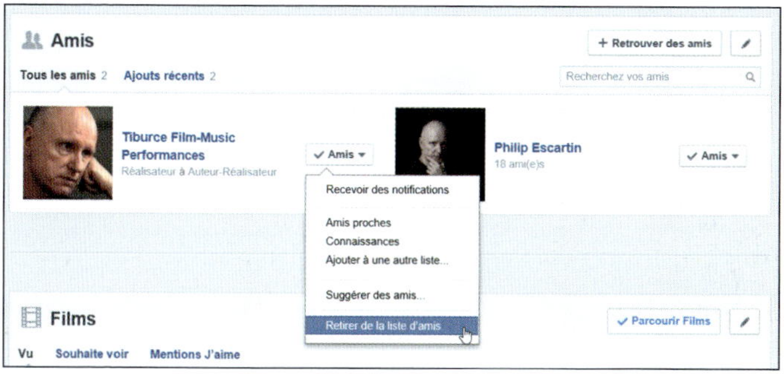

Figure 4.12 : Séparez-vous d'amis qui n'en sont pas vraiment.

Ne vous inquiétez pas : vos amis ne sauront jamais qu'ils ne figurent plus dans votre liste d'amis. De plus, si vous ne les avez pas contactés depuis plusieurs mois, il y a de fortes chances pour qu'ils ne le remarquent même pas. Vous disparaissez simplement de leur liste d'amis (et eux de la vôtre), et chacun continue gaiement sa route !

Chapitre 5

Confidentialité et sécurité sur Facebook

Dans ce chapitre :

- Découvrir les options de confidentialité sur Facebook.
- Se protéger en ligne et sur Facebook.
- Partager quoi et quand ?

Malheureusement, beaucoup d'histoires horribles concernent Internet et plus précisément les sites de réseaux sociaux. La plupart impliquent des adolescents et des prédateurs, certaines incluent des usurpations d'identité, d'autres des problèmes moins salaces (mais non moins réels) comme du spamming et des virus. La mauvaise nouvelle est que ces choses existent. La bonne est que Facebook possède l'un des systèmes de confidentialité les plus coriaces sur Internet, vous permettant de partager des informations réelles confortablement sur Facebook.

Facebook a créé un environnement sûr qui offre trois avantages :

- **En principe, les gens créent de vrais comptes pour eux-mêmes et sont vraiment ceux qu'ils prétendent être sur Facebook.** Cela signifie que la communauté respecte une norme de sécurité. Quand des personnes vous demandent de visualiser leurs webcasts ou de cliquer sur un lien mystérieux, ces actions sont signalées par la communauté et les fautifs sont supprimés de Facebook. Cela signifie aussi qu'il est facile de prévenir les vrais utilisateurs de l'existence d'une fausse personne et de faire des choix raisonnés concernant ceux avec qui vous interagissez en ligne.

- **Facebook propose des contrôles de confidentialité efficaces pour chaque information que vous créez sur le site.** Nous les étudions en détail dans ce chapitre. Avant d'en arriver là, nous vous offrons un aperçu de ce qu'est la confidentialité et de l'approche qu'en a Facebook.
- **Facebook vous permet de contrôler la façon dont les personnes autorisées voient votre profil.** Ainsi, vous pouvez vérifier facilement si vous partagez les informations souhaitées avec le bon groupe de personnes.

Comprendre les avantages de la confidentialité

Placarderiez-vous votre numéro de téléphone en public ? Certainement pas. Le donneriez-vous à vos amis pour rester en contact ? Sans aucun doute. Facebook estime que plus nous contrôlons nos données, plus nous souhaitons les partager. Si nous sommes sûrs que notre numéro de téléphone sera uniquement visible des personnes à qui nous voulons le communiquer, alors nous n'hésitons pas à le poster sur Facebook. L'avantage de la confidentialité est que plus nous partageons, meilleur est l'échange d'informations entre nous et nos amis. Ainsi, si nous partageons plus d'informations, nos amis en partageront plus aussi. En tant qu'individus, nous avons l'avantage que certaines personnes voient nos données et d'autres non. Nos amis sont aussi gagnants dans l'histoire, car ils ont accès à plus d'informations sur nous. Si nos amis voient que nous partageons et en font de même, nous bénéficions d'un avantage supplémentaire puisque nous avons accès à plus d'informations les concernant et ainsi de suite.

Sachant cela, une utilisation intelligente des options de confidentialité est le meilleur moyen pour partager les bonnes informations avec les bonnes personnes. C'est aussi le meilleur moyen pour ne pas divulguer des informations personnelles aux mauvaises personnes. Grâce à ce contrôle, Facebook se transforme en un espace dans lequel vous pouvez partager des informations très privées qui ne se limitent pas à un simple numéro de téléphone, mais peuvent aller bien au-delà. De cette manière, Facebook est un site sûr, grâce auquel vous pouvez partager votre vie, comme vous le faites dans le monde réel.

Connaître son public

Avant de nous plonger dans les entrailles des contrôles de confidentialité propres à chaque type d'information, nous voulons d'abord vous expliquer comment Facebook vous encourage à bien réfléchir à votre public. Après avoir défini le groupe d'amis autorisé à consulter un certain type de contenu, vous pouvez étudier les options de confidentialité et les configurer pour chaque élément.

Pour la plupart des informations, vous disposez de trois ou quatre options pour le public avec qui vous voulez partager le contenu, en plus d'une option « personnalisée ».

Vous pouvez accéder aux options de confidentialité de deux manières :

- **Cliquez sur l'icône du cadenas située sur le côté droit du bandeau bleu.** Comme le montre la Figure 5.1, le menu local affiche des raccourcis de confidentialité qui s'intéressent aux trois éléments de protection les plus importants, c'est-à-dire la définition de votre politique de confidentialité par défaut qui s'appliquera ainsi à toutes vos publications (mais que vous pourrez modifier au coup par coup) ; le filtrage des personnes qui peuvent vous contacter ; et enfin, les personnes que vous souhaitez bloquer (une personne bloquée n'a plus accès à votre compte Facebook). Pour accéder aux autres options de confidentialité, cliquez sur le lien Affichez plus de paramètres ou Bases de la confidentialité.
- **Cliquez sur l'icône du triangle située sur le bord droit du bandeau.** Dans le menu local qui apparaît, choisissez Paramètres. Dans la colonne de gauche de la page des

Figure 5.1 : Raccourcis vers les paramètres de confidentialité.

paramètres, cliquez sur Confidentialité. Ensuite, dans la section Qui peut voir mon contenu, cliquez sur la mention Modifier de la question Qui peut voir vos futures publications ? Vous accédez à un bouton qui révèle les options de confidentialité de vos publications, comme le montre la Figure 5.2.

Figure 5.2 : Les options de confidentialité de vos publications.

Ces options sont les suivantes :

- **Public (Tout le monde) :** Lorsque vous autorisez tout le monde à visualiser un élément que vous postez, vous acceptez que tout Internet soit au courant de cette information vous concernant. Certaines personnes indiquent quels sont leurs groupes musicaux préférés et puisqu'elles souhaitent crier cette information avec un mégaphone, elles choisissent Public pour la visibilité. Cette configuration n'a rien d'étonnant pour une information aussi banale. De même, un avis sur un restaurant dans votre statut peut aussi adopter le paramètre Public. En revanche, pour certains types d'informations, nous (et Facebook) *vous recommandons de ne pas* les partager avec tout le monde. Continuez votre lecture pour en savoir plus.

- **Amis :** Les informations pour lesquelles vous configurez l'option Amis sont visibles par vos amis Facebook confirmés. Si vous avez confiance en vos amis, ce paramètre est relativement sûr pour la plupart de vos informations. Si vous ne souhaitez pas partager vos informations avec vos « amis », nous vous suggérons de revoir votre liste d'amis avant de choisir les informations que vous voulez partager.

Pour accéder à d'autres options, cliquez sur Plus d'options :

- **Moi uniquement :** Avec cette option, vous seul pouvez visualiser les informations que vous avez publiées, à condition bien sûr que vous vous soyez identifié sur Facebook avec votre nom d'utilisateur et votre mot de passe. Ce réglage est à utiliser avec parcimonie ou juste pour certaines informations que vous ne publiez que pour vous-même, car à quoi bon rejoindre un réseau social comme Facebook si personne ne peut accéder à vos informations ?

- **Personnalisé :** Permet de définir les amis qui verront ou ne verront pas vos publications. Là aussi, vous pourrez définir ultérieurement ces options au coup par coup.

N'OUBLIEZ PAS

Facebook prend très au sérieux la confidentialité des réseaux. Il est très difficile pour ceux qui n'appartiennent pas officiellement à un réseau étudiant ou professionnel d'y adhérer. C'est pourquoi beaucoup d'utilisateurs estiment que l'option de confidentialité réservée aux amis et au réseau est un équilibre idéal entre partager des informations avec leurs amis et un public plus large. Toutefois, les membres de votre réseau ne sont pas forcément vos amis, mais il y a de fortes chances pour que ce soient des personnes de confiance. Si vous faites confiance à vos collègues ou vos camarades de classe en plus de vos amis, vous pouvez choisir de partager des informations plus personnelles comme votre adresse e-mail, votre adresse postale ou votre numéro de téléphone. Beaucoup d'étudiants partagent leur numéro de téléphone avec toute leur école pour qu'ils puissent se joindre facilement et s'entraider, par exemple. Les employés Facebook hésitent à partager leur numéro de téléphone privé avec un large public au cas où un étranger l'utiliserait plutôt que de s'adresser au support client. En revanche, ils partagent volontiers leur numéro de téléphone avec les membres du réseau de l'entreprise Facebook, car cela facilite leur travail.

Confidentialité personnalisée

Dans le monde réel, toutes les relations ne sont pas égales. Vous partagez différentes informations avec vos amis et avec vos collègues. Les photos que vous montrez à vos amis les plus proches ne sont certainement pas celles que vous exposez sur le réfrigérateur. C'est pourquoi l'option Personnalisé vous permet d'autoriser et d'empêcher des personnes ou groupes d'amis de voir certains éléments de votre profil et de votre contenu. Bien que vous puissiez définir un niveau de confidentialité Personnalisé par défaut, la plupart du temps, vous partagerez systématiquement vos publications avec vos amis. Seules quelques-unes d'entre elles ne seront visibles ou invisibles que par certains de vos contacts.

Pour appliquer une confidentialité personnalisée à une publication, cliquez sur l'icône de confidentialité située sous votre nom et qui figure en en-tête de publication. Dans le menu local qui apparaît, choisissez Plus d'options, puis Personnalisé. La boîte de dialogue Confidentialité personnalisée apparaît, comme à la Figure 5.3.

Figure 5.3 : Personnalisez la confidentialité d'une publication.

Vous disposez des possibilités suivantes :

- **Limitez la visibilité d'un contenu à tous vos amis et à leurs amis.** Si vous vous sentez prêt à partager vos informations avec juste vos amis, voire avec eux et leurs amis Facebook, ouvrez la boîte de dialogue Confidentialité personnalisée et sélectionnez Amis ou Amis et leurs amis. Cochez la case Amis des personnes identifiées pour éviter que des utilisateurs amis, mais non authentifiés sur Facebook, n'accèdent à vos données.
- **Ouvrir à une liste d'amis ou à certaines personnes.** Pour partager une information avec seulement les membres d'une liste d'amis (à condition que vous ayez créé une telle liste ; si ce n'est pas encore fait, reportez-vous au Chapitre 4) et d'autres amis que vous voulez choisir individuellement, ouvrez le premier menu déroulant de la

boîte de dialogue Confidentialité personnalisée. Ensuite, cliquez sur l'icône X de Amis affichée dans Ces personnes ou listes. Ensuite, tapez le nom de la liste d'amis ou celui de chacun des amis auxquels vous donnez accès à vos informations.

- **Ne pas ouvrir à certaines personnes.** À l'inverse, il n'est pas rare de vouloir partager une information avec la majorité de ses amis et de vouloir la cacher à quelques autres. Beaucoup d'utilisateurs possèdent une liste d'amis « proches » et une liste « connaissances » qui contient les personnes qu'ils ont rencontrées, mais dont ils ne sont pas assez proches pour les inviter chez eux, par exemple. Après avoir créé une telle liste, vous pouvez annoncer la tenue d'une soirée sur votre profil et définir l'option Amis pour sa visibilité. Ensuite, dans la zone Ne pas ouvrir à, entrez le nom de la liste des personnes à exclure. Vous pouvez aussi exclure individuellement des personnes en spécifiant leur nom. Cette fonctionnalité est très pratique si vous projetez de faire une surprise à un ami.

N'OUBLIEZ PAS

Dans le menu local des options de confidentialité, choisissez Moi uniquement pour n'autoriser personne d'autre que vous-même à accéder à vos informations et publications.

TRUC

Toute personne figurant dans une liste d'amis et que vous empêchez de voir un élément, tel qu'un album photo sur votre mur ou votre profil, ne pourra jamais visualiser ce contenu. Si quelqu'un figure dans deux listes, l'une autorisée à voir le contenu et l'autre non, cette personne ne voit pas l'élément. Pour vérifier que vous avez configuré correctement la confidentialité pour un ami spécifique, ouvrez votre profil, puis cliquez sur les trois petits points situés à droite du bouton Afficher l'historique personnel, et sélectionnez Aperçu du profil en tant que…, comme le montre la Figure 5.4. Dans la partie supérieure de l'interface Facebook et sous la barre bleue, cliquez sur Aperçu du profil en tant qu'une personne particulière, puis entrez le nom de cet ami dans la zone de saisie et appuyez sur Entrée afin de vérifier s'il voit votre profil conformément à vos attentes.

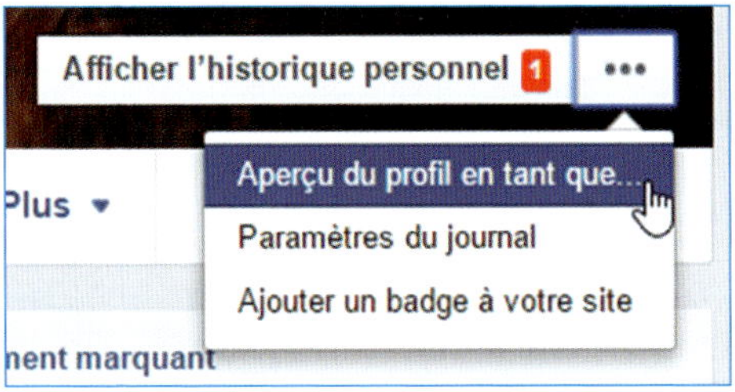

Figure 5.4 : Voir ce que verront les autres.

Connaître ses options de confidentialité

Comme nous l'avons déjà précisé, la priorité pour Facebook est de vous donner un contrôle total sur toutes les informations que vous partagez. Ce principe est absolument formidable, mais il a un inconvénient : les paramètres de confidentialité Facebook sont très nombreux et exigent du temps avant de pouvoir les maîtriser et les utiliser. La bonne nouvelle est que les paramètres de confidentialité par défaut offrent un niveau de visibilité qui convient à beaucoup d'utilisateurs. Si vous avez des exigences particulières pour le partage, ou besoin d'un niveau de confidentialité élevé pour le partage d'un certain type de contenu, lisez ce chapitre avec attention et assurez-vous d'être à l'aisé avec le sujet avant de mettre des informations personnelles sur Facebook.

Tout ce qu'il faut savoir concernant la confidentialité sur Facebook se concentre à un endroit. Cliquez sur le lien Confidentialité dans la partie inférieure de la colonne de droite de la page d'accueil de Facebook. La page Politique d'utilisation des données s'affiche. Si vous avez la flemme de lire toutes les rubriques de cette page, contentez-vous de cliquer sur l'icône du cadenas à droite de la barre bleue de Facebook, puis choisissez le lien Bases de la confidentialité dans le menu déroulant qui apparaît. Vous avez alors accès aux options de réglages avec quelques explications beaucoup plus succinctes.

Après la lecture de ce chapitre, vous serez équipé pour utiliser la confidentialité de Facebook. Toutefois, quand vous serez plus expérimenté, vous découvrirez que les différents paramètres de confidentialité sont plus ou moins pertinents. Au début, beaucoup d'utilisateurs y sont hermétiques, mais dès qu'ils découvrent l'utilité des différents types de partage, ils commencent à s'y intéresser. Ainsi, si votre rapport avec vos paramètres de confidentialité change, vous aurez besoin d'un rappel sur leur fonctionnement. Dans ce cas, vous serez bien content de rouvrir ce livre et de lire ce chapitre, même s'il reste possible de cliquer sur le lien Confidentialité dans la partie inférieure droite de la page d'accueil de Facebook pour une présentation détaillée de tous les sujets abordés ici.

Prise de contact

Certaines informations sont visibles par tous, car elles sont essentielles pour aider les gens à vous trouver et à prendre contact avec vous sur Facebook. Elles incluent notamment votre nom, votre photo de profil, et votre sexe et vos réseaux. Le nom et la photo permettent à vos amis de vous trouver et de se connecter avec vous. Sans photo de profil visible, la recherche de personnes avec un nom très courant est une tâche très laborieuse, car vous n'avez aucun moyen de vérifier si Jean Dupond est bien celui que vous connaissez. Il est aussi intéressant, quand vous consultez le mur d'un ami ou la liste des événements auxquels il a répondu, de voir le visage des personnes concernées. Sans photo, c'est comme assister à une soirée où tous les convives portent un sac sur la tête.

Enfin, les réseaux sont toujours publics, car ils servent avant tout à voir qui appartient à un réseau avant de le rejoindre et d'utiliser ce paramètre réseau pour fixer votre confidentialité.

Voilà quelques-unes des nombreuses questions auxquelles Facebook vous encourage à répondre pour aider vos amis à vous trouver et à se connecter avec vous. Les autres questions, regroupées sur la page Paramètres et outils de confidentialité (accessible *via* l'icône du triangle de la barre bleue, de l'option Paramètres puis Confidentialité) sont les suivantes :

- **Qui peut voir mon contenu ?** À vous de décider si vous souhaitez ou non que vos publications soient accessibles à tout le monde, à tous vos amis et éventuellement à leurs amis, à des amis triés sur le volet, voire à personne.

  Qui peut me contacter ? Les paramètres de cette section permettent de limiter les invitations d'amitié qui peuvent vous être adressées. Vous avez le choix entre Tout le monde ou Amis et leurs amis. Cette section permet de filtrer les messages de votre boîte de réception. Vous avez le choix entre un filtrage de base et un filtrage strict.

- **Comment empêcher quelqu'un de me contacter ?** Il s'agit là de l'ultime punition : vous pouvez bloquer toute personne ayant un compte Facebook. Dès cet instant, tout se passe comme si cette personne n'avait aucune existence pour vous sur Facebook et réciproquement. Il est bien entendu possible de débloquer une personne (Ah ! le retour en grâce !).

Vous vous demandez certainement ce que les gens peuvent voir sur vous. Rappelez-vous que vous pouvez le vérifier à tout moment en cliquant sur l'option Aperçu du profil en tant que, par un clic sur les trois petits points situés à droite du bouton Afficher l'historique personnel sur votre profil (photo de couverture). Gardez à l'esprit que les utilisateurs peuvent toujours voir certaines informations vous concernant : votre nom, votre photo de profil, votre ville actuelle, les réseaux auxquels vous appartenez, les pages dont vous êtes fan, votre liste d'amis et votre sexe.

Applications et sites Web

La grande richesse de Facebook est la possibilité de déplacer votre identité Facebook et vos relations amicales ailleurs sur Internet, sans devoir recréer vos relations ou ressaisir vos informations dans le nouveau site Web. Par exemple, si vous repérez un restaurant sur Yelp.fr, vos amis Facebook en sont informés quand ils visitent Yelp.fr. Dans le présent chapitre, nous vous expliquons simplement le contrôle que vous avez sur vos informations quand vous utilisez des sites Web en collaboration avec Facebook.

Cliquez sur l'icône du triangle, puis sur Paramètres, et enfin sur Confidentialité. Dans la page qui s'affiche, cliquez à gauche sur le lien Applications. La page Paramètres des applications (illustrée à la Figure 5.5) s'affiche, avec quatre paramètres :

- **Applications que vous utilisez :** Cette section est vide si vous êtes un nouvel utilisateur Facebook. Elle indique

Figure 5.5 : Gérez les informations que vous partagez avec des applications et des sites Web.

tous les sites Web et applications auxquels vous avez associé votre profil Facebook. Si vous n'êtes pas à l'aise avec l'idée qu'un site ou une application utilise vos informations, supprimez-les simplement. Cliquez sur la petite croix à droite d'un site ou d'une application. Dans la boîte de dialogue qui s'ouvre, cochez la case Supprimer toute votre activité dans *[l'application]* sur Facebook et cliquez sur Supprimer.

- **Applications que d'autres utilisent :** Quand vos amis utilisent d'autres sites Web et applications en collaboration avec Facebook, il peut leur être utile de voir les informations de leurs amis (donc de vous, notamment). Exemple : une application calendrier d'anniversaires qui les informe de l'anniversaire imminent d'un ami. Dans cette section, vous pouvez définir les catégories d'informations que vos amis peuvent transmettre aux sites qu'ils utilisent. Si vous voulez autoriser vos amis à utiliser vos informations pour un site Web de rappel d'anniversaires afin qu'ils se souviennent de votre anniversaire, vous devez les autoriser à transmettre votre date de naissance aux sites. Si aucune application ne doit avoir accès à certaines de vos informations, aux articles que vous écrivez, par exemple, décochez la case correspondante et vos amis ne pourront pas importer cette information dans leurs applications. Cliquez sur le bouton Modifier, puis cochez ou décochez les informations à rendre accessibles ou non aux applications de vos amis, puis cliquez sur le bouton Enregistrer.

- **Applications, sites Web et modules :** La manière la plus simple de résumer la personnalisation instantanée est que Facebook a des accords avec des sites Web partenaires et leur donne accès aux informations que vous acceptez de partager avec tous. Ces sites Web peuvent alors utiliser ces informations pour personnaliser votre visite. Plutôt que de l'expliquer, nous vous indiquons simplement que c'est ici que vous pouvez désactiver cette fonction qui est active par défaut.
- **Anciennes versions d'applications mobiles Facebook :** Ce réglage permet de définir le niveau de confidentialité de vos informations et publications sur Facebook pour les anciennes applications mobiles de Facebook (sur BlackBerry, notamment), dépourvues de paramètres de confidentialité.

Personnes et applications bloquées

Autant ajouter une personne dans une liste Restreint revient à filtrer le contenu qu'elle peut lire émanant de vous (uniquement celui que vous avez défini comme Public), autant bloquer quelqu'un sur Facebook équivaut plus ou moins à une ordonnance restrictive. Si vous bloquez une personne sur Facebook, elle n'aura plus aucune trace de vous sur Facebook. Vous n'apparaîtrez pas dans son fil d'actualité. De plus, si elle regarde une photo sur laquelle vous êtes tagué, elle vous voit sur la photo (c'est inévitable), mais elle ne voit pas que votre nom a été tagué. Quand vous écrivez sur le mur d'autres utilisateurs, cette personne ne le voit pas non plus. Voici quelques éléments clés à retenir en matière de blocage :

- Il est quasiment entièrement réciproque. Si vous bloquez quelqu'un, il est aussi invisible pour vous que vous l'êtes pour lui. Ainsi, vous n'avez pas accès à son profil et vous ne voyez rien sur lui dans tout le site. La seule différence est que la personne qui bloque l'autre est la seule à pouvoir la débloquer. Cela conduit à un point intéressant sur le blocage. Vous pouvez penser qu'une personne (appelons-la Pedro) en bloque une autre (Lucie) parce que

Pedro ne veut pas que Lucie puisse voir ce qu'il devient. Mais en fait, Pedro bloque Lucie, car il ne veut plus rien savoir d'elle. Peut-être qu'elle écrit des commentaires blessants à son égard ou alors ils ont rompu en de mauvais termes.

- Vous pouvez bloquer des personnes, qu'elles fassent partie ou non de vos amis. Quand vous accédez au profil de quelqu'un sur Facebook, vous disposez d'une option permettant de la bloquer : cliquez sur le bouton orné de trois petits points à droite de Contacter dans la couverture de son profil, puis sur Bloquer. S'il s'agit d'un ami, vous pouvez également supprimer cette personne de vos amis au lieu de la bloquer. Pour bloquer depuis votre page d'accueil, cliquez sur l'icône de cadenas dans la barre bleue, puis sur Comment empêcher quelqu'un de me contacter ? Entrez le nom ou l'adresse e-mail de l'importun, puis sur le bouton Bloquer. Une liste de personnes correspondant à ces critères va s'afficher. Sélectionnez la personne à bloquer puis cliquez sur le bouton Bloquer en regard de son nom. Un message vous demande de confirmer votre action.

En utilisant le site, vous constaterez peut-être que vous connaissez des personnes qui adorent envoyer des tonnes d'invitations pour utiliser des applications (« Joue à ce jeu ! Ce jeu aussi ! Essaie celui-ci ! Teste celui-là ! »). Peut-être deviendrez-vous même cette personne… Admettons que vous n'êtes pas fan des applications. Plutôt que de bloquer la personne qui envoie toutes ces invitations, mais qui est tout de même sympathique, bloquez ses invitations. Ainsi, vous pouvez continuer à interagir avec votre ami sans être ennuyé par ses invitations. Vous pouvez aussi bloquer les deux : la personne et les invitations. Pour ce faire, ouvrez la page Paramètres et outils de confidentialité en cliquant sur l'icône du triangle dans la barre bleue, puis sur Paramètres. Dans la page des paramètres, cliquez sur Blocage dans la colonne de gauche. La page Gérer le blocage s'affiche. Renseignez le champ des sections Bloquer les invitations à utiliser une application. Explorez les autres options de la page Gérer le blocage (voir Figure 5.6), notamment la liste des utilisateurs restreints, et la section Bloquer les utilisateurs, qui donne les mêmes résultats que ceux présentés dans le paragraphe précédent.

Figure 5.6 : Empêchez les personnes et les applications de vous contacter.

Prendre ses responsabilités pour sa propre sécurité

Personne ne souhaite qu'il vous arrive malheur suite à une action exécutée sur Facebook. Facebook ne le veut pas et vous ne le voulez pas. Nous, les auteurs, ne le voulons pas non plus. C'est pourquoi nous faisons notre possible pour que rien de tel n'ait lieu en décortiquant ces options et en vous expliquant leur fonctionnement. Facebook met à votre disposition toutes ces options de confidentialité pour éviter que le pire ne se produise. Vous êtes la troisième pièce du puzzle, le troisième maillon de la chaîne. Comme vous voulez ! Afin de garantir votre sécurité sur Facebook, vous devez faire un effort d'intelligence et de prudence en ligne.

Quel est votre rôle ? Vous devez être vigilant par rapport au contenu que vous mettez en ligne et sur Facebook. Posez-vous les questions suivantes :

- Ce contenu est-il légal ou illégal ?
- Serai-je embarrassé si quelqu'un trouve cette information ?
- Le public avec lequel je partage cette information va-t-il l'utiliser de manière fiable ?

Vous êtes la seule personne en mesure d'estimer s'il est risqué ou non d'afficher une information sur Facebook. Si c'est risqué, vous êtes l'unique personne capable de configurer les paramètres de confidentialité pour partager l'information uniquement avec les personnes autorisées et pas les autres.

Votre rôle est équivalent à celui que vous jouez au quotidien pour garantir votre sécurité : vous connaissez les rues qu'il ne faut pas emprunter tard le soir, vous savez quand boucler votre ceinture, quand verrouiller votre porte et quand jeter du pain rassis au lieu de le manger. Gravez ces remarques dans votre cerveau :

- J'utilise mes paramètres de confidentialité Facebook intelligemment.
- Je suis prudent avec les informations que j'expose à des milliers de personnes.

Facebook : une affaire de communauté

Les rapports que vous (et tous les membres de la communauté Facebook) envoyez au sujet de spams, de harcèlement, de contenu inapproprié et de faux profils contribuent à préserver la sécurité et la clarté de Facebook. Quand vous visualisez du contenu dans votre fil d'actualité, cliquez sur la flèche orientée vers le bas à droite de ce dernier, puis cliquez sur Signaler la publication dans le menu qui s'affiche. Si vous voulez carrément signaler un profil, un groupe ou une Page, vous disposez également d'une option identique en cliquant sur les trois petits points situés à droite du bouton Contacter affiché sur la couverture. Lorsque vous cliquez sur l'une de ces options, un message de confirmation et un questionnaire peut s'afficher. Prenez le temps de renseigner ce questionnaire afin d'expliquer ce qui vous choque et où vous voulez en venir.

Les différentes options varient en fonction de l'objet signalé (un message ou une photo, par exemple). Ces signalements sont soumis à une équipe Facebook en charge d'enquêter, de supprimer les photos indécentes, de désactiver les faux comptes et plus généralement de maintenir la sécurité et le caractère sain et inoffensif de Facebook.

Lorsque vous êtes face à du contenu déplaisant, comme un nom de groupe agressif ou un profil vulgaire, n'hésitez pas à le signaler. Si toute la population Facebook s'allie pour éloigner le vice, c'est la garantie d'une communauté quasi irréprochable.

N'OUBLIEZ PAS

Quand vous signalez un abus, l'équipe Facebook vérifie s'il s'agit d'une violation des conditions d'utilisation de Facebook. En d'autres termes, la pornographie est supprimée, les faux profils sont désactivés et les spammeurs reçoivent un avertissement. Il se peut qu'un élément que vous signalez soit offensant à vos yeux, mais n'enfreigne pas les conditions d'utilisation. Dans ce cas, l'élément signalé reste sur Facebook. En raison des limitations de confidentialité, l'équipe Facebook ne vous envoie pas forcément de notification sur les actions entreprises suite à votre signalement, mais soyez sûr qu'elle analyse chaque signalement avec soin.

Petit tour en coulisses

Le rôle de Facebook, visant à garantir la sécurité de tous, exige beaucoup de main-d'œuvre et de technologie. La main-d'œuvre se charge de répondre aux signalements que vous et les autres utilisateurs Facebook envoyez et de traquer les contenus qui enfreignent les conditions d'utilisation.

La technologie reste très vague. Quoi qu'il en soit, nous espérons que vous ne cogitez pas trop concernant ce qui se passe en coulisses pour vous protéger contre le harcèlement, les spams et la pornographie. De plus, nous espérons que vous ne serez jamais confronté à ces dérives. Comme vous savez que Facebook se démène pour assurer la sécurité et la confidentialité des utilisateurs, nous abordons quelques sujets pour lesquels Facebook fournit un énorme travail de prévention.

Protéger les mineurs

Une fois de plus, nous préférons ne pas nous étendre sur le sujet pour ne pas transformer ce livre en *Déjouer le système Facebook pour les Nuls* ! Sachez juste que les utilisateurs de moins de 18 ans sont soumis à des règles spécifiques de visibilité et de confidentialité. Par exemple, aucune liste de recherche publique n'est créée pour les utilisateurs mineurs. Les listes de recherche publique permettent aux utilisateurs d'être trouvés par des moteurs de recherche externes comme Google. Facebook a décidé de ne pas exposer les mineurs de cette manière. Quelque chose de mal serait-il arrivé si Facebook avait agi différemment ? Certainement pas, mais mieux vaut être sûr que désolé.

D'autres systèmes propriétaires sont en place pour donner l'alerte quand une personne interagit de manière indécente avec des profils de mineurs ou cible les mineurs dans une annonce. Là aussi, l'adolescent (ou le parent de l'adolescent) a sa part de responsabilité pour respecter la confidentialité et la sécurité sur Facebook. Le site tente de prévenir l'atteinte aux mineurs, mais au final, l'utilisateur doit être acteur de cette prévention.

N'OUBLIEZ PAS

Vous devez avoir au moins 13 ans pour vous inscrire sur Facebook. Toute personne moins âgée qui a un compte Facebook enfreint les conditions d'utilisation.

Empêcher les spams et les virus

Ah, les spams ! Quel délicieux ramassis de µ}%#* ! Pilule miracle pour la vigueur masculine ? Médicaments délivrés uniquement sur ordonnance, livrés directement chez vous ? Grosse somme d'argent à gagner ? Tout le monde s'accorde pour dire que les spams sont un véritable fléau sur Internet. Ils ne cessent de s'infiltrer dans la messagerie et les sites Web et tentent toujours d'atteindre Facebook sous forme de messages, de posts ou de groupes d'événements qui captent votre attention.

Les signalements de spams que vous envoyez sont très utiles. Facebook dispose également d'une série de systèmes qui traquent tout comportement suspect. Si vous ne l'avez pas encore lu, reportez-vous au Chapitre 2 concernant l'authentification et la vérification de votre compte, qui constituent la première ligne de défense contre les spammeurs qui créent plein de comptes factices visant à harceler les utilisateurs avec des publicités indésirables. Les systèmes antispams traquent aussi ceux qui envoient des messages trop vite, qui demandent à trop de monde d'être leurs amis, qui postent un même lien à trop d'endroits différents ainsi que tous les comportements suspects. Si vous êtes hyperactif sur Facebook, vous risquez d'avoir un avertissement vous demandant d'envoyer moins de pokes et de messages. Ne le prenez pas trop à cœur et respectez les indications contenues dans l'avertissement.

Deuxième partie

Partager sa vie sur Facebook

Dans cette partie...

Le partage est une notion que vous retrouvez tout au long de ce livre. Facebook consiste à partager votre vie personnelle avec des amis et/ou des connaissances. Cette partie vous présente les outils qui permettent de partager votre vie et celle de vos amis sur Facebook.

Entre votre profil personnel et les applications que vous choisissez d'utiliser, il existe des centaines de possibilités pour rester connecté à votre famille et à vos amis, anciens ou récents.

Chapitre 6

Définir votre profil

Dans ce chapitre :

- Échanger avec vos amis *via* le profil.
- Naviguer dans votre profil.
- Protéger la confidentialité de votre profil.

Votre profil Facebook est plus qu'une série d'informations. C'est une histoire actuelle qui ne cesse d'évoluer : la vôtre. Vous a-t-on déjà demandé d'écrire la page 73 de votre autobiographie de 248 pages ? Votre page de profil est la page sur laquelle vous travaillez actuellement et votre autobiographie est une présentation multimédia complète qui rassemble vos commentaires, vos photos, les avis et les posts de vos amis. Tous ces éléments indiquent au lecteur qui vous êtes et ce qui est important pour vous. Votre profil Facebook ne sert pas à déformer qui vous êtes, mais plutôt à vous représenter. C'est une présentation sur vous et votre façon de partager avec les personnes qui comptent pour vous. Que voulez-vous que les autres sachent sur vous ? Quelles informations vos amis peuvent-ils consulter sur vous ?

Au Chapitre 2, nous avons abordé les informations générales de votre profil : la photo de profil, le parcours scolaire et le parcours professionnel. Dans ce chapitre, nous vous indiquons comment raconter votre histoire dans le langage Facebook.

Orientation du profil

La Figure 6.1 représente un profil complet. Le profil sert avant tout à fournir des informations générales, d'identité et intéressantes sur vous. Tout en haut, sur une image de fond appelée *couverture*, se trouvent votre nom et votre photo de profil. Il s'agit des deux éléments indispensables pour identifier vos amis et *vice versa*.

Sous la couverture et la photo de votre profil, vous découvrez plusieurs *onglets* qui vous dirigent vers des pages spécifiques : Journal, À propos, Amis, Photos et Plus, que nous allons détailler dans les sections suivantes.

Sous ces onglets, Facebook affichera régulièrement une section Connaissez-vous avec des vignettes de profils de personnes que vous pourriez connaître. Ces propositions reposent sur vos amis actuels et leurs amis, qui ne sont pas encore les vôtres.

Dans la zone centrale se trouve votre Journal, sur lequel nous reviendrons dans la section suivante, avec vos différents postes (ou publications).

La colonne à droite du Journal contient dans sa partie supérieure une chronologie retraçant votre existence depuis votre naissance jusqu'à aujourd'hui à travers les dates que vous avez indiquées et votre activité sur Facebook. Au-dessous se trouvent des liens publicitaires.

La colonne de gauche contient toutes vos informations personnelles *via* des rubriques que vous pouvez enrichir depuis cette page de profil en cliquant simplement sur des liens. Vous accédez alors à des champs de saisies et/ou des propositions prédéfinies. Elles s'enrichiront automatiquement en fonction de ce que vous indiquez. Par exemple, si vous précisez que votre film préféré est *À bout de souffle* de Jean-Luc Godard, il y a fort à parier que Facebook vous propose d'autres films de ce réalisateur.

La dernière colonne à droite est la même que sur la page d'accueil : le Télex en haut et la zone de discussion instantanée en bas (voir Chapitre 3).

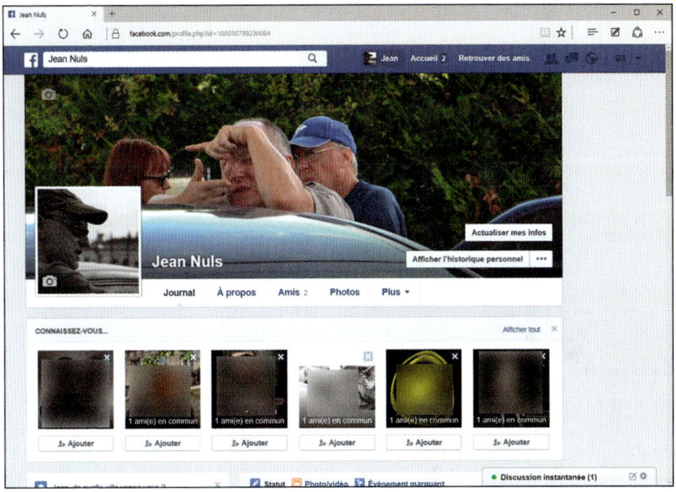

Figure 6.1 : Profil complet.

Votre Journal

Naguère appelé *mur*, le Journal est le cœur de votre profil. C'est le premier volet que vos amis voient quand ils accèdent à votre profil. C'est aussi là qu'ils laissent des messages publics vous concernant. Lorsque vous allez sur le profil d'un ami, consulter son Journal est le moyen le plus rapide de découvrir ce qu'il a fait ces derniers temps. La Figure 6.2 propose un exemple de Journal.

Il faut savoir que le Journal vit *par* vous et *sur* vous. Vous gérez ce qui reste sur votre Journal et ce que vous y ajoutez, mais vos amis ont la possibilité de vous aider à raconter votre histoire. Cet aspect du Journal le rend vraiment intéressant. Pensez à tout ce que vous apprenez sur un ami la première fois que vous rencontrez ses parents ou à toutes les histoires drôles que vous entendez quand la copine d'un ami raconte leur rencontre. Voici le genre d'histoires que vos amis peuvent de temps en temps publier sur votre Journal et qui contribuent à ce que vos amis vous connaissent un peu mieux.

Au début, le Journal peut paraître un peu désordonné, car il contient plein de photos de gens qui s'expriment sur des sujets différents. C'est un peu comme arriver dans un groupe en train

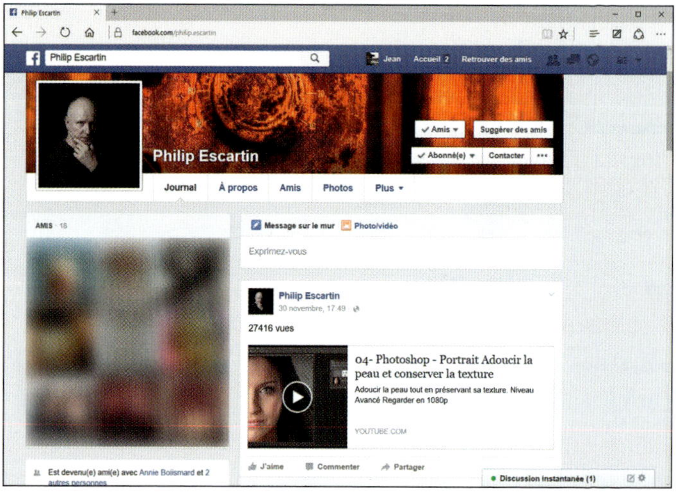

Figure 6.2 : Un exemple de Journal.

de rire et qui vous regarde en espérant que vous allez dire quelque chose de drôle. Dur, dur !

Ne vous inquiétez pas : nous allons prendre notre temps pour décortiquer le Journal et vous montrer comment construire le vôtre. Nous vous présentons également quelques pratiques courantes sur le Journal.

La zone de publication

Dans la Figure 6.2, notez que le Journal se compose de plusieurs éléments. Ils sont tous liés et dépendent d'un élément central : la zone de publication. Cette zone, illustrée dans la Figure 6.3, figure dans la zone supérieure du Journal et vous permet (ainsi que vos amis) de créer des *posts*. Les posts sont les publications qui constituent le Journal : vos propres posts, ceux de vos amis, des posts avec des pièces jointes sous forme de liens ou des posts contenant uniquement du texte.

Nous abordons les posts de deux manières : ceux que vous créez et ceux créés par vos amis.

Figure 6.3 : Tout ce que vous publiez commence ici.

Vous et la zone de publication

Quand vous observez votre propre profil, vous remarquez que la zone de publication est à peu près identique à celle de votre page d'accueil. Où que vous vous exprimiez, et quel que soit le lien sur lequel vous cliquez, le contenu que vous publiez atterrit dans votre Journal sous forme de post.

Statut

Le post le plus courant se présente sous la forme d'un texte basique grâce auquel l'utilisateur s'exprime. Sur Facebook, ce type de post est appelé *mise à jour de statut* ou juste *statut*. Les mises à jour de statut sont courtes, rapides et ouvertes à toute interprétation. Parfois, les utilisateurs se contentent de spécifier ce qu'ils sont en train de faire : « Trop occupé ! », « Je prends un petit bain de soleil. » ou « Enfin !!! ». Parfois, ils font une remarque anodine ou veulent partager une pensée philosophique : « Ce matin, mon café avait un goût différent. » ou « Le monde a besoin d'une journée lors de laquelle tout le monde dit la vérité. » Les utilisateurs se servent aussi des mises à jour de statut pour demander des informations ou s'organiser : « Je vais manger des sushis ce soir. Quelqu'un est intéressé ? » ou « Je prévois d'aller en Inde l'été prochain. Pouvez-vous me conseiller ? » Il est très facile de commenter un statut. C'est pourquoi une mise à jour un peu provocante peut initier une vraie conversation. Nous étudions les commentaires dans le Chapitre 9.

Les mises à jour de statut semblent très courtes et insignifiantes. Toutefois, quand elles sont regroupées, elles peuvent raconter toute une histoire et concerner une ou plusieurs personnes. Par exemple, un visiteur du profil de Carolyn peut ressentir un certain stress en lisant ceci : « Raté mon cours de natation. Pas le temps. Vraiment trop de boulot. » L'humour et la dérision font aussi partie de l'univers Facebook : « Carolyn est une bécasse. La grue cendrée a la classe. Quelle poétesse ! » Alors, n'avez-vous pas l'impression de mieux connaître Carolyn ?

Mis bout à bout, les statuts sont un moyen de répandre rapidement des nouvelles *via* Facebook. Comme vos posts se retrouvent dans le fil d'actualité de vos amis, une seule mise à jour peut avoir un gros impact et être répétée d'une manière ou d'une autre. Par exemple, un léger séisme en Californie a poussé plusieurs des amis de Leah et Carolyn à mettre à jour leur statut. Ceux qui ne l'ont pas ressenti ont mis à jour leur statut pour dire qu'ils n'avaient rien remarqué. Dans tout le pays, les amis et la famille ont appris la nouvelle et ont rapidement su que tout le monde allait bien. Plus pratique que de passer des tonnes de coups de fil, non ?

Suivez ces étapes pour mettre à jour votre statut :

1. **Cliquez sur Statut dans la zone de publication.**

   En théorie, vous n'avez pas à cliquer dessus, car c'est l'onglet sélectionné par défaut pour la zone de publication, mais sait-on jamais ?

2. **Cliquez dans la zone de texte et tapez votre commentaire, comme sur la Figure 6.4.**

Figure 6.4 : Statut du jour.

Cette zone contient par défaut le texte « Exprimez-vous », en guise d'invitation à laisser libre cours à votre envie de communiquer. Dès que vous cliquez et commencez à taper dans cette zone, le texte « Exprimez-vous » disparaît.

3. **(Facultatif) Cliquez sur l'icône située dans le coin inférieur droit pour spécifier qui peut voir ce post.**

   Nous traitons la confidentialité du profil et des publications plus tard dans ce chapitre. Si vous êtes un peu perdu, notez juste que cette icône se trouve ici.

4. **Cliquez sur Publier.**

Notez que vous pouvez publier un post contenant un lien. Il peut s'agir d'un article qui vous intéresse, d'un événement, d'un album photo ou de n'importe quelle information que vous voulez publier. Généralement, les utilisateurs ajoutent un commentaire pour expliquer le lien ou utilisent le lien comme mise à jour de statut, pour signifier que ce qu'ils pensent figure dans le lien.

Les posts contenant des liens servent à partager quelque chose avec beaucoup de personnes, sans devoir créer une liste d'adresses e-mail, appeler toutes ces personnes pour en discuter ou vous tenir derrière leur écran pour leur montrer. De plus, vous ciblez un public bien plus vaste et aurez plus de réactions sur le lien ainsi partagé.

Pour ajouter un lien dans votre statut, il suffit de le copier et de le coller dans la zone de texte. Libre à vous de l'accompagner d'un commentaire.

Ajouter une photo ou une vidéo

Facebook est le site Web numéro un pour le partage de photos. En d'autres termes, tout le monde aime partager des photos et les poste donc sur Facebook. Considérez cette information comme une introduction au Chapitre 8 qui détaille l'application Photos, y compris l'ajout de photos à partir de la zone de publication. Parallèlement au partage de photos, Facebook sert aussi à partager des vidéos de vous et de vos amis. Pour ajouter une photo ou une vidéo dans votre Journal, suivez ces étapes :

1. **Cliquez sur le lien Photo/Vidéo au-dessus de la zone de publication de votre profil.**

   La zone de publication se développe pour afficher deux options : Importer des photos/vidéos et Créer un album photo, comme l'illustre la Figure 6.5.

Figure 6.5 : Ajouter une photo à un statut.

2. **Sélectionnez Importer des photos/vidéos.**

3. **Dans la boîte de dialogue qui apparaît, parcourez votre disque dur pour localiser la photo ou la vidéo à publier.**

4. **Cliquez sur son fichier puis sur le bouton Ouvrir.**

   Vous pouvez importer plusieurs fichiers simultanément en effectuant une multisélection à l'aide de votre souris et de la touche Maj ou Ctrl de votre clavier.

5. **Pour ajouter immédiatement d'autres photos ou vidéos, cliquez sur la zone vide contenant un signe plus située à droite de la vignette de l'image ou de la vidéo que vous venez de sélectionner, comme sur la Figure 6.6.**

6. **(Facultatif) Entrez un commentaire sur la photo ou vidéo dans la zone de texte.**

   Peut-être souhaitez-vous expliquer pourquoi vous postez cette photo ou vidéo, ce que vous aimez dedans ou simplement mentionner les personnes susceptibles d'être intéressées.

7. **(Facultatif) Placez le pointeur de la souris sur la vignette d'une image pour faire apparaître deux icônes, comme l'illustre la Figure 6.7.**

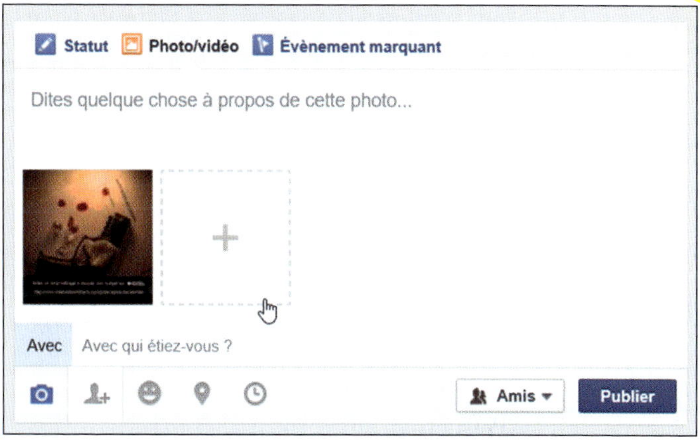

Figure 6.6 : Ajouter d'autres photos et/ou vidéos.

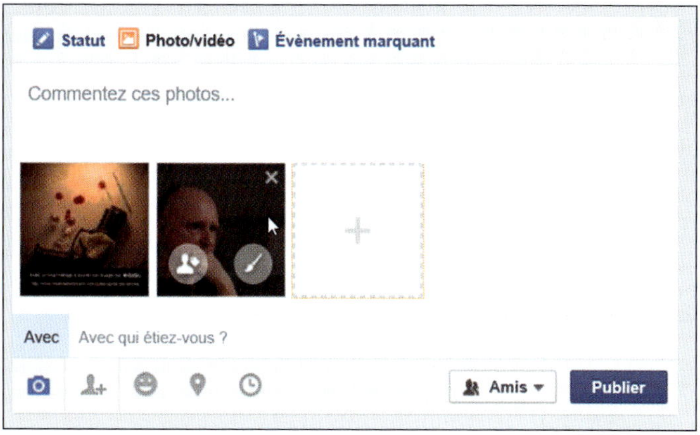

Figure 6.7 : Les icônes d'édition de la photo.

L'icône de la silhouette étiquetée permet d'indiquer le nom de la personne qui figure sur la photo.

L'icône du pinceau permet de modifier votre image.

Pour plus d'informations à leur sujet, consultez le Chapitre 8.

8. **(Facultatif) Cliquez sur l'icône située dans le coin inférieur droit pour spécifier qui peut voir ce post.**

Nous traitons la confidentialité du profil et des publications plus loin dans ce chapitre. Si vous êtes un peu perdu, notez juste que cette icône se trouve ici.

9. **Cliquez sur Publier.**

Événement marquant

La zone de publication de votre profil est également surmontée du lien Événement marquant qui permet de signaler un événement important : changement de travail, déménagement, mariage, naissance, *etc.*

Vos amis et la zone de publication

Quand vos amis visitent votre profil, ils voient la zone de publication. La seule différence est qu'au lieu de voir Statut au-dessus de cette dernière, vous disposez du lien Message sur le mur, comme le montre la Figure 6.8. Même s'ils peuvent vous poser une question, ajouter une photo ou poster un lien, l'interaction la plus courante se présente sous forme de texte. Ces messages textuels sont appelés *posts*. Cela peut paraître un peu confus, car tout ce qui figure sur le Journal est un post. Consultez les posts du Journal de vos amis. Vous trouverez certainement quelques « Comment ça va ? On se voit quand ? », quelques « Super dîner hier soir ! » et quelques commentaires qui n'ont pas de sens. Des commentaires tels que « LOL, OMG, MDR » ne sont certainement pas très révélateurs, mais soyez sûr que vos amis apprécieront ces petites remarques.

Si vous consultez le Journal d'un ami le jour de son anniversaire, vous rencontrerez des tonnes de posts « Joyeux anniversaire ». Il n'y a pas beaucoup de règles pour utiliser Facebook, mais la tradition du post « Joyeux anniversaire » s'est installée avec le temps. Étant donné que les utilisateurs reçoivent des notifications pour leur rappeler l'anniversaire de leurs amis, la méthode la plus rapide pour dire « Je pense à toi » le jour de leur anniversaire est de l'écrire sur leur Journal.

TRUC

Alors que nous pensons que les échanges entre amis sont l'un des plaisirs du Journal, certains ont du mal à se laisser aller. Si vous n'aimez pas l'idée qu'un ami puisse écrire un

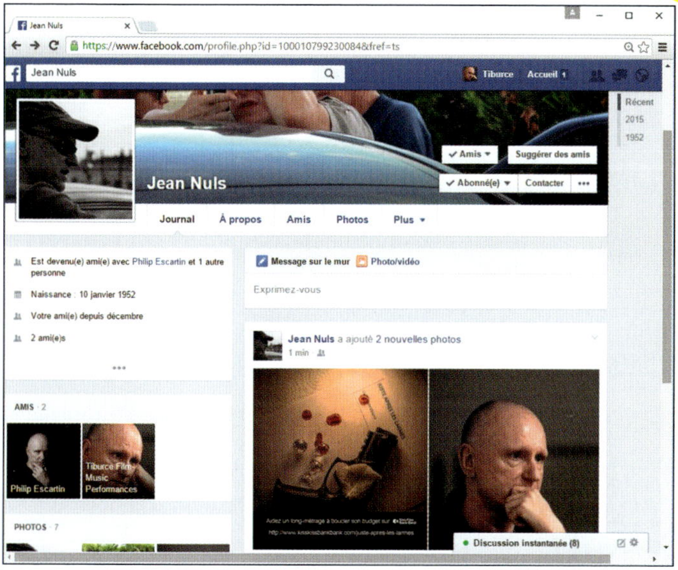

Figure 6.8 : Votre profil consulté par un ami.

commentaire personnel sur votre Journal, vous pouvez empêcher vos amis d'y publier leurs posts. Il suffit de configurer les paramètres de confidentialité en conséquence. Vous pouvez aussi limiter la visibilité des posts de vos amis dans la page Paramètres d'identification et de journal. Cliquez pour cela sur l'icône du triangle dans la partie droite de la barre bleue, puis sur Paramètres, et enfin sur le lien Journal et identification dans la colonne de gauche qui apparaît. À la question Qui peut publier dans votre journal située en haut de la page Paramètres d'identification et de journal, cliquez sur Modifier. Ouvrez le menu local Amis et optez pour Moi uniquement, comme à la Figure 6.9.

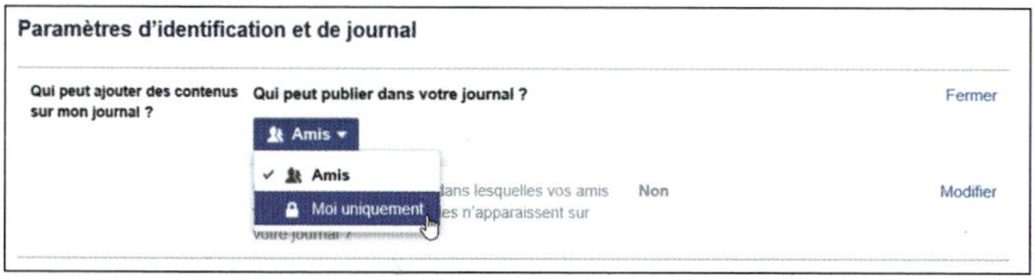

Figure 6.9 : Pour que personne d'autre que vous ne puisse publier sur votre journal.

La meilleure façon de se familiariser avec le Journal est de l'utiliser. Écrivez sur celui de vos amis, postez une mise à jour de statut avec ou sans lien et voyez les réponses que vous envoient vos amis. Après tout, c'est à ça que sert le Journal : partager avec ses amis.

Vous ne pouvez pas toujours publier sur le mur d'un ami. En effet, il peut avoir configuré son compte Facebook de telle sorte que personne ne puisse publier des éléments sur son journal.

L'essentiel est dans l'onglet À propos

L'onglet À propos, situé à droite de l'onglet Journal dans votre page de profil, regroupe toutes vos données biographiques. C'est une version détaillée du petit bloc de texte À propos vous concernant, et qui est affiché en haut à gauche du Journal.

Les informations qui figurent dans l'onglet À propos sont issues de plusieurs sources. Avant tout, elles proviennent des informations que vous avez fournies en renseignant votre profil. Elles sont aussi tirées des pages que vous aimez quand vous utilisez Facebook, des photos que vous publiez et des amis que vous avez.

L'onglet À propos a beaucoup de points communs avec votre Journal. Si vous êtes un grand fan d'une série TV par exemple, il y a de fortes chances pour que les références et les avis sur les derniers épisodes se retrouvent dans vos mises à jour de statut. Si vous êtes lycéen ou étudiant, vos statuts concernent sûrement les prochains examens. En revanche, si quelqu'un vient de vous rencontrer et souhaite connaître votre série préférée ou ce que vous étudiez, il a tout intérêt à consulter votre onglet À propos.

L'onglet À propos est divisé en plusieurs sections. Chacune contient un type d'information. Pour changer une information antérieurement saisie, placez le pointeur de la souris dessus. Cliquez sur Options. Dans le menu local qui apparaît, choisissez Modifier, comme l'illustre la Figure 6.10. Des rubriques complémentaires permettent de préciser quelques informations.

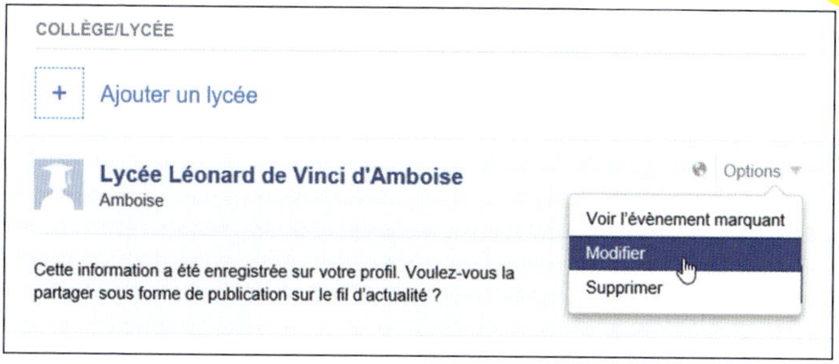

Figure 6.10 : Pour modifier une information.

Dans les prochaines sections, nous détaillons chaque section de l'onglet À propos en mode modification.

Image du profil

Ce sujet est traité au Chapitre 2. Si vous voulez changer votre photo de profil, survolez-la dans le Journal, puis cliquez sur Modifier la photo de profil, comme à la Figure 6.11. Une boîte de dialogue s'affiche avec différentes options : sélectionner une image parmi celles déjà présentes dans votre compte Facebook, prendre une photo avec la webcam de votre ordinateur ou l'appareil photo de votre téléphone ou tablette, importer une photo présente sur le disque dur de votre ordinateur, et enfin modifier la miniature de la photo actuelle (icône du crayon).

Figure 6.11 : Modifier la photo de profil.

Une fois l'image choisie, Facebook ouvre la boîte de dialogue Rogner la photo qui permet de définir la zone de l'image qui sera utilisée comme photo de profil, comme le montre la Figure 6.12. Un curseur situé sous l'aperçu de l'image permet de zoomer dessus. Une fois cette zone définie, validez-la par un clic sur le bouton Enregistrer la photo du profil.

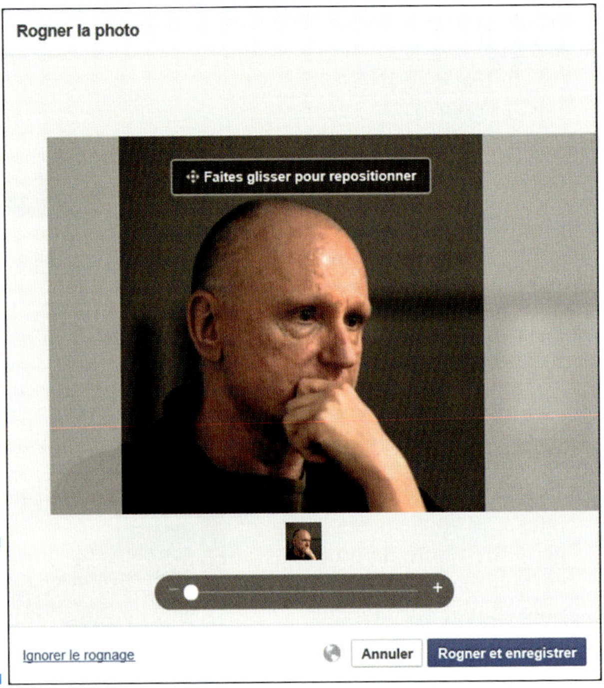

Figure 6.12 : Recadrer la photo de profil.

Image de couverture

Puisque votre profil et votre fil d'actualité constituent un Journal, quoi de plus naturel que de lui adjoindre une couverture, pour le singulariser et annoncer la couleur ? Cette couverture est l'image qui s'affiche sous forme de bandeau dans le haut de votre profil ou de votre Journal, au-dessus des zones de texte, et en arrière-plan de votre image de profil. Choisissez l'image de votre choix, à condition d'en détenir les droits, et de préférence une image qui s'adapte au format horizontal : paysage, motif, objet, photo d'événement, *etc.*

Pour modifier cette image, placez le pointeur de la souris sur l'icône de l'appareil photo affichée dans l'angle supérieur gauche. Ensuite, cliquez sur le bouton Modifier la photo de couverture (voir Figure 6.13). Vous avez alors le choix parmi les options suivantes : choisir une image parmi les photos déjà

Figure 6.13 : Modifier la photo de couverture.

présentes dans votre compte Facebook, ajouter une photo synchronisée (c'est-à-dire une image gérée par vos périphériques mobiles), importer une photo à partir de votre disque dur, repositionner la couverture actuelle, et enfin la supprimer pour ne pas afficher de photo de couverture.

TRUC

Facebook recommande pour les photos de couverture des images dont la largeur est supérieure à 399 pixels et qui ne comportent pas plus de 20 % de texte.

Vue d'ensemble

Cette section de l'onglet À propos permet de renseigner des rubriques standard comme votre lieu de travail, l'école que vous avez fréquentée, la ville où vous habitez, celle où vous êtes né, et enfin de spécifier si vous avez une relation suivie avec une autre personne ou bien plus simplement indiquer les membres de votre famille qui ont un compte Facebook. La plupart de ces rubriques seront précisées dans les autres catégories d'informations de la section À propos de votre Facebook.

Emplois et scolarité

Au Chapitre 2, nous expliquons l'importance de spécifier votre parcours scolaire et professionnel sur Facebook. Grâce à ces informations, vos amis peuvent vous retrouver plus facilement et vérifier que vous êtes bien Georges qui a déménagé à Rennes et non pas Georges qui a déménagé à Strasbourg.

Lieux où vous avez habité

Trois informations géographiques à indiquer ici : votre ville de résidence actuelle et votre ville d'origine, ainsi que les villes où vous avez déjà vécu.

Informations générales et coordonnées

Au Chapitre 2, nous indiquons les informations générales qui aident les utilisateurs à vous trouver et à vous identifier, telles que votre ville d'origine et votre ville actuelle. Dans la section Informations générales, vous disposez de quelques autres champs que Facebook considère comme des informations générales.

Ces champs incluent les suivants :

- **Date de naissance :** Vous avez également spécifié votre date de naissance lors de votre inscription. Il s'agit ici du jour de votre naissance.
- **Année de naissance :** Précise votre année de naissance ainsi que les personnes qui pourront y avoir accès.
- **Sexe :** Vous avez indiqué votre sexe lors de votre inscription. Facebook restitue l'information ici. Si vous ne voulez pas que votre sexe s'affiche sur votre profil, décochez la case Afficher sur mon journal.
- **Jour de votre fête :** Indiquez le jour de votre fête eu égard, bien évidemment, à votre prénom réel.
- **Qui vous intéresse :** Ce champ est utilisé pour préciser son orientation sexuelle. Certaines personnes estiment

qu'avec ce champ, Facebook prend des airs de site de rencontre. Donc libre à vous de le compléter !

- **Langues :** Ce champ, qui nous semble bien moins général que votre ville actuelle, vous permet d'entrer les langues que vous parlez.
- **Croyances religieuses :** Ce champ permet d'indiquer votre orientation religieuse, et de l'accompagner, au besoin, d'une description.
- **Opinions politiques :** Indiquez ici vos orientations politiques, en les expliquant éventuellement au moyen du champ Description.

Les coordonnées sont groupées aux informations générales. Les paramètres de confidentialité sont très pratiques sur Facebook, car chacun peut partager son numéro de téléphone, son adresse e-mail et d'autres informations de contact sans que tout le monde ne les voie. Ces informations permettent d'utiliser des outils très puissants et offrent la possibilité de conserver l'adresse e-mail et le numéro de téléphone d'une personne, même si celle-ci a oublié de vous inclure dans son mail « Je déménage/change de travail/change de nom ». Pour vos coordonnées, partagez les informations que vous voulez et pensez à les mettre à jour. Nous nous penchons sur les paramètres de confidentialité qui protègent ces informations dans la section « Qui peut voir quoi », plus loin dans ce chapitre.

TRUC

Si vous modifiez des informations, n'oubliez pas de cliquer sur le bouton Enregistrer. Si vous ne le faites pas, tout votre travail n'aura servi à rien.

Famille et relations

Cette section de votre profil vous permet de présenter vos relations aux utilisateurs de Facebook. Facebook propose deux types de relations par défaut : Situation amoureuse et Membres de la famille.

Les relations amoureuses et familiales vous permettent d'associer votre profil à celui d'autres personnes, sous réserve de confirmation. En d'autres termes, si vous indiquez que vous êtes marié, votre conjoint doit confirmer l'information avant qu'elle ne s'affiche sur les deux profils.

Pour beaucoup de couples, le fait de passer de Célibataire à Marié(e) sur Facebook est une étape importante dans leur relation.

Vos amis apparaissent dans la colonne gauche de votre profil, sous le bloc À propos. Ils y restent, quel que soit l'onglet que vous consultez.

Détails sur vous

Donne accès à la section À propos de vous. Cliquez sur Écrivez quelque chose sur vous. Une zone de texte apparaît. Elle est totalement ouverte puisque vous pouvez y saisir tout ce que vous voulez. Certaines personnes y intègrent un petit résumé de leur vie, une citation ou autre. Laissez libre cours à votre créativité ! Validez cette description par un clic sur le bouton Enregistrer les modifications.

Dans Autres noms, spécifiez ici un surnom ou bien votre nom de jeune fille (et bien d'autres choses encore). Sélectionnez le type de nom dans le menu local qui accompagne cette section lorsque vous cliquez sur Ajoutez un surnom, un nom de naissance… Saisissez ensuite ce nom dans le champ qui apparaît. Pour que le nom soit visible en haut du profil, cochez l'option correspondante. Validez par un clic sur le bouton Enregistrer les modifications.

Dans Citations favorites, libre à vous d'indiquer (ou pas) ici une expression fétiche, un extrait de dialogue ou de livre que vous appréciez ou qui vous caractérise.

Événements marquants

Cette section se remplit d'elle-même en fonction des informations que vous avez indiquées dans le reste de votre profil, en reprenant toutes les dates importantes qu'il contient, à commencer par votre date de naissance, votre date de mariage, mais aussi celles d'obtention de vos diplômes. Si vous voulez ajouter une date, cliquez sur le lien Ajouter un événement marquant, puis choisissez le type d'événement dans le menu qui s'affiche et fournissez les informations nécessaires (date, lieu, photos, *etc.*).

Amis

L'onglet Amis offre la possibilité de visualiser la liste complète de vos amis. Ce peut être très utile pour ceux qui essaient de retrouver quelqu'un qu'ils ont rencontré à l'une de vos soirées. Sachez que vous retrouvez des versions raccourcies de cette liste dans la partie gauche du journal et au bas de l'onglet À propos de votre profil.

Le chiffre indiqué sur l'onglet Amis indique le nombre total de vos amis. Ces derniers peuvent être classés automatiquement en fonction des liens qui vous unissent, par exemple l'université fréquentée. Pour chaque ami, vous disposez d'un bouton Amis sur lequel vous pouvez cliquer afin d'afficher différentes options de réglages : envoi de notifications à chaque activité de l'ami, classement parmi vos amis proches, vos connaissances, ou dans une autre liste, *etc.*, comme sur la Figure 6.14.

Figure 6.14 : Les options de vos amis.

Hello, photos

L'onglet Photos est certainement le prochain onglet que vos amis vont visiter sur votre profil. L'application Photos est étudiée en détail au Chapitre 8. Notez simplement que l'onglet Photos est particulièrement intéressant, car, outre les photos que vous avez ajoutées vous-même, il affiche d'autres photos de vous, postées par d'autres personnes.

L'application Photos vous offre la possibilité de *taguer* des amis. Taguer un ami sur une photo signifie que vous créez un lien entre son compte et la photo. Les photos sur lesquelles vous avez été tagué s'affichent par ordre chronologique dans votre onglet Photos. La Figure 6.15 représente l'onglet Photos d'un profil.

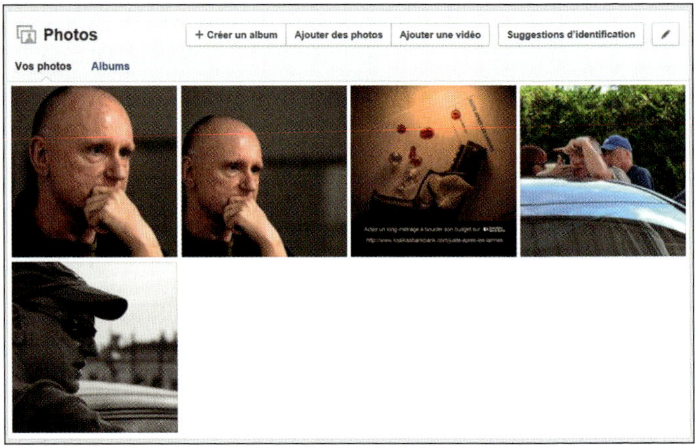

Figure 6.15 : Si une photo vaut mieux que des centaines de mots, cet onglet vaut mieux que des milliers de mots.

La rubrique Photos comporte deux onglets, Vos photos et Albums, et cinq boutons : Créer un album, Ajouter des photos, Ajouter des vidéos, Suggestions d'identification, et Gérer (icône d'un crayon).

Si vous avez été tagué dans une photo, mais ne voulez pas qu'elle apparaisse sur votre profil, supprimez simplement le tag de la photo. Ainsi, elle ne s'affichera plus dans votre profil.

N'OUBLIEZ PAS

Sur Facebook, les photos définissent clairement comment les gens communiquent et comment ils apprennent à mieux se connaître. Qu'elles illustrent un voyage, une réunion de famille ou une soirée entre amis, les photos fournissent de vraies informations sur la vie d'un individu.

Stratégies de création de profil

Un profil est un ensemble de nuances, de conseils subtils et de remarques plus générales qui vous aident à décider si vous et une autre personne êtes voués à être amis. Dire que vous avez une « stratégie » est un peu exagéré quand il s'agit juste de parler à quelqu'un pendant un certain temps. Votre stratégie est certainement d'être vous-même. C'est aussi ce que doit être votre stratégie sur Facebook. Nous précisons ici quelques raisons qui poussent les gens à créer un profil et quelques éléments à garder à l'esprit.

Créer un profil pour soi-même

Avec autant de personnes qui utilisent leur vrai nom pour se connecter avec leurs vrais amis sur Facebook, la principale raison qui pousse les gens à créer un profil est sans aucun doute celle d'alimenter leur vie sociale. Oui, vous pouvez vous mettre en relation avec vos amis, mais, avant tout, vous créez un profil pour vous aider à organiser votre vie et à refléter votre personnalité au monde. Quand vous créez un profil, créez quelque chose qui vous fasse penser : « Voilà quelqu'un de bien. Je suis vraiment quelqu'un de bien. » **Attention :** faire cette remarque en public, ce n'est pas bien ! Voici quelques suggestions pour créer votre profil :

- **Soyez vous-même.** Les fausses informations sont ennuyeuses. Si vous avez lu *Crime et châtiment*, ne l'ajoutez pas à votre liste de livres préférés juste pour avoir l'air plus intelligent. Les gens veulent vous connaître ; indiquez dans votre profil ce que vous pensez être pertinent pour les personnes que vous rencontrez. Si vous avez lu *Crime et châtiment,* mais êtes aussi attiré par les romans de gare, n'ayez pas honte de l'admettre. C'est vous, c'est votre profil.

- **Faites des choix délibérés sur ce que vous partagez.** Nous traitons les options de confidentialité plus tard dans ce chapitre et dans le Chapitre 5. Sachez toutefois que ce qui vous représente avant tout est ce que vous partagez sur Facebook. Si vous voulez importer votre journal intime sur Facebook pour que tous vos amis le lisent, lancez-vous. Ces informations seront alors dévoilées à tous et n'auront plus rien d'intime. Si vous ne voulez pas que vos amis connaissent vos pensées les plus candides, il suffit de ne pas les exposer sur Facebook.

- **Mettez votre profil à jour.** Vous êtes une personne dynamique et polyvalente. La meilleure façon de le montrer est d'être dynamique et polyvalent sur votre mur. Souvenez-vous que votre profil illustre l'histoire de votre vie et ce qui s'y passe actuellement. Grâce aux photos que vous ajoutez, aux mises à jour de statut que vous écrivez et aux commentaires de vos amis, chacun en apprend un peu plus sur vous et vous avez vraiment l'impression de raconter votre histoire.
- **Lancez des tendances.** N'hésitez pas à ajouter des choses à votre profil qui sont différentes de ce que vous trouvez sur le profil des autres. Si aucun de vos amis n'écrit d'articles, mais que vous avez quelque chose à dire, écrivez un article et exprimez-vous. Gardez un œil sur les nouveaux paramètres et fonctionnalités (Facebook est en constante évolution et ne cesse d'améliorer différents produits). Si une nouveauté semble intéressante, testez-la pour vous en faire votre propre opinion.

Créer un profil pour faire de la publicité

Les *Pages* (une présence en ligne pour les marques, les sociétés, les magasins, les restaurants et les artistes) permettent aux *entités non physiques* (entreprises, films, *etc.*) d'entrer en contact avec les utilisateurs Facebook de manière significative. Les Pages présentent plus ou moins les mêmes composants qu'un profil classique et sont utilisées pour promouvoir ces entités.

En outre, certaines personnes créent un profil Facebook classique dans le but de se promouvoir. Une partie d'entre elles souhaite se créer un réseau et de nouveaux contacts pour optimiser leur carrière. D'autres sont des blogueurs invétérés qui veulent qu'un maximum de personnes ait accès à leur contenu. Ces personnes peuvent modifier la confidentialité de leur profil pour que la plupart de leurs informations soient publiques, ce qui brouille un peu la frontière entre Page et profil.

Que vous ayez créé une Page ou un profil classique, la manière de raconter l'histoire de votre vie est un peu différente. Pensez aux objectifs qui ont motivé la création de ce type de profil. Si vous êtes musicien, vous chercherez certainement à élargir votre public et à être plus diffusé grâce à vos fans. Si vous travaillez pour une grande marque, vous aurez sûrement l'intention de contacter vos consommateurs afin qu'ils conseillent votre marque à leurs amis. Si vous représentez une petite boutique, vous souhaiterez peut-être collecter les avis de vos clients pour améliorer votre service.

Quel que soit votre objectif, voici quelques conseils susceptibles de vous aider :

- **Soyez réel.** Les utilisateurs Facebook souhaitent se connecter avec des personnes réelles et avenantes. Jetez vos slogans tout faits et partagez de vraies informations sur vous et votre produit.
- **Engagez-vous avec vos fans/consommateurs/clients/usagers.** Les utilisateurs Facebook peuvent vous fournir des retours et opinions sur vos produits et services. Demandez-leur ce qu'ils pensent de votre nouveau disque, de vos vêtements en ligne ou de votre menu. Ne craignez pas les retours négatifs, mais servez-vous-en pour améliorer votre produit.
- **Mettez votre profil à jour.** Les utilisateurs reviennent sur des profils qui présentent des informations nouvelles et pertinentes. Les posts que vous créez s'affichent dans le fil d'actualité des gens, de la même manière qu'ils interagissent avec leurs amis proches. Plus vous êtes dynamique, plus les gens auront envie de vous connaître et d'en savoir plus sur vous. Ne gâchez pas cette opportunité.
- **Ne mentez pas.** Informez vos membres de la fréquence des mises à jour, nouvelles offres, *etc.* Ne mentez pas pour inciter les utilisateurs à s'engager dans des actions. Vous ne feriez qu'entraver votre marque et votre succès.

Partager avec sa famille, ses amis et le monde

Facebook reflète vraiment la réalité. Bien sûr, la réalité que vous voyez peut être différente de celle que voient vos amis. Peut-être voyez-vous votre amie Jessica comme une personne drôle et sarcastique alors que d'autres la trouvent minable. Comment Jessica se perçoit-elle ? Personne ne le sait sauf Jessica, mais vous pouvez certainement le deviner en vous basant sur son profil.

Quand vous créez un profil sur Facebook, vous ne vous contentez pas de partager votre vie. Vous dévoilez aussi la perception que vous avez de vous-même. Nous commençons à philosopher, mais souvenez-vous toujours de ces éléments. Vous offrez au monde une fenêtre qui s'ouvre sur vous. Que voulez-vous qu'il voie ?

Tout est question des choix que vous faites quant aux informations que vous mettez dans votre profil. Si quelqu'un a une fenêtre qui donne dans votre salon, comment est-ce que vous arrangez les coussins du canapé et qu'est-ce que vous placez dans une autre pièce ?

L'autre question est que vous vous présentez certainement différemment à vos parents, frères et sœurs ou enfants qu'à vos amis. Sans oublier que vous n'êtes pas non plus la même personne devant vos collègues et encore moins devant votre patron. Pour en revenir à notre exemple de salon : vous le nettoyez de fond en comble pour recevoir votre patron, vous rangez pour accueillir vos parents et vous n'avez certainement aucun scrupule à laisser traîner quelques moutons sous le canapé quand vous invitez vos amis.

Après avoir créé votre profil (ou nettoyé votre salon), vous avez deux possibilités pour choisir comment vous représenter et à qui. Dans le prochain chapitre, nous vous expliquons comment vous représenter en sélectionnant les personnes que vous ajoutez comme amis et celles à qui vous vous exposez. Dans la prochaine section, nous vous présentons l'autre possibilité : contrôler les informations qui vous représentent, mais pas aux yeux de *tous*.

Qui peut voir quoi ?

La confidentialité et la sécurité sont étudiées dans le Chapitre 5. Toutefois, quand vous créez votre profil, rappelez-vous que toutes les informations qu'il contient peuvent être contrôlées, quasiment ligne par ligne et post par post. Vous pouvez définir qui peut et qui ne peut pas voir chaque post que vous publiez.

Les options possibles

En principe, vous disposez des options suivantes dans tous les menus déroulants concernant la confidentialité. Dans votre profil, vous pouvez accéder à ce menu dès que vous créez un post dans la zone de publication. Ainsi, vous contrôlez la visibilité de chaque post :

- **Public :** Cette option signifie que tous les utilisateurs Facebook peuvent voir cette information quand ils vont sur votre profil. De plus, cette information peut être disponible en dehors de Facebook par le biais des applications et de la recherche. Les informations ou posts pour lesquels vous choisissez cette option peuvent être visualisés par tout le monde. Assurez-vous que cela ne vous pose pas de problème.
- **Amis :** Seuls vos amis peuvent voir vos posts ou informations.
- **Moi uniquement :** Vous seul pourrez voir vos informations ou publications.
- **Personnalisé :** Avec à cette option, vous êtes libre de définir qui peut voir l'information ou le post. Vous pouvez autoriser certaines listes de personnes et en bloquer d'autres. Lisez le Chapitre 4 pour apprendre à créer des listes.

N'OUBLIEZ PAS

Nous parlons *de post* ou *d'information* plutôt que de profil, car chaque élément de votre profil peut être géré individuellement.

La Figure 6.16 représente la page Paramètres d'identification et de journal. Pour y accéder, cliquez sur le triangle situé à droite

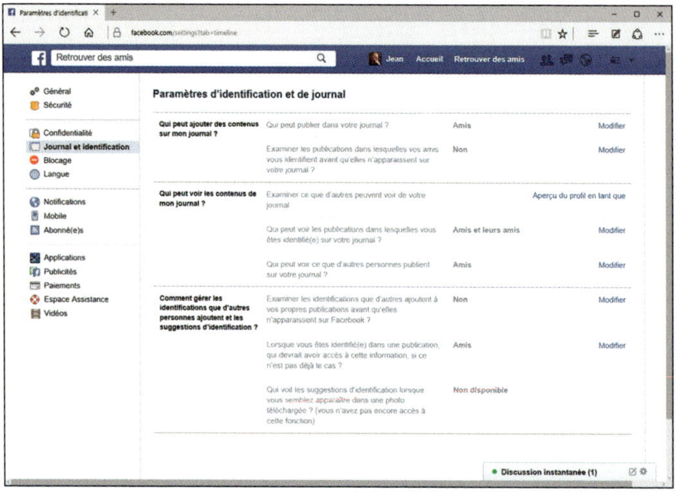

Figure 6.16 : Gérez vos informations dans les pages dédiées à la confidentialité de votre Journal.

sur la grande barre bleue puis sur Paramètres. Dans la page qui s'affiche, cliquez à gauche sur Journal et identification. Cette page indique ce que les gens peuvent voir et faire dans votre Journal. Les divers éléments de votre profil sont gérés dans les différentes sections de cette page. Reportez-vous au Chapitre 5 pour vous plonger dans les pages de confidentialité.

Gérer la visibilité du profil

Grâce aux options générales présentées dans la section précédente, il est possible d'avoir une visibilité totale de votre profil. Chaque personne a une combinaison différente de réseaux et d'amis. Il est donc impossible de savoir ce que chaque personne voit.

Vous voyez tous les éléments de votre profil. Pas de panique ! Le fait de voir votre numéro de téléphone et votre adresse quand vous ouvrez votre profil ne signifie pas que tout le monde les voie.

En général, il convient de distinguer deux groupes quand vous définissez la confidentialité de votre profil : un groupe de personnes que vous ne pouvez pas contrôler et un groupe que vous pouvez contrôler. Le groupe que vous ne contrôlez pas correspond à l'option Public. Le groupe que vous contrôlez correspond à vos Amis et aux listes d'amis que vous avez créées. Quand vous configurez la confidentialité, posez-vous la question de savoir si vous acceptez le fait que ces groupes voient vos informations confidentielles.

Coordonnées

Bien évidemment, vos coordonnées sont les informations les plus confidentielles que vous mettez sur Facebook. Elles sont aussi très utiles, car vous disposez d'un annuaire qui se met à jour automatiquement et qui ne se perd jamais. Cependant, vous ne voulez certainement pas que tout le monde ait accès à votre adresse et à votre numéro de téléphone.

C'est pourquoi le paramètre par défaut pour vos coordonnées est Amis. Augmentez leur visibilité si vous le souhaitez. Notez qu'en limitant la visibilité de vos coordonnées aux personnes qui sont officiellement vos amis, vous permettez à ceux susceptibles de vouloir vous contacter de le faire.

Une autre caractéristique intéressante en termes de confidentialité des coordonnées est que vous contrôlez chaque information. Pour vérifier les options de confidentialité attribuées à chaque information, cliquez sur le bouton Actualiser mes infos affiché sur la couverture de votre Journal. Ensuite, cliquez sur le lien Modifier de la section Coordonnées, illustrée dans la Figure 6.17. Ce lien apparaît quand vous placez le pointeur de la souris sur la section Coordonnées.

En utilisant l'option Personnalisé, vous pouvez envisager tous les cas de figure sur Facebook. Vous voulez que vos collègues et personne d'autre ne voient votre adresse e-mail ? Personnalisez ce paramètre de sorte que tous les membres de votre réseau professionnel y aient accès. Vous préférez que seuls vos meilleurs amis puissent voir votre numéro de téléphone ? Créez une liste d'amis contenant leur nom et utilisez l'option Personnalisé pour qu'il ne soit visible que par cette liste. Les possibilités sont illimitées et étudiées en détail dans le Chapitre 5.

Notez que vous pouvez également choisir de ne pas afficher une information dans votre Journal en cliquant sur le petit

Figure 6.17 : Modifiez votre adresse.

cercle grisé qui apparaît à droite de celle-ci lorsque vous placez le pointeur de la souris dessus.

Année de naissance

Votre année de naissance est une autre information confidentielle qui bénéficie de contrôles de confidentialité spécifiques sur Facebook. Dans les Informations générales et coordonnées, vous pouvez choisir de montrer cette information à tout le monde (Public), seulement à vos Amis, à vous uniquement (Moi uniquement) ou à un groupe personnalisé (Personnalisé). De plus, comme certaines personnes n'assument pas leur âge, il existe des contrôles spécifiques permettant de définir ce que les gens voient sur leur date de naissance dans leur profil. Suivez ces étapes pour contrôler qui peut voir votre date de naissance dans l'onglet Infos de votre profil :

1. **Dans votre profil, cliquez sur Actualiser mes infos.**
2. **Dans la colonne de gauche, cliquez sur Informations générales et coordonnées.**
3. **Dans la section Informations générales, placez le pointeur de la souris sur la section Date de naissance, et cliquez sur le lien Modifier qui apparaît.**

   La Figure 6.18 représente la zone en question.

Figure 6.18 : Options pour la visibilité de votre date de naissance.

4. **Vous avez le choix parmi les options de confidentialité traditionnelles : Public, Amis et leurs amis, Amis, Moi uniquement, et Personnalisé.**

   Si vous ne souhaitez pas divulguer votre date de naissance, choisissez Moi uniquement.

L'honnêteté est la meilleure ligne de conduite

Dans ce chapitre, nous ne cessons de parler de partage, de visibilité et de représentation de soi face au monde Facebook. Outre les métaphores sur les autobiographies, tous les utilisateurs Facebook cherchent à se faire connaître. Facebook est un excellent moyen pour lier des relations plus étroites avec les gens. Mentir sur son profil ne favorise pas ce type de relations. En fait, le mensonge conduit les autres à mentir aussi. Facebook perd en efficacité à cause des faux noms, des fausses dates de naissance, des faux parcours professionnels, *etc.* Facebook est un espace génial pour obtenir de vraies informations. Si vous n'êtes pas à l'aise avec l'idée de partager certaines informations, vous avez deux solutions :

- **Ne partagez aucune information si cela vous gêne.** Si partager votre numéro de téléphone vous effraie, ne le faites pas.
- **Familiarisez-vous avec les options de confidentialité de Facebook.** L'utilisation des options de confidentialité vous permet d'empêcher certaines personnes ou groupes de personnes d'accéder à vos informations. C'est mieux que de mentir pour optimiser votre profil Facebook.

Chapitre 7

Comportement social

Dans ce chapitre :

- Prendre des nouvelles de ses amis.
- Se renseigner sur les dernières informations intéressantes dans la communauté.
- Raconter sa vie.
- Trouver des informations récentes sur un sujet spécifique.

C'est une tâche très difficile que de contacter tous les amis desquels nous tenons à prendre des nouvelles. De même, donner de vos nouvelles à tous ceux qui s'en soucient est une tâche très répétitive. La mission de Facebook est de vous aider à vous connecter et à communiquer avec ceux qui tiennent à vous. Le modèle Facebook exige que chacun de nous soit responsable des connexions qu'il établit et de la mise à jour de son profil. Nos histoires alimentent le grand journal d'informations et de partage qui nous indique ce qui se passe autour de nous.

Dans ce chapitre, nous nous concentrons sur le comportement social à adopter sur Facebook, en commençant par le flux d'histoires que nous générons pour nos amis. Nous abordons ensuite le grand flux social qui rassemble toutes les informations fournies par nos amis et notre entourage. Enfin, nous étudions le flux global d'informations grâce auquel nous nous renseignons sur les sujets récents qui nous intéressent.

Lire le Journal

Quand nous rencontrons quelqu'un, nous avons tendance à lui fournir les informations qui figurent dans la rubrique À propos de notre profil Facebook : notre nom, notre lieu de résidence, le nombre d'enfants que nous avons et éventuellement l'école que nous avons fréquentée. Quand nous rencontrons un ami perdu de vue depuis longtemps, nous partageons différents types d'informations. Plutôt que des faits nous concernant, nous allons lui raconter ce qui a changé, ou bien ce qui est nouveau dans notre vie depuis la dernière fois que nous nous sommes rencontrés. Nous discutons éventuellement de nos dernières vacances, de la visite d'un ami commun ou des difficultés que nous avons avec l'un de nos clients.

Imaginez le Journal comme l'endroit de votre profil dédié à ces types de mises à jour ; celles que vous partagez régulièrement avec vos amis. Avec la mise à jour de votre Journal, vous informez vos amis sur les étapes clés (ou même les détails) et leur donnez une chance d'engager une conversation sur un sujet qui les intéresse.

Les utilisateurs publient dans leur Journal pour diverses raisons et à différentes fréquences. Voici les exemples d'informations que différents types de personnes peuvent ajouter dans leur profil :

- **Étapes importantes de la vie :** Certains utilisateurs se contentent d'ajouter sur leur profil quelques mots sur une étape de leur vie : un déménagement, un diplôme, un nouvel emploi ou un mariage. Par exemple : « Salut les amis, j'ai démissionné pour rejoindre un groupe de rock ! ».
- **Récit détaillé :** À l'autre extrême, il y a ceux qui racontent l'histoire de leur vie en précisant chaque petit détail. Il s'agit des personnes qui publient leurs activités quotidiennes, leurs pensées, leurs sentiments et leurs projets dans leur Journal. Vous savez quand ils sont en train de se reposer chez eux et quand ils sortent dîner, quand ils vont quitter le bureau et quand ils l'ont quitté. Vous savez aussi qu'ils ne sont pas contents parce que c'est lundi et qu'ils se réjouissent d'être vendredi. Vous savez qu'ils ont

un morceau de pop-corn coincé entre les dents et vous trépignez de savoir quand ils réussiront à s'en débarrasser.

- **Quelque chose à partager :** Certaines personnes consacrent leur Journal à la dissémination d'informations pratiques et appréciables pour leurs amis. Par exemple, elles vont poster des liens vers des morceaux de musique ou télécharger des photos intéressantes. Elles publient aussi de nouveaux articles ou écrivent des récits détaillés d'événements qui viennent de se produire et que les autres seront ravis d'apprendre. Même si ces sujets sont moins personnels que d'autres, ils donnent tout de même des indices sur ce que fait ce type d'ami.

- **Se rencontrer :** Certaines personnes utilisent leur Journal pour rencontrer leurs amis. Elles publient un post quand elles vont au parc ou au café ou projettent de visiter une nouvelle ville. Si un ami n'est pas loin et lit ce message, ils peuvent se rejoindre et passer un bon moment ensemble. Indiquer l'endroit où l'on se trouve actuellement peut avoir d'intéressants effets secondaires. Les amis qui lisent le post ne peuvent pas forcément vous rejoindre, mais ils ont une idée de ce que vous faites. Souvent, les parents aiment que leurs enfants ajoutent ce genre de posts qui leur donnent des indices sur leur vie au quotidien. Autre effet secondaire des posts géographiques : ils servent à partager un avis. Quelqu'un peut indiquer qu'il est dans un restaurant dont ses amis n'ont jamais entendu parler. Ils peuvent noter le nom du restaurant et demander des avis ultérieurement.

- **Rendre public :** Les posts publicitaires sont très rares sur les profils privés, mais plus courants sur les comptes et Pages de célébrités ou de marques. Les groupes musicaux peuvent rappeler à leurs fans une tournée à venir ou la sortie d'un nouvel album. Une entreprise peut informer ses clients d'un concours auquel certains voudront participer. Beaucoup d'artistes téléchargent leur travail sur le Web et utilisent leur statut pour indiquer à leurs amis et fans où ils peuvent trouver leurs œuvres les plus récentes.

Récemment, Jacques a décidé de déménager et a posté sur son Journal qu'il voulait sous-louer son appartement. Quelques réponses étaient intéressées : « Quand est-ce que je peux venir visiter ? », quand d'autres se voulaient plus utiles : « Besoin de cartons ? » ou juste curieuses : « Tu déménages ? Pourquoi ? Où ? Quand ? ».

Peu importe la manière dont vous remplissez votre Journal, à condition que vous l'utilisiez. Ainsi, vos amis et votre famille, surtout ceux qui sont loin, se sentent plus proches de vous, car ils savent ce que vous faites. En tenant votre Journal à jour, vous vous sentez aussi plus proche de vos amis. D'une part, ils peuvent laisser des commentaires sur vos posts, ce qui vous permet d'échanger avec des personnes qui ne partagent pas votre vie au quotidien. D'autre part, si vos amis connaissent les détails de votre vie, vous évitez les questions ennuyeuses du genre « Comment ça se passe au bureau ? Comment vont les enfants ? » et pouvez directement passer aux sujets intéressants, comme « Comment est-ce que tu t'es retrouvé dans cette tenue à bord d'une montgolfière ? »

TRUC

Dans les autres chapitres, nous décrivons le Journal comme un espace permettant à vos amis d'écrire sur votre profil. Dans ce chapitre, nous abordons le Journal comme un espace vous permettant d'écrire sur votre propre profil. Si vous préférez que le Journal soit uniquement utilisé dans ce sens, conformez-vous à ces quelques étapes :

1. **Cliquez sur l'icône du triangle dans la grande barre bleue.**
2. **Dans le menu local qui apparaît, choisissez Paramètres.**
3. **Dans la colonne de gauche de la page qui apparaît, cliquez sur Journal et identification, puis sur le lien Modifier de Qui peut publier dans votre journal ? de la section Qui peut ajouter des contenus sur mon journal ?.**
4. **Ouvrez le menu local, et choisissez Moi uniquement, comme à la Figure 7.1.**

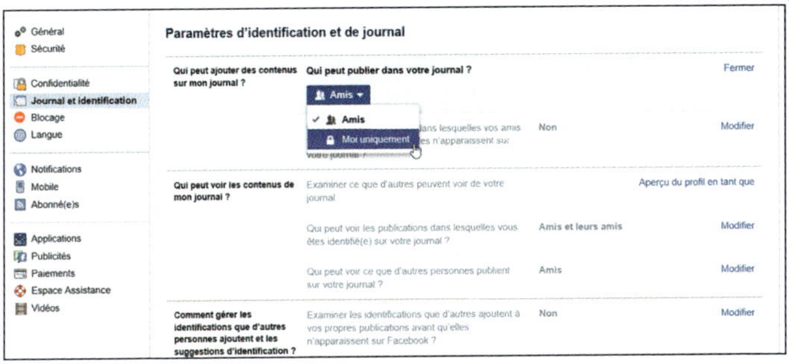

Figure 7.1 : Pour éviter que vos amis ne publient sur votre journal.

Tout et n'importe quoi

Le fil d'actualité est parfois appelé le fil d'accueil, car c'est le fil des mises à jour de vos amis visibles sur la page d'accueil Facebook. Vous y accédez quand vous vous connectez ou quand vous cliquez sur le lien Accueil situé dans la barre bleue. Le fil d'actualité rassemble tous les flux des amis auxquels vous tenez. Dès que vous vous connectez au site, vous voyez le flux de tout ce que vos amis ont fait récemment.

Au Chapitre 3, nous avons présenté le fil d'actualité. Nous y revenons ici, car il faut savoir que le fil d'actualité est bien plus qu'une simple liste numérotée de type « Il a fait ci, elle a fait ça ». En fait, c'est un outil de communication très puissant. Voici comment un utilisateur décrit son expérience avec le fil d'actualité :

> *Après mon diplôme, à chaque fois que j'ai déménagé ou changé de travail, j'ai rencontré de nouvelles personnes et en ai laissé d'autres derrière moi. Chacune de ces transitions imposait soit de laisser tomber des amis, soit d'avoir de plus en plus de personnes à appeler ou auxquelles envoyer un e-mail régulièrement jusqu'à ce que ça devienne une corvée plus que de l'amitié.*
>
> *Facebook a tout changé pour moi. Il se peut que je ne parle pas à un ami pendant une année, mais grâce au fil d'actualité, je vois les photos de ses voyages et je suis au courant de ses relations et des nouveautés dans sa vie. De la même manière, il peut voir ce que je fais quand je modifie mon*

> *statut, réponds à des événements ou écris sur le Journal d'un ami commun. Occasionnellement, je vois une photo de lui, je clique sur J'aime et je laisse un commentaire. Il sait quand j'assiste à la soirée d'anniversaire d'un ami commun et me demande de lui passer le bonjour de sa part.*

Jacques explique comment Facebook a amélioré ses relations avec sa famille :

> *Cela faisait dix ans que j'avais quitté la maison et j'appelais ma famille une fois par semaine. Parfois, il était difficile pour moi de savoir quels détails de ma vie intéressaient ma famille. Maintenant que nous sommes tous sur Facebook, mes parents et mes frères et sœurs voient quand je vais à une soirée, quand je passe le week-end à la montagne ou quand j'assiste à une conférence. Quand nous discutons au téléphone, je n'ai pas besoin de me remémorer tout ce que j'ai fait ; ma famille s'occupe elle-même de me le rappeler. Même si nous continuons à nous appeler une fois par semaine, nous échangeons souvent des articles, des pokes et jouons à la version en ligne du Scrabble.*

Les conseils suivants visent à ce que le fil d'actualité soit le plus intéressant possible pour vous :

- **Annuler l'abonnement :** L'affichage par défaut du fil d'actualité met en évidence chaque détail que chaque ami poste. Si vous avez beaucoup d'amis productifs, la quantité d'informations peut vite devenir ingérable. De temps en temps, vous pouvez lire des histoires qui ne vous intéressent pas, comme des posts d'un ancien camarade de classe avec qui vous n'avez plus rien en commun ou des publications d'un collègue que vous trouvez ennuyeux ou agressif. Quelle que soit la raison, dès que vous estimez que les posts d'un ami n'ont plus rien à faire dans votre fil d'actualité, annulez l'abonnement. Pour supprimer quelqu'un de votre fil d'actualité, accédez à son profil. Cliquez sur le bouton Abonné(e) situé sur sa photo de couverture. Dans le menu local qui apparaît, choisissez Ne plus suivre <nom du profil>, comme le montre la Figure 7.2.
- **Créer et utiliser des Listes d'amis :** Au Chapitre 4, nous détaillons les Listes d'amis. Nous vous rappelons ici à

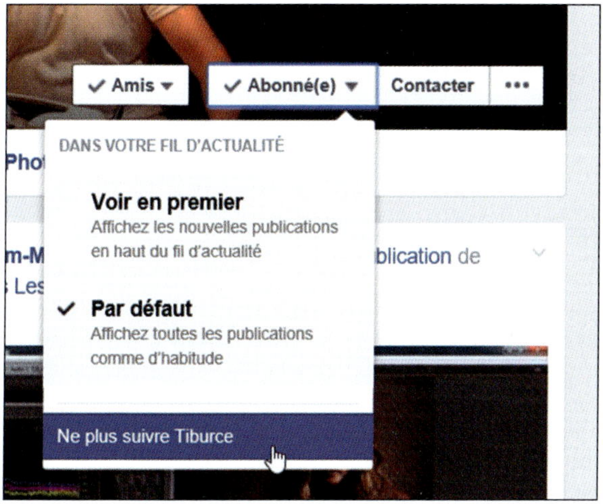

Figure 7.2 : Se désabonner d'un ami.

quel point elles sont utiles dans le fil d'actualité. Créez des listes qui reflètent les différentes façons de segmenter votre vie sociale. Certains utilisateurs créent des listes pour leurs collègues, leurs camarades de classe, leur famille, leurs connaissances, leurs meilleurs amis, leurs amis géographiquement proches, *etc*. Si vous avez créé de telles listes, elles servent de filtres dans votre fil d'actualité. Disons que vous avez créé une liste pour votre famille. Consultez-la avant de rentrer pour les vacances. Une liste d'amis proches (en opposition à la famille ou aux collègues) peut être utile pour savoir ce que chacun prévoit pour le week-end prochain. Pour créer une Liste, commencez par cliquer sur le bouton Accueil de la barre de titre bleue de Facebook. Ensuite, dans la colonne de gauche, cliquez sur le lien Plus de la section Amis. Enfin, dans la partie centrale de la page, cliquez sur le bouton Créer une liste.

Si vous avez une Liste d'amis dont vous aimez particulièrement avoir des nouvelles et avec laquelle vous aimez interagir, pensez à créer un groupe avec les personnes qui la composent. Les groupes vous permettent de poster des informations qui restent dans le cercle d'amis. Lisez le Chapitre 10 pour en savoir plus sur les groupes.

- **Contribuer :** Laissez des commentaires ou dites à vos amis quand vous aimez un post. Plus les conversations commencent bien et plus vos amis sentent que vous approuvez leur contenu, plus les relations sont actives et soutenues.

S'en tenir à l'essentiel

Il se peut que vous soyez en contact avec 10, 100 ou 500 amis sur Facebook dont la plupart sont actifs sur le site. L'utilisateur moyen de Facebook a 125 amis, tandis que certains en ont trois, et d'autres 5 000. Ensemble, vos amis réalisent des centaines d'actions par jour sur Facebook. Si vous figurez parmi ceux qui ont plus d'amis que la moyenne, il est quasiment impossible de vous y retrouver avec toutes ces actions. De plus, si vos amis Facebook s'étendent de votre meilleur ami à cette fille avec qui vous étiez en classe à l'école primaire, beaucoup de ces actions risquent de ne pas vous intéresser.

Pour vous aider à vous en sortir, Facebook classe les actualités de votre fil d'actualité dans deux catégories : À la une et Plus récentes. Les actualités récentes regroupent les nouvelles de tous vos amis, publiées par ordre chronologique inverse (la plus récente en haut). Notez que les amis que vous avez masqués du fil d'actualité ne s'affichent dans aucune des deux catégories. Les actualités à la une se distinguent des actualités récentes de deux manières :

- Les actualités à la une affichent les posts d'amis qui ont eu les retours les plus positifs ces derniers jours. Il peut s'agir d'une photo très commentée, d'une mise à jour de statut très appréciée ou d'un article écrit il y a plus d'un an et qui a été commenté par un ami.

- Comme les actualités à la une affichent un échantillon de toutes les histoires possibles et imaginables, elles restent affichées plus longtemps que dans la section Actualités récentes. Si vous vous connectez de temps en temps, les actualités à la une sont idéales pour vous. En revanche, si vous êtes constamment connecté, vous risquez d'être agacé de voir les mêmes actualités pendant si longtemps.

Pour choisir d'afficher les actualités à la une ou les plus récentes, affichez la page d'accueil de votre compte Facebook. Dans la colonne de gauche, ouvrez le menu local Fil d'actualité et choisissez l'une des deux options proposées, comme sur la Figure 7.3.

Figure 7.3 : Choisissez l'option d'affichage du Fil d'actualité.

Rechercher partout

Le Journal vous apprend tout sur une personne tandis que le fil d'actualité vous renseigne sur vos amis. La recherche vous permet d'en savoir plus sur un sujet, s'il a été abordé durant les 30 derniers jours.

Vous avez tous vécu l'expérience suivante : vous faites la queue au supermarché ou à la cantine, entendez des gens parler d'un sujet qui vous intéresse et vous joignez à la conversation. « Vous avez fait du parapente ce week-end ? J'adore le parapente. C'était comment ? », « Du parapente naturiste ? Ah ! N'en dites pas plus. » Dans d'autres cas, vous entendez une bribe de conversation, mais n'avez pas forcément envie d'y prendre part.

Maintenant, imaginez que vous puissiez entrer dans un lieu public et choisir d'écouter toutes les conversations ou seulement celles qui vous intéressent. L'utilisation de la recherche Facebook équivaut à vous asseoir au milieu de ce lieu où vos amis et les autres ont des conversations semi-publiques, à rechercher les sujets qui vous intéressent et à trouver des résultats d'abord auprès de vos amis. La recherche Facebook revient donc à dire « J'aimerais savoir si quelqu'un parle de ce sujet en ce moment » et à être transporté dans cette conversation comme par magie !

La Figure 7.4 montre une recherche effectuée sur le mot « concert ». Pour utiliser un filtre de recherche, tapez les

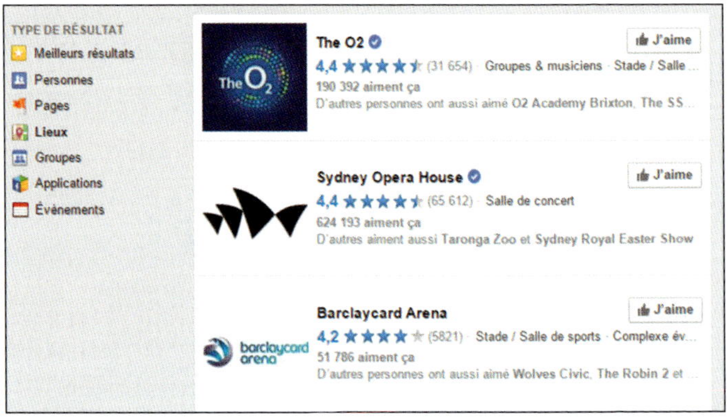

Figure 7.4 : Utilisez la recherche pour trouver des informations ciblées.

termes de votre recherche dans le champ situé dans la partie supérieure gauche de votre Facebook. Ensuite, dans la liste des résultats, cliquez sur Trouver plus de résultats pour <votre recherche>. Dans la colonne Type de résultat affichée sur la gauche, cliquez sur le filtre à appliquer comme Lieux. Ensuite, cliquez sur le lieu de concert dont vous souhaitez connaître les détails.

La recherche peut être utilisée de différentes façons, en fonction de vos besoins à un moment donné :

- **Sujets d'actualité :** La recherche est idéale pour prendre le pouls sur un sujet d'actualité comme une restructuration annoncée par la direction, le décès d'une célébrité ou le dernier discours du président. Rechercher des informations sur une actualité de dernière minute peut vous lancer dans une conversation avec vos amis ou le monde entier.
- **Faire des projets :** Si vous recherchez « week-end », vous avez de fortes chances de trouver ce que vos amis prévoient de faire ce week-end. Recherchez « dîner » pour voir si quelqu'un prévoit d'organiser un dîner. Les samedis, Jacques tape le nom de son parc préféré dans la zone de recherche pour voir si quelqu'un prévoit d'y aller.
- **Actualités pratiques :** La semaine dernière, Jacques s'apprêtait à prendre le train quand il a vu dans le post d'un ami qu'il était retardé. Il a commencé à travailler

chez lui en gardant un œil sur les informations à propos de son train. Dès que la situation s'est débloquée, il a pris ses affaires et s'est rendu au bureau. De la même manière, vous pouvez utiliser la recherche pour suivre le score d'un match, les résultats d'une élection ou pour savoir s'il faut s'équiper de chaînes sur certaines routes de montagne.

- **Recommandations :** Recherchez « dîner » pour consulter les mises à jour de vos amis sur les restaurants qu'ils ont testés récemment. Recherchez « film » pour connaître les films que vos amis sont allés voir ces derniers temps. Si leurs mises à jour n'indiquent pas s'ils ont aimé un restaurant ou un film, posez-leur simplement la question.

- **Réactions :** Les entreprises se servent de la recherche Facebook pour analyser les réactions face aux campagnes publicitaires ou aux bandes-annonces de films. Les artistes peuvent partager un nouveau morceau et utiliser la recherche Facebook pour voir comment il est accueilli.

En une seule recherche sur Facebook, vous pouvez avoir un condensé de ce que vos amis pensent à un moment donné.

N'OUBLIEZ PAS

Vos amis peuvent récupérer tout ce que *vous* publiez quand ils recherchent des mots qui figurent dans vos posts (à moins que vous empêchiez des amis de voir certains posts). Tous les utilisateurs de Facebook qui recherchent un terme peuvent trouver les éléments que vous postez et auxquels vous affectez l'option de confidentialité Public.

ATTENTION

La recherche se limite aux 30 derniers jours. Si vous recherchez une information plus ancienne, vous devez utiliser la bonne vieille méthode qui consiste à se souvenir de l'auteur du post et à le rechercher sur son profil. Facebook renvoie tout ce que vos amis ont publié durant les 30 derniers jours. Pour les autres, vous voyez seulement les mises à jour de statuts et les mises à jour mobiles.

Souvenirs, souvenirs

Au bout d'un certain temps d'activité sur Facebook, il se peut que vous ayez envie de revoir tous les posts, photos taguées et invitations que vous avez publiés sur le profil de vos amis. Facebook vous offre un moyen rapide de consulter tout ce que vous avez partagé avec un ami.

La page Vous et… affiche tous les posts et réponses que vous avez partagés avec un ami, les photos sur lesquelles vous êtes tagués, une liste des invitations à des événements auxquelles vous avez répondu ainsi que la liste de vos amis en commun. Cette page vous propose même une image de profil par défaut.

Pour visualiser la page Vous et… que vous partagez avec un ami, respectez les étapes suivantes :

1. **Entrez le nom de votre ami dans la zone de recherche de la barre bleue, en haut de votre profil.**

   En principe, il suffit de taper les premières lettres pour qu'une liste de noms s'affiche dans un menu déroulant.

2. **Sélectionnez le nom de votre ami dans le menu local.**

   Repérez le bouton représentant une roue (ou une fleur), localisé dans le coin supérieur droit.

3. **Cliquez sur le bouton orné de trois petits points à droite du bouton Contacter sur la couverture de son Facebook.**

4. **Dans le menu local qui apparaît, choisissez Voir les liens d'amitié, comme le montre la Figure 7.5.**

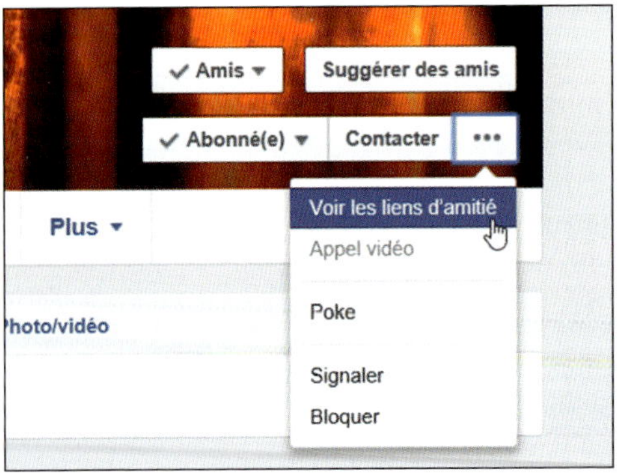

Figure 7.5 : Pour faire le bilan d'une amitié Facebook.

Facebook crée automatiquement la page Vous et…, illustrée dans la Figure 7.6. Elle affiche les posts les plus récents que vous avez partagés avec votre ami. Les messages sur le Journal, les photos sur lesquelles vous êtes tagués tous les deux, les groupes auxquels vous appartenez, les événements auxquels vous avez participé, les commentaires partagés sur des mises à jour de statut et les choses que vous aimez figurent dans la colonne centrale de cette page. Notez qu'elle ressemble fortement à votre profil, à la différence près qu'elle concerne deux personnes.

N'OUBLIEZ PAS

La page Vous et… affiche seulement le contenu Facebook que votre ami peut voir et *vice versa*. Si vous avez bloqué un ami de sorte qu'il ne puisse pas voir certaines photos, commentaires ou votre Journal, ce contenu n'apparaît pas sur la page Vous et…

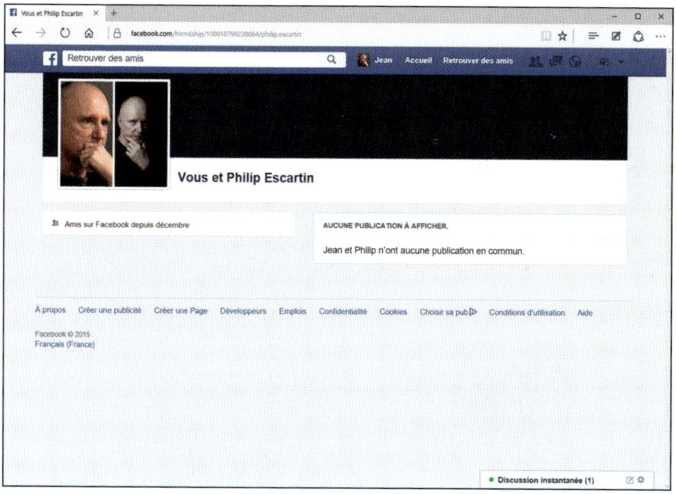

Figure 7.6 : Une page Facebook Vous et….

Chapitre 8

Photos, vidéos et articles sur Facebook

Dans ce chapitre :

- Télécharger, modifier et taguer des photos, vidéos et articles.
- Comprendre et utiliser la confidentialité pour ces applications.
- Garder la trace de ce qui est créé.

De nombreux utilisateurs ont l'impression d'être « perdus » sur Facebook. Ils ne sont pas perdus dans le mauvais sens (nous espérons bien éviter ça), mais ont le sentiment de s'abandonner dans un bon livre. C'est souvent le cas avec le fil d'actualité ou le profil d'un ami. Vous cliquez sur une photo qui vous interpelle, qui elle-même vous conduit vers un album que vous aimez, qui lui-même vous dirige vers une vidéo de vacances d'un ami, qui à son tour vous emmène vers le profil d'un autre ami qui a publié des tonnes de nouveaux articles sur sa vie. Heureusement que vous n'avez pas un éditeur derrière votre épaule qui vous demande si vous avez fini de rédiger le chapitre sur les photos, les vidéos et les articles !

Dans ce chapitre, nous vous donnons les bases pour vous permettre de partager vos photos, vidéos et articles avec vos amis. Votre profil va faire des envieux, car il va raconter l'histoire complète de votre vie de manière interactive. Après avoir créé votre liste d'amis et votre profil sur Facebook, attelez-vous à y ajouter du contenu riche que vous souhaitez partager avec vos amis. Par *contenu riche*, nous entendons un contenu qui a un peu plus de poids qu'une simple liste d'intérêts ou une rapide mise à jour de statut. Ces types de contenu (photos, vidéos et articles sur votre vie) sont très importants pour dessiner une image complète de votre vie. Un statut tel que « En Espagne ! » raconte une partie de votre histoire, mais un album photo de votre voyage ou un article qui précise votre itinéraire invite vraiment les gens à partager votre enthousiasme.

Photos, Vidéos et Articles sont des applications créées par Facebook qui vous permettent de télécharger et de partager respectivement des photos, des vidéos et des articles. Dans ce chapitre, nous vous expliquons comment utiliser ces applications et en quoi elles améliorent votre profil Facebook.

Points communs des applications

Nous étudions chaque application séparément, mais vous invitons à noter les quelques points qu'elles ont en commun. Ces caractéristiques ne constituent pas le fond de ces applications, mais elles méritent d'être mentionnées :

- **Taguer :** Le tag permet d'identifier des gens sur vos photos, vos vidéos et vos articles. Nous aborderons ce sujet plus tard, sachant qu'il s'applique aux trois applications.
- **Commenter et aimer :** Commenter et aimer permettent à vos amis d'interagir avec le contenu que vous postez ; pas uniquement vos photos, vidéos et articles, mais bel et bien tout le contenu que vous publiez dans votre Journal.
- **Confidentialité :** Comme pour la plupart des éléments sur Facebook, vous pouvez contrôler la confidentialité de ce que les autres personnes peuvent voir, que ce soit une photo que vous ajoutez ou un article qu'un ami écrit sur vous.

Nous vous apprenons à taguer, commenter, « aimer » et configurer la confidentialité au fur et à mesure de la présentation des applications. Alors, gardez ces termes à l'esprit !

Photos et Vidéos

L'application Photos de Facebook est l'une des applications de partage de photos les plus utilisées sur le Web. Cela peut paraître surprenant, car des sites existants sont entièrement dédiés au stockage, à l'affichage et au partage de photos, alors que l'application Photos est juste une pièce du puzzle Facebook. Mais comme nous l'avons déjà mentionné, le fait que *tous* vos amis soient sur Facebook et utilisent Photos concentre en un endroit toutes les photos de vous, celles que vous avez prises et celles de vos amis.

L'application Vidéos de Facebook, intégrée dans l'application Photos, offre aussi un espace unique pour télécharger, enregistrer et partager des vidéos avec vos amis. Elle fournit des possibilités très intéressantes comme envoyer un message vidéo et publier une vidéo sur un Journal. Vous pouvez montrer à tous vos amis cette fameuse vidéo qui traîne sur votre ordinateur depuis si longtemps. Quelle que soit la nature de votre vidéo, elle a certainement sa place sur Facebook !

L'objectif de ces deux applications est de faire en sorte que vos photos et vidéos ne prennent plus la poussière dans un vieux placard, mais soient visualisées, partagées et commentées. Comme elles sont plus faciles à partager avec vos amis, elles prennent de la valeur à vos yeux.

La page Photos

La page Photos est celle dans laquelle vous basculez quand vous cliquez sur Photos dans la colonne gauche de votre page d'accueil. Elle contient toutes les images que vous avez postées ou téléchargées et celles dans lesquelles d'autres amis ou utilisateurs vous ont tagué.

Vous retrouvez également cette page Photos dans le profil de vos amis, en cliquant sur l'onglet Photos de leur Journal. La Figure 8.1 montre la page Photos avec ses différents onglets :

- **Photos de vous :** Cet onglet regroupe les photos dans lesquelles vous avez été tagué.

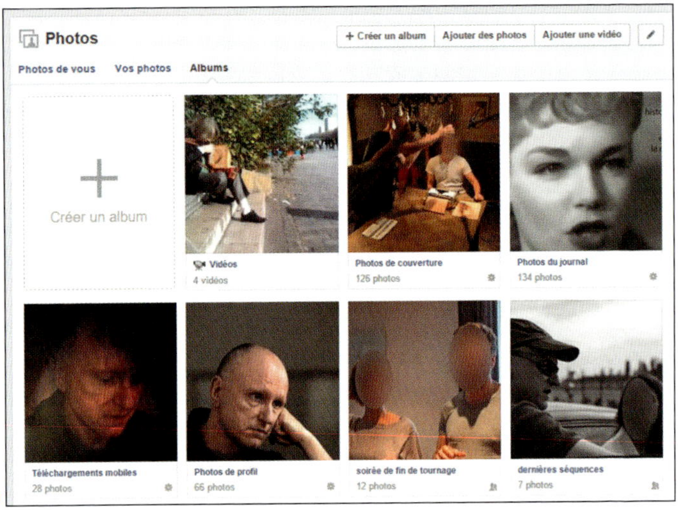

Figure 8.1 : Observez la page Photos pour visualiser les ajouts de photos et les modifications récentes.

- **Vos Photos :** Cet onglet rassemble toutes les photos que vous ou vos amis avez téléchargées sur Facebook.
- **Albums :** Cet onglet présente vos photos (ou celles de vos amis) par albums, à savoir :
  - **Vidéos :** Cette rubrique affiche toutes les vidéos que vous ou vos amis avez ajoutées récemment.
  - **Photos de couverture :** Cette rubrique regroupe les photos que vous ou vos amis avez choisies en guise d'images de couverture, dont celle qui en fait actuellement office.
  - **Photos du journal :** Cette rubrique affiche les photos que vous ou vos amis avez postées sur votre ou leur Journal afin qu'elles apparaissent dans le fil d'actualité.
  - **Téléchargements mobiles :** Cette rubrique affiche tout ce que vous ou vos amis avez téléchargé depuis un téléphone portable. Les téléchargements mobiles vous donnent une idée de ce que vos amis sont en train de faire. Peut-être qu'ils mangent un repas original, qu'ils sont assis sur la plage ou qu'ils viennent de trouver une chaussure abandonnée dans la rue.

- **Photos du profil :** Cette rubrique regroupe les photos que vous ou vos amis avez choisies en guise d'images de profil, dont celle qui en fait actuellement office.
- **Albums personnels :** Viennent ensuite les albums thématiques que vous ou vos amis avez créés et nommés afin d'y regrouper des photos.

Consulter un album

Qu'il soit dans votre Journal ou sur celui d'un de vos amis, vous pouvez parcourir un album de photo en photo.

Cliquez sur la photo de votre choix, et elle s'affiche en grand à l'écran. Survolez-la, et une série d'options apparaissent. Repérez notamment les flèches placées à gauche et à droite de l'image : il suffit de cliquer dessus pour consulter les photos précédentes et suivantes du même album.

Télécharger des photos et des vidéos

Facebook fournit un espace pratique pour vos photos et vidéos, car vous pouvez les organiser dans des albums et les partager avec ceux qui souhaitent les voir. Vous avez la possibilité de télécharger ces éléments pour des événements tels que des soirées ou des voyages, pour une sélection de photos à montrer absolument ou une vidéo folle de vous et vos amis, prise avec votre téléphone portable.

Dans la zone de publication d'un post de la page d'accueil, cliquez sur Photos/vidéos pour poster des photos ou des vidéos. La zone illustrée dans la Figure 8.2 s'affiche. Elle vous propose deux options pour publier votre contenu.

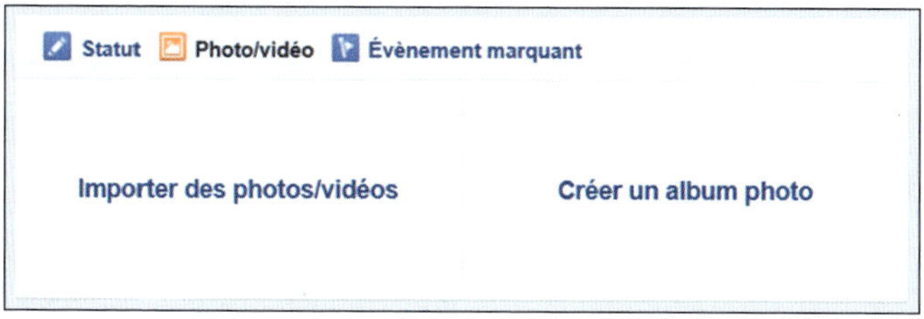

Figure 8.2 : Choisissez comment publier vos photos.

Les options sont les suivantes :

- **Importer des photos/vidéos :** Utilisez cette option si vous disposez d'une photo que vous voulez partager en la postant dans votre Journal. Quand vous téléchargez une seule photo, elle s'insère automatiquement dans l'album appelé Photos du journal, créé par Facebook.
- **Créer un album photo** : Utilisez cette option si vous voulez montrer une sélection de photos. Si vous cliquez sur cette option, vous démarrez un processus que nous détaillons dans la prochaine section, intitulée « Importer des photos ».

L'autre possibilité pour télécharger des photos et des vidéos consiste à cliquer sur les boutons situés en haut de la page Photos. Nous utilisons cette méthode pour vous indiquer les instructions nécessaires pour télécharger des photos et des vidéos.

Importer des photos

Si vous êtes prêt à ajouter un album, utilisez la page Photos ou la zone de publication pour y parvenir. Respectez les étapes suivantes :

1. **Depuis votre profil, cliquez sur l'onglet Photos situé sous votre couverture pour accéder à la page Photos.**
2. **Cliquez sur le bouton Ajouter des photos.**

   Cette action ouvre une fenêtre du Finder ou de l'Explorateur (tout dépend si vous utilisez Mac ou PC) que vous pouvez utiliser pour trouver les photos souhaitées. La Figure 8.3 vous propose la version PC.
3. **Sélectionnez la photo que vous voulez inclure dans l'album.**

   ATTENTION

   Vous ne pouvez pas sélectionner plusieurs photos. Pour télécharger plusieurs images, vous devez créer ou ouvrir un album.
4. **Quand vous avez choisi la photo souhaitée, cliquez sur Ouvrir ou OK.**

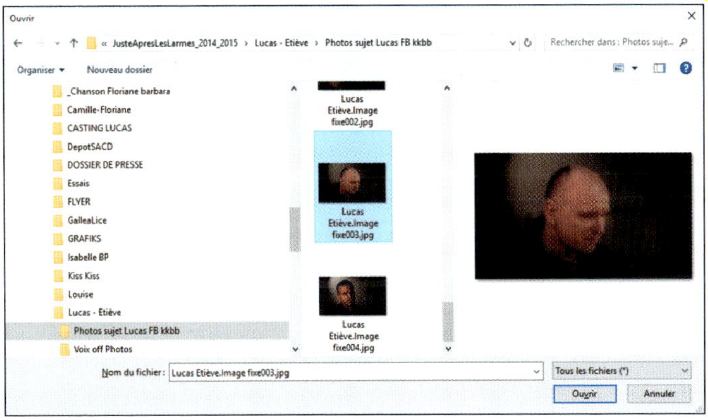

Figure 8.3 : Sélectionnez vos meilleurs clichés pour créer un album.

5. **Spécifiez les informations pendant que votre photo se charge.**

   Le téléchargement de la photo commence. Pour ajouter d'autres images pendant le téléchargement en cours, cliquez sur la vignette +, et répétez la procédure, comme à la Figure 8.4.

6. **Cliquez sur le bouton Publier.**

Figure 8.4 : Téléchargez une ou plusieurs photos.

TRUC

Il est également possible d'importer plusieurs images simultanément en effectuant une multisélection avec la souris et la touche Maj ou Ctrl de votre clavier.

Vous pouvez également créer des albums thématiques dans lesquels vous téléchargerez plusieurs photos simultanément. Voici comment procéder :

1. **Accédez à la page Photos, puis cliquez sur le bouton Créer un album.**

   Cette action ouvre le Finder ou l'Explorateur de fichiers Windows pour que vous sélectionniez les photos de votre album.

2. **Parcourez vos disques durs et vos dossiers pour localiser les photos à importer.**

3. **Effectuez une multisélection de vos images à l'aide des touches Maj ou Ctrl (Cmd), et cliquez sur le bouton Ouvrir ou OK.**

   Pendant ce téléchargement multiple illustré à la Figure 8.5, vous pouvez compléter les champs suivants :

   - *Album sans titre :* Ce champ vous invite à préciser le nom de l'album. Il est obligatoire.
   - *Dites quelque chose à propos de cet album :* Ce champ permet de décrire le contenu de l'album.
   - *Où ont-elles été prises ? :* Entrez le nom du lieu où les photos ont été prises. Ce champ est facultatif.
   - *Ajouter la date :* Cliquez sur le bouton Utiliser la date des photos ou sur Choisissez une date pour saisir vous-même la date.

   Vous disposez également d'un champ de description sous chaque photo de l'album, que vous pouvez remplir, ainsi que d'une zone pour préciser le lieu de la prise de vue.

   Remarquez également la présence de carrés sur les visages présents dans vos photos : ils permettent d'identifier (ou « taguer ») des personnes. Nous y reviendrons plus loin dans ce chapitre.

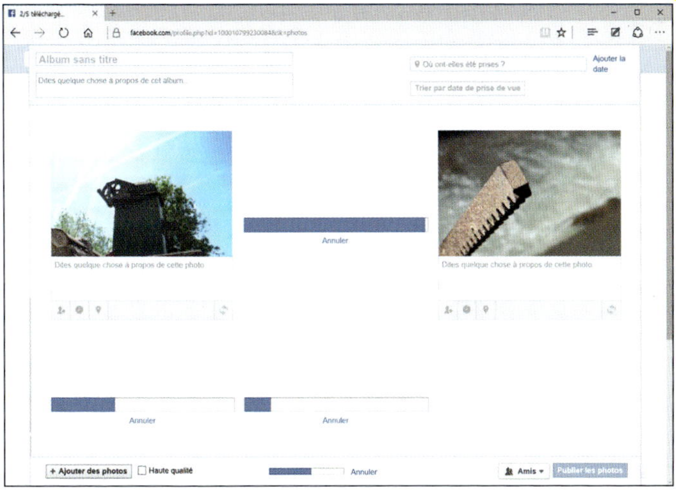

Figure 8.5 : Saisissez les informations concernant l'album dans cette fenêtre.

4. **Dans la partie inférieure gauche de la page, ouvrez le menu pour définir le niveau de confidentialité de l'album, puis cliquez sur le bouton Publier les photos.**

TRUC

En fonction de votre navigateur, vous serez peut-être invité à certifier que vous avez confiance en Facebook dès que vous téléchargez des photos.

5. **L'album photo que vous venez de créer s'affiche (voir Figure 8.6).**

Une fois l'album publié, quatre boutons sont à votre disposition :

Figure 8.6 : Votre nouvel album photo.

- **Transformer en album partagé :** Cet album pourra alors être alimenté en photos par toutes les personnes que vous autoriserez.
- **Modifier :** Pour apporter des modifications à votre album, comme ajouter des photos, changer la date, le supprimer, *etc.*
- **Identifier :** Permet d'indiquer la présence d'amis Facebook sur vos images.
- **Icône engrenage :** Donne accès à des commandes pour Obtenir le lien de l'album afin de le communiquer par mail et ainsi permettre à tout un chacun de consulter l'album ; Télécharger l'album pour importer son contenu sur votre disque dur ; Supprimer l'album pour le faire disparaître à tout jamais.

Télécharger une vidéo

Télécharger une vidéo sur un site Web signifie sortir au grand air (ou pas), enregistrer quelque chose et le transférer de votre Caméscope, appareil photo numérique ou téléphone portable sur votre ordinateur. Nous supposons que vous avez déjà réalisé cette partie et restons devant notre écran. Pour télécharger une vidéo sur Facebook :

1. **Cliquez sur Photos dans la colonne à gauche, ou sur l'onglet Photos de votre profil.**
2. **Cliquez sur le bouton Ajouter une vidéo, situé dans le coin supérieur droit.**

   La boîte de dialogue Importer une vidéo s'affiche, comme à la Figure 8.7.
3. **Cliquez sur le bouton Choisir un fichier, et sélectionnez un fichier vidéo dans votre ordinateur.**
4. **Indiquez le titre de la vidéo, donnez-en une description, et indiquez le lieu de son tournage. Ensuite, choisissez son niveau de confidentialité.**
5. **Cliquez sur le bouton Publier.**

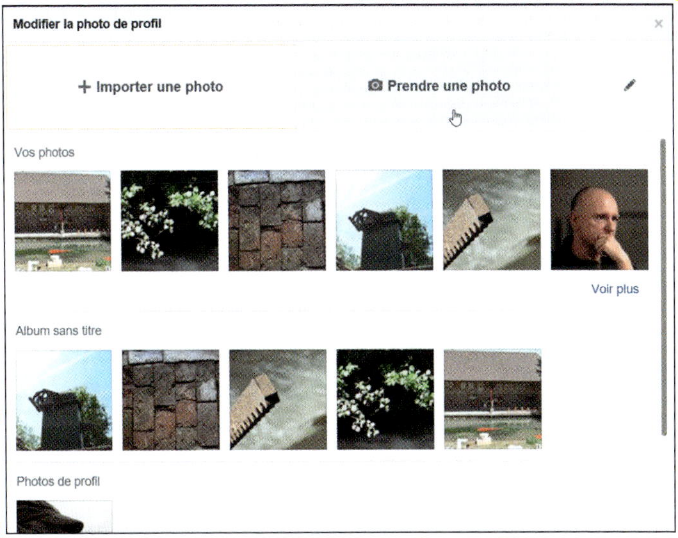

Figure 8.7 : Importer une vidéo.

En fonction de la durée et de la taille de votre fichier vidéo, son téléchargement risque de prendre quelques minutes. Votre vidéo ne sera pas effacée si vous abandonnez cette boîte de dialogue.

À la fin du téléchargement, une notification vous informe de la réussite de l'opération, et la page correspondant à votre vidéo s'affiche.

Prendre une photo

Si votre ordinateur est équipé d'une webcam, vous avez la possibilité de l'utiliser pour vous prendre en photo directement sur Facebook afin de créer une photo de profil.

1. **Dans votre page de profil, survolez votre photo de profil, puis cliquez sur Modifier la photo de profil.**
2. **Dans la boîte de dialogue qui apparaît, cliquez sur l'option Prendre une photo, comme à la Figure 8.8.**
3. **Dans la fenêtre qui apparaît, autorisez Facebook à utiliser votre webcam.**

Figure 8.8 : Prendre une photo.

Votre webcam s'active et l'écran reflète ce que la webcam filme.

4. **Dès que vous êtes prêt à tirer votre portrait, cliquez sur le bouton Prendre une photo.**

   Un compte à rebours de 3 secondes s'affiche au centre de l'écran, puis la photo est prise.

5. **Si le résultat ne vous convient pas, cliquez sur Reprendre la photo. Dans le cas contraire, cliquez sur Enregistrer.**

   La photo que vous venez de prendre remplace aussitôt votre photo de profil.

6. **Pour quitter sans prendre de photo, cliquez sur le bouton X situé dans l'angle supérieur droit de cette petite fenêtre.**

Modifier et taguer des photos et des vidéos

Pour nous, modifier des albums photo et des vidéos ne signifie pas les retoucher avec un logiciel de traitement d'image. Il s'agit plutôt de modifier l'affichage et la visualisation de ces éléments. Nous explorons cette possibilité pour les photos et pour les vidéos. Notez que l'objectif est de permettre à vos amis de trouver et d'apprécier vos téléchargements plus facilement.

Modifier des photos

Après avoir téléchargé les photos de votre album, vous disposez de plusieurs options. Pour modifier un album à tout moment, cliquez sur l'onglet Photos de votre profil, puis sur Vos photos. Cliquez sur la photo à modifier afin de l'ouvrir en grand à l'écran. À droite figure une série d'options de modifications, illustrées dans la Figure 8.9. Cliquez indifféremment sur Ajouter une description, Ajouter un lieu Identifier, ou Modifier afin d'afficher un formulaire avec les champs suivants :

- **Ajouter une description :** Ici, vous pouvez ajouter une légende à vos photos.
- **Avec qui étiez-vous ? :** Indiquez le nom des personnes présentes sur la photo ou au moment de la prise de vue.
- **Où cette photo a-t-elle été prise ? :** Indiquez le lieu de la prise de vue.
- **Date :** Utilisez les listes déroulantes de la zone suivante pour indiquer la date de la prise de vue.
- **Ajouter l'heure :** Cliquez sur ce lien pour indiquer l'heure de la prise de vue.
- **Amis :** Réglez le niveau de confidentialité de la photo, autrement dit choisissez qui peut la voir : vous seulement, vos amis, tout le monde, *etc.*

Cliquez sur Modification terminée pour enregistrer les changements que vous venez d'apporter.

Toujours à côté de la photo affichée en grand, vous disposez d'un bouton Identifier. Nous y revenons très bientôt.

Pour quelques options de modification supplémentaires, cliquez sur le bouton Options sous la photo affichée en grand. Un menu local s'affiche avec des options pour l'essentiel semblables à celles présentées ci-dessus, complétées des suivantes (voir Figure 8.10) :

- **Pivoter à gauche** et **Pivoter à droite :** Pour modifier l'orientation de la photo.
- **Télécharger :** Pour enregistrer la photo sur votre disque dur.

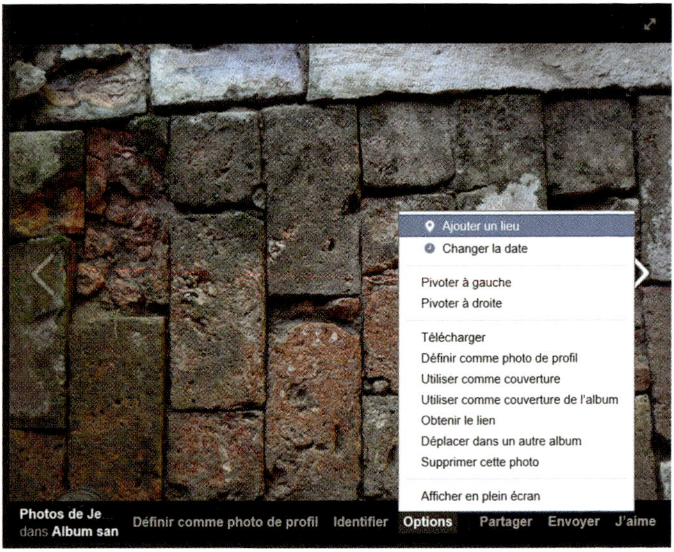

Figure 8.9 : Modifier les informations sur votre photo.

Figure 8.10 : D'autres options de modification de votre photo.

- **Définir comme photo de profil :** Pour utiliser cette image en guise de photo de profil Facebook.
- **Utiliser comme couverture :** Pour faire de cette photo la couverture de votre Journal.
- **Utiliser comme couverture de l'album :** Pour que cette photo soit celle de la couverture de l'album auquel elle appartient.
- **Obtenir le lien :** Pour afficher le lien permettant d'afficher directement la photo, afin de le copier et de l'envoyer à un contact par e-mail.
- **Déplacer dans un autre album :** Permet de retirer la photo de l'album auquel elle appartient pour la placer dans un autre.
- **Supprimer cette photo :** Pour retirer la photo de Facebook.
- **Afficher en plein écran :** Pour que l'image envahisse votre écran.

Si vous recherchez des options avancées pour le traitement des images, comme la correction des yeux rouges ou le recadrage, installez un logiciel adapté et traitez vos photos avant de les télécharger sur Facebook ou utilisez une autre application de retouche sur Facebook.

Éditer des photos

Il est possible d'éditer des photos avant de les importer. Pour cela, procédez à une importation classique et avant de cliquer sur le bouton Publier de la boîte de dialogue Ajouter des photos, conformez-vous aux étapes suivantes :

1. **Placez le pointeur de la souris sur la vignette de la photo.**
2. **Cliquez sur l'icône du pinceau qui apparaît, comme le montre la Figure 8.11.**

   Cette action ouvre la boîte de dialogue Modifier votre photo, illustrée à la Figure 8.12.

Figure 8.11 : Modifier une photo avant de l'ajouter.

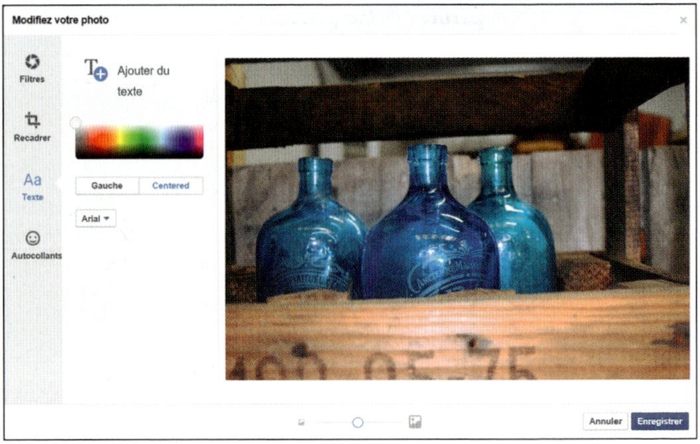

Figure 8.12 : La boîte de dialogue Modifier votre photo.

3. **Utilisez les commandes de la colonne de gauche :**

   - **Filtres :** Ils apportent quelques modifications sommaires de couleur, de luminosité et de contraste. Bizarrement, ils portent des noms de saison. Neige convertit votre image en noir et blanc.

   - **Recadrer :** Permet d'éliminer des portions inutiles d'une image, mais aussi d'appliquer un recadrage carré, et de faire pivoter l'image.

- **Texte :** Les commandes de texte, illustrées à la Figure 8.13, permettent d'insérer du texte sur l'image. Cliquez sur Ajouter du texte, et tapez votre texte dans la zone qui apparaît sur l'image. Redimensionnez-le en agissant sur la poignée supérieure droite de la zone de texte. Choisissez la police dans le menu local Arial (police par défaut). Alignez le texte en cliquant sur le bouton Gauche ou Centered, et choisissez une couleur directement dans le nuancier.

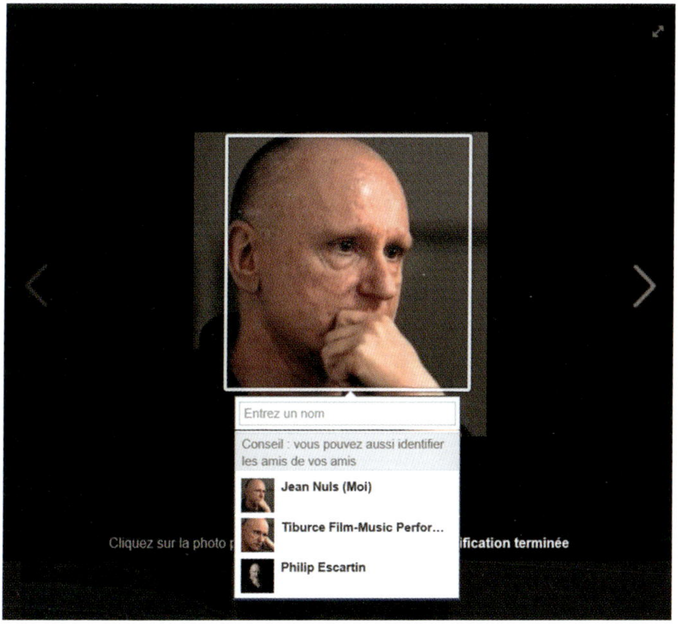

Figure 8.13 : Ajouter du texte à une image.

- **Autocollants :** Permet d'insérer des autocollants animés, identiques à ceux que vous utilisez dans la messagerie instantanée de Facebook.

4. **Une fois les modifications effectuées, cliquez sur le bouton Enregistrer.**
5. **Cliquez sur Publier.**

Supprimer une photo

Pour supprimer une photo, survolez-la dans la page Photos, puis cliquez sur le bouton Modifier ou supprimer (icône d'un crayon). Cliquez sur Supprimer cette photo dans le menu local qui s'affiche.

Modifier un album

Vous pouvez également modifier les photos au sein d'un album. Cliquez sur l'onglet Albums dans la page Photos, puis sur l'album de votre choix. Cliquez ensuite sur le bouton Modifier. Une page s'affiche avec toutes les photos de l'album sous forme de miniatures. Entrez une légende dans la zone sous les miniatures. Facebook n'impose aucune règle pour les légendes. Vous pouvez ne pas ajouter de description, indiquer où la photo a été prise ou faire une bonne blague sur son contenu. Cette zone contient d'ailleurs un champ de saisie pour indiquer le lieu de la prise de vue.

Sous le titre de l'album, en haut de la page, vous avez également la possibilité d'ajouter une description de l'album, et d'indiquer le(s) lieu(x) des prises de vue. Toujours en haut de la page, à droite, vous pouvez modifier la date en cliquant sur le bouton Changer la date, ajouter des photos en cliquant sur le bouton du même nom, et supprimer la totalité de l'album avec le bouton orné d'une poubelle.

N'oubliez pas d'enregistrer vos modifications en cliquant sur Terminé.

Taguer des photos

Taguer (le détail qui fait que l'application Photos de Facebook est si pratique et appréciée) consiste à identifier les personnes qui figurent sur vos photos. Imaginez que vous prenez vos photos, que vous les imprimez, que vous les classez dans des albums et que vous créez un énorme tableau qui énumère les photos et les personnes photographiées. Ensuite, vous fusionnez votre tableau avec ceux de vos amis. C'est le travail du tag. Quand vous taguez un ami sur une photo, son profil est associé à la photo et il reçoit une notification lui indiquant que vous l'avez tagué. Vos amis ont ensuite la possibilité de supprimer un tag s'ils ne veulent pas que la photo soit associée à leur profil.

Pour taguer une photo, suivez ces étapes :

1. **Affichez une photo en cliquant dessus.**
2. **Cliquez sur le bouton Identifier qui apparaît sous la photo lorsque vous y placez le pointeur de la souris.**

   Un carré apparaît sur chaque visage de la photo et une liste de suggestion s'affiche, comme le montre la Figure 8.14.

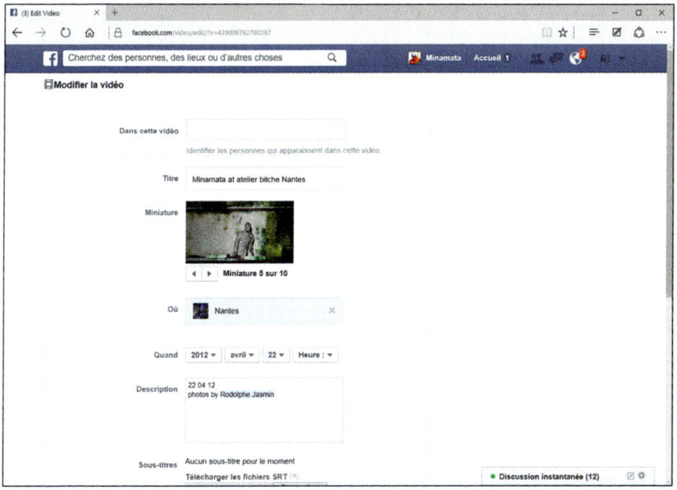

Figure 8.14 : Identifier une personne sur une photo.

   Quand vous taguez un album, les personnes taguées sont enregistrées en haut de la liste pour vous faciliter le travail si jamais elles figurent sur d'autres photos de l'album.

   Dès que vous sélectionnez le nom de la personne sur la photo, il s'affiche sous la légende. Vous pouvez vous taguer vous-même en entrant votre nom ou juste « Moi ».

3. **Pensez à cliquer sur Identification terminée quand vous avez fini.**

TRUC

Si un ami figurant sur une photo n'est pas sur Facebook, vous pouvez quand même le taguer. Tapez son nom et il apparaîtra à côté des autres.

Pour supprimer une personne taguée sur une photo, survolez son nom à côté de la photo, puis cliquez sur Supprimer l'authentification.

TRUC

Lorsque Facebook n'identifie pas de visage sur une photo, vous devez vous-mêmes créer le cadre d'identification. Dans ce cas, cliquez simplement sur l'image. Un carré apparaît et une liste de suggestions. Soit vous tapez directement l'identification, soit vous effectuez une sélection dans la liste. Enfin, validez l'authentification par un clic sur Identification terminée.

Taguer des photos d'amis

Certaines personnes sont un peu fainéantes et réticentes à l'idée de taguer leurs photos, car elles estiment que cela prend trop de temps et que les gens finiront bien par trouver leurs photos. La bonne nouvelle est que vous pouvez les aider. Quand vous voyez une photo avec des amis qui ne sont pas tagués, procédez exactement comme expliqué dans la précédente section. La personne qui a ajouté la photo et les personnes taguées recevront une notification. Il est possible pour cette personne de refuser l'identification (si son compte est paramétré pour), ou de retirer ladite identification.

Modifier et taguer des vidéos

Par rapport aux nombreuses fenêtres nécessaires pour modifier un album photo, modifier une vidéo est très simple. Que vous téléchargiez ou enregistriez des vidéos, vous disposez d'une fenêtre de modification, dont les champs et options sont semblables à ceux proposés pour les photos. Pensez à ajouter une bande-son ou à monter la vidéo avant de la télécharger sur Facebook.

Ouvrez la page Photos de votre profil, puis cliquez sur l'onglet Albums, et sur l'album Vidéos. Il vous reste à cliquer sur la vidéo à modifier pour l'afficher en grand. Cliquez sur le bouton Options sous la vidéo, puis sur Modifier cette vidéo. La page

Modifier la vidéo s'affiche, avec ses champs à compléter (voir Figure 8.15) :

Figure 8.15 : Fenêtre pour modifier une vidéo.

- **Dans cette vidéo :** Cette option est identique à celle pour taguer une photo ou un article. Entrez simplement le nom de tous vos amis qui apparaissent dans la vidéo et sélectionnez-les dans la liste qui s'affiche. Ils reçoivent ensuite une notification leur indiquant qu'ils ont été tagués dans une vidéo et peuvent supprimer le tag s'ils le souhaitent. Quand vous enregistrez une vidéo depuis une webcam, vous êtes automatiquement tagué.
- **Titre :** Nom de votre vidéo. Laissez libre cours à votre imagination pour attribuer un nom original à votre vidéo. Si vous ne spécifiez pas de titre, la date d'enregistrement ou de téléchargement s'impose automatiquement comme titre.
- **Miniature :** Cliquez sur les flèches pour parcourir des images fixes de la vidéo que vous pouvez utiliser comme vignette de couverture de la vidéo.
- **Où :** Indiquez le lieu de tournage de la vidéo.

- **Quand :** Indiquez la date et éventuellement l'heure où la vidéo a été filmée.
- **Description :** Ce champ vous invite à décrire le déroulement de la vidéo, même si les vidéos parlent souvent d'elles-mêmes.
- **Sous-titres :** Permet d'ajouter un fichier de sous-titrage au format .str.
- **Ancrage :** Si vous cochez cette option, votre vidéo ne pourra pas être insérée dans le site Web d'un internaute.
- **Catégorie :** Ouvrez ce menu local pour choisir la catégorie à laquelle appartient votre vidéo, comme Divertissement, Famille, *etc.*
- **Confidentialité :** Les options de confidentialité des vidéos sont propres à chaque vidéo. C'est pourquoi vous pouvez choisir l'option la plus appropriée à chacune de vos vidéos. Elles sont quasiment identiques à celles décrites dans la section « Découvrir la confidentialité », proposée plus loin dans ce chapitre. Consultez le Chapitre 5 pour un aperçu complet des paramètres de confidentialité.

Pensez à cliquer sur Enregistrer pour valider vos modifications.

Pour supprimer la vidéo, vous disposez d'un bouton Supprimer au bas de la page Modifier la vidéo.

Visualiser les photos et vidéos de soi

Par *photos et vidéos de soi*, nous entendons les photos et vidéos sur lesquelles vous êtes tagué. Peut-être les avez-vous taguées vous-même ou alors vos amis vous ont tagué. La méthode la plus courante pour voir les photos de soi est de cliquer sur Photos de *[votre prénom]*, sous votre photo de profil. La plupart de vos amis ont accès à cette page, mais les photos et vidéos qu'ils voient peuvent varier d'un ami à l'autre. Pour en savoir plus, lisez la section à venir « Découvrir la confidentialité ».

Ici, vous pouvez consulter toutes les photos et vidéos de vous que vous avez taguées ainsi que celles que les autres ont taguées. Rappel : si une photo ou une vidéo de vous que vous n'aimez pas a un tag, vous êtes libre de le supprimer.

Remarque : Si la présence d'une photo ou d'une vidéo sur Facebook vous dérange, même après avoir supprimé le tag, parlez-en à l'ami qui l'a publiée et demandez-lui de la supprimer.

Vos amis peuvent commenter toutes vos photos et vidéos et vous pouvez commenter les leurs (voir Chapitre 9 pour plus d'informations sur la communication par le biais des commentaires). Vous avez la possibilité de supprimer les commentaires que vous laissez ainsi que les commentaires sur vos photos que vous n'aimez pas ou que vous estimez inappropriés. Les commentaires de vos albums figurent sous les photos qu'ils contiennent.

À la recherche de l'album Photos du profil

Facebook crée automatiquement un album de toutes vos photos de profil. Il s'intitule Photos du profil. Dès que vous téléchargez une nouvelle photo de profil (voir Chapitre 2), elle s'insère dans l'album Photos du profil.

Pour y accéder, cliquez sur votre photo de profil actuelle. L'album s'ouvre en plein écran. Cliquez sur les flèches de part et d'autre de l'image en cours pour parcourir vos photos de profil. Il suffit de cliquer sur une photo pour modifier sa légende, la taguer ou la supprimer.

Il est possible de réutiliser automatiquement une photo de cet album comme photo de profil. Cliquez simplement sur la photo pour l'afficher en grand format. Ensuite, cliquez sur le bouton Options. Dans le menu local qui apparaît, choisissez Définir comme photo de profil.

Découvrir la confidentialité

La confidentialité de vos photos et vidéos concerne d'une part les paramètres de confidentialité propres à chaque album ou vidéo, d'autre part les paramètres de confidentialité appliqués aux photos et vidéos sur lesquelles vous êtes tagué. L'interaction entre les paramètres de confidentialité des photos de vos amis sur lesquelles vous êtes tagué et les paramètres de vos albums peut être un peu confuse. C'est pourquoi nous en faisons la distinction.

Confidentialité des albums et des vidéos

Imaginons que vous créez un album intitulé *Journée à la plage*. L'un des premiers choix que vous devez faire concerne le niveau de confidentialité. Les options possibles en termes de visibilité sont détaillées ci-après, de la plus ouverte à la plus stricte. Elles sont identiques pour les vidéos que vous téléchargez :

- **Public :** Ce paramètre indique que tout le monde peut voir l'album. Cela ne signifie pas forcément que tout le monde *va voir* l'album. Par exemple, si Jacques publie un album et si Carolyn (qui n'est pas son amie et n'est pas connectée par le biais d'amis communs ou d'un réseau) recherche Jacques et consulte son profil, elle est en mesure de voir l'album.
- **Amis :** Seuls vos amis confirmés peuvent voir les photos de *Journée à la plage*.

  Amis sauf connaissances : Les amis que vous avez classés comme connaissances ne pourront pas accéder à l'album.
- **Moi uniquement :** Vous seul êtes autorisé à voir les photos de *Journée à la plage*.
- **Personnalisé :** Les paramètres de confidentialité personnalisés peuvent être ouverts ou fermés. À vous de choisir. Peut-être souhaitez-vous réserver l'accès à *Journée à la plage* aux personnes présentes ce jour-là. C'est possible avec les paramètres personnalisés. Le Chapitre 5 révèle

tous les secrets d'utilisation des paramètres personnalisés.

N'OUBLIEZ PAS

Par défaut, quand vous commencez à utiliser Facebook, les albums et les vidéos que vous ajoutez sont visibles par tous (Public). Si cette option ne vous convient pas, pensez à configurer les paramètres de confidentialité quand vous ajoutez de nouvelles photos et vidéos.

Confidentialité des photos et vidéos de soi

L'avantage de créer un album photo sur Facebook est qu'il génère une grande liste d'informations sur vos photos, indiquant qui y figure, où les photos ont été prises, *etc*. Vous êtes listé dans les photos qui vous appartiennent, mais aussi dans celles qui ne vous appartiennent pas. Heureusement, dans les préférences de votre profil, vous avez la possibilité de préciser qui peut voir ces photos. Pour définir ces préférences, cliquez sur le triangle à droite dans la grande barre bleue, puis sur Paramètres. Dans la page qui apparaît, sélectionnez Journal et identification. La page Paramètres d'identification et de journal s'affiche, avec la liste des paramètres actuels. C'est la rubrique Comment gérer les identifications que d'autres personnes ajoutent et les suggestions d'identification ? qui nous intéresse.

La première option permet de déterminer si vous voulez examiner les identifications (tags) que d'autres ont ajoutées à vos photos ou vidéos avant qu'elles soient publiées sur Facebook, autrement dit à les vérifier afin de les accepter ou de les refuser.

La deuxième option concerne le public que vous autorisez à voir les photos de vous, avec les trois choix suivants possibles :

- **Amis :** Seuls vos amis confirmés peuvent voir les photos et vidéos de vous dans votre profil.
- **Moi uniquement :** Vous seul pouvez voir les photos et vidéos de vous dans votre profil.
- **Personnalisé :** Comme pour tous les paramètres de confidentialité personnalisés, vous pouvez choisir plus

ou moins de visibilité. Par exemple, les professeurs qui sont amis avec leurs élèves préfèrent certainement ne pas autoriser leurs élèves à voir leurs photos taguées.

Gardez en tête que les photos de vous qui appartiennent à d'autres personnes sont soumises aux paramètres de confidentialité que le propriétaire de l'album a définis. Même si vous autorisez tous les membres de vos réseaux et vos amis à voir les photos de vous, il se peut que certains ne puissent pas les voir toutes à cause des paramètres appliqués à l'album lui-même.

Partager des albums avec des utilisateurs non Facebook

Si tous vos amis et toutes les personnes avec lesquels vous voulez partager vos photos sont sur Facebook, le partage de photos est très simple. Vous êtes en mesure de voir leurs albums et ils peuvent voir les vôtres en un même endroit. Les tags et le fil d'actualité permettent aux gens de savoir quand de nouvelles photos sont publiées et les commentaires leur permettent de donner leur avis sur ces photos. Cependant, certaines personnes ont des amis qui ne sont pas sur Facebook. Voici deux méthodes pour partager vos albums avec eux :

- **Utiliser Partager :** Cette option est détaillée dans le Chapitre 9. Sachez juste que pour l'utiliser afin d'envoyer un album photo à un ami non Facebook, il suffit de sélectionner l'album et de cliquer sur le lien Partager, situé sous les photos. Une fenêtre pop-up s'ouvre alors et vous invite à entrer le nom ou l'adresse e-mail de votre ami. Si vous spécifiez l'adresse e-mail de votre ami et ajoutez un message (facultatif), votre ami reçoit un message de Facebook avec un lien vers toutes les photos de l'album.
- **Utiliser le copier-coller :** Cliquez sur l'icône de l'engrenage située dans l'angle supérieur droit de l'album. Dans le menu local qui apparaît, choisissez Obtenir le lien. Pour partager cet album avec qui vous voulez, copiez le lien qui s'affiche et copiez-le dans un e-mail, un blog ou ailleurs sur Internet, de sorte que toute personne qui clique dessus puisse voir l'album. Vous pouvez également cliquer sur le lien Envoyer dans un message de la boîte de dialogue Partager un album. Saisissez le nom du compte Facebook du destinataire, et cliquez sur Envoyer. La personne recevra le lien par message privé Facebook.

Articles

L'application Articles est un blog. Comme tous les blogs, l'application Articles permet de rédiger des articles sur votre vie, vos pensées ou votre dernier morceau de musique préférée et de les partager avec vos amis Facebook.

Comme Photos, l'avantage d'Articles est de pouvoir tenir un blog sans devoir distribuer une adresse Web à vos amis pour qu'ils y aient accès. Au lieu de cela, il suffit que vos amis se connectent à votre profil. Pour les y inciter, dès que vous commencez à écrire des articles, l'information est relayée sur leur fil d'actualité.

Si vous tenez déjà un blog, importez-le dans Articles et diffusez-le à vos amis *via* cette application.

Rédiger un article

Aucune règle ne régit la longueur ni même le contenu des articles. Certains préfèrent qu'ils soient courts et informatifs, d'autres aiment occuper tout l'espace et s'étaler sur un sujet. Tenté ? Pas inspiré ? Pensez à un souvenir drôle, un moment inoubliable ou un sujet qui invite à la réflexion. Un article très couramment posté sur Facebook s'intitule « 25 choses à propos de moi ». Lancez-vous, c'est très simple :

1. **Affichez votre profil.**
2. **Ouvrez le menu local Plus situé sous votre photo de couverture, et choisissez Articles, comme le montre la Figure 8.16.**
3. **Dans la page Articles, cliquez sur le bouton Ajouter un article, situé dans le coin supérieur droit.**

   Un article vide s'affiche, comme le montre la Figure 8.17.
4. **Cliquez sur Titre pour saisir le titre de l'article.**
5. **Cliquez sur Écrivez quelque chose pour rédiger le contenu de votre article.**
6. **Vous pouvez illustrer l'en-tête de votre article avec une photo en la glissant-déposant directement dans la zone**

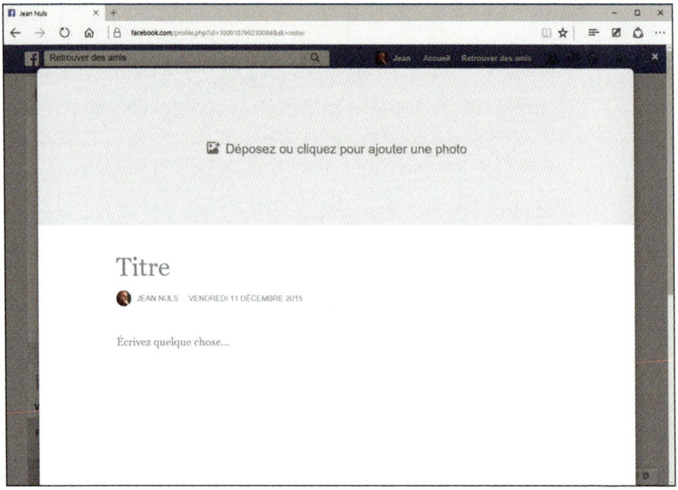

Figure 8.16 : Créez un article.

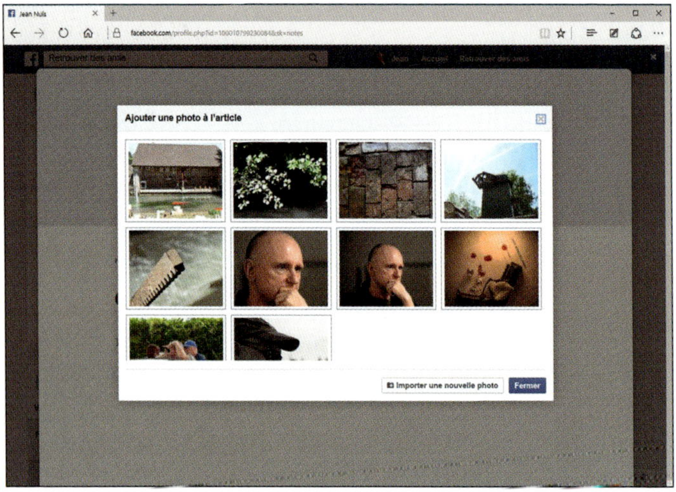

Figure 8.17 : La page blanche de votre premier article. Ne vous laissez pas impressionner !

prévue à cet effet, ou bien en cliquant sur cette zone afin de choisir les photos dans la boîte de dialogue qui apparaît, comme à la Figure 8.18.

Choisissez parmi vos photos et vos albums. Sinon, cliquez sur Importer une nouvelle photo pour utiliser une image que vous n'avez pas encore utilisée sur Facebook.

Figure 8.18 : Illustrez votre article avec des photos.

Cherchez alors des photos sur votre disque dur depuis la boîte de dialogue Ouvrir qui apparaît.

7. **Quand l'article est terminé, cliquez sur Enregistrer si vous voulez y revenir ultérieurement.**

8. **Quand votre article vous satisfait, cliquez sur Publier.**

   Voilà ! Vous venez de partager votre article avec toutes les personnes autorisées à le voir dans votre profil.

Vous pourrez toujours modifier un article en le choisissant dans la section Articles qui apparaît dans la colonne de gauche de votre profil. Cliquez dessus, puis sur le lien Modifier l'article situé en haut de la fenêtre.

Les prochaines sections vous indiquent comment mettre en forme et optimiser vos articles.

Ajouter des photos dans un article

Il est également possible d'insérer des photos dans le corps du texte de l'article.

1. **Créez un article ou bien modifiez un article existant.**

2. **Placez le point d'insertion dans le texte à l'endroit où vous souhaitez insérer l'image.**

3. **Cliquez sur l'icône gris clair représentant des montagnes et un soleil affichée à gauche de la ligne où se situe le point d'insertion.**

4. **Dans la boîte de dialogue qui s'affiche, sélectionnez une photo parmi celles que vous avez déjà importées sur votre profil, ou bien cliquez sur Importer une nouvelle photo.**

5. **Dans ce cas, parcourez les dossiers de votre disque dur afin de trouver la photo à ajouter, puis sélectionnez-la et cliquez sur Ouvrir.**

   Vous pouvez ajouter une seule photo à la fois. Répétez l'opération si vous souhaitez en ajouter d'autres.

6. **Pour chaque photo, spécifiez une légende et choisissez sa disposition.**

   Les options d'alignement s'affichent lorsque vous placez le pointeur de la souris sur l'image.

   Pour saisir une légende, cliquez sur la zone Cliquez pour ajouter une légende.

7. **Cliquez sur Publier.**

Lire, aimer et commenter les articles d'amis

Faites défiler la page du profil d'un ami pour accéder aux articles dans la colonne de gauche.

Pour commenter un article, cliquez dessus afin de l'afficher, puis sur Commenter au bas de l'article. Si vous aimez vraiment ce que vous lisez, faites-le savoir à l'auteur et cliquez sur J'aime au bas de l'article. Une notification est alors envoyée à l'auteur et vous êtes notifié dès que l'article est commenté.

Chapitre 9

Rester en contact avec ses amis

Dans ce chapitre :

- Envoyer des messages à ses amis.
- Savoir comment partager du contenu du Web.
- Améliorer la communication avec des relations Facebook ouvertes.
- Rester en contact sans faire d'effort.
- Discuter en vidéo.

Comme l'objectif de Facebook est de connecter les gens, la priorité est de permettre à chacun de communiquer, quels que soient les moyens utilisés. Ce chapitre présente les modes de communication sur Facebook, notamment les conversations privées *1148* la boîte de messagerie, les échanges publics *via* le mur, les pokes, les partages, les commentaires, *etc.*

Quelle que soit votre façon d'utiliser Facebook pour contacter les autres, soyez sûr qu'ils en seront notifiés. Qu'ils se connectent souvent sur Facebook ou jamais, mais vérifient juste leurs e-mails, toutes les communications *via* Facebook génèrent une notification envoyée au destinataire par e-mail ou sur l'écran d'accueil de leur téléphone mobile. De plus, vous ne risquez pas de déranger quelqu'un puisque chacun est libre de désactiver les notifications.

Entre vous et moi (et plus si affinités)

Souvent, les utilisateurs Facebook interagissent de manière semi-publique, ce qui permet à d'autres amis de se joindre à la conversation. Plus loin dans ce chapitre, nous étudierons les différentes formes de communication ouverte et les avantages d'un environnement *open*. Quelquefois, les personnes ont besoin d'engager des discussions privées, personnelles ou intimes. Cette section détaille les différentes méthodes pour communiquer en privé ou semi-privé sur Facebook.

Sur plusieurs points, la fonction Messages de Facebook tente de remplacer votre boîte de messagerie, mais avec une petite subtilité Facebook. Pensez à tout ce que vous êtes susceptible de recevoir dans votre boîte de réception :

- un message d'un ami proche ;
- une newsletter d'une boutique que vous fréquentez ;
- un mot de votre conjoint pour vous occuper du dîner ;
- un e-mail groupé d'un ami pour vous rappeler que vous êtes invité à sa soirée le week-end prochain ;
- un message de l'ami d'un ami qui cherche à en savoir plus sur votre carrière ;
- une mise à jour d'un politicien ou d'une cause que vous soutenez ;
- un relevé mensuel de votre banque.

Même si tous ces éléments sont importants pour vous, dans un sens ou dans un autre, l'hypothèse de Facebook est que les personnes auxquelles vous tenez le plus sont celles que vous connaissez le mieux (votre famille et vos amis). Donc, quand nous disons que la fonction Messages est semblable à une messagerie avec une petite subtilité Facebook, cela signifie qu'elle cible vos amis et se présente plutôt comme une *boîte de messagerie sociale*.

À l'image de votre agenda social qui est orienté vers d'autres activités que votre agenda professionnel, une messagerie sociale a pour objectif de faciliter la communication avec vos amis et d'effectuer un suivi de ces conversations.

Les autres aspects de la messagerie, comme les invitations et les annonces, sont aussi présents sur Facebook, mais ils sont relégués au second plan pour ne pas gêner les messages privés que vous recevez de vos contacts proches.

Messages Facebook

Pour comprendre le fonctionnement de Messages Facebook, nous allons observer l'organisation de votre boîte de réception Messages. Dans votre page d'accueil, cliquez sur Messages à gauche pour accéder à la boîte de réception de Messages (voir Figure 9.1).

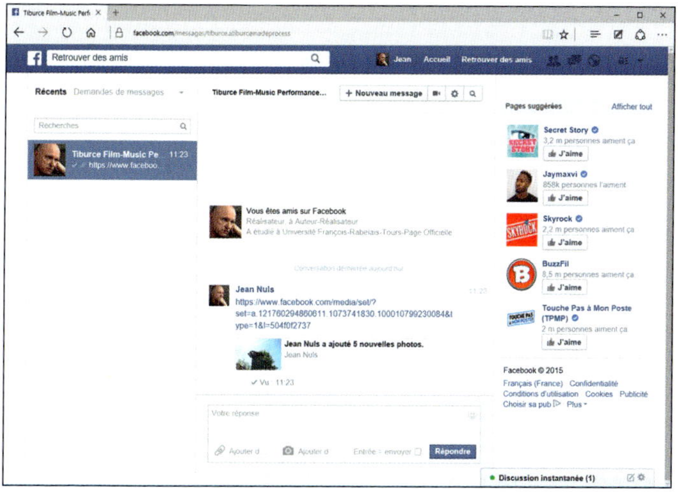

Figure 9.1 : Bienvenue dans la page Messages de Facebook !

Il est important de bien comprendre les éléments de la fonction Messages de Facebook :

- **Boîte de réception :** Cette option est sélectionnée par défaut. La partie gauche de la fenêtre dresse la liste de vos conversations, avec un aperçu de leur contenu.
- **Plus :** Cliquez sur cette option pour afficher les messages non lus, les messages archivés et ceux avec du contenu indésirable.

- **Recherches :** Utilisez cette zone pour retrouver le message d'un ami ou un mot spécifique dans un message.
- **Zone d'affichage des messages :** La partie droite et centrale de la fenêtre affiche le fil d'un échange de messages entre un destinataire et vous-même. Il faut au préalable cliquer sur un message dans la liste de gauche.
- **Bouton Nouveau message :** Cliquez sur le bouton Nouveau message pour écrire un nouveau message à un ami.
- **Bouton Demander un appel vidéo :** Permet d'engager une conversation vidéo avec une des personnes avec qui vous avez échangé des messages. Cela n'est possible que si ladite personne dispose d'une webcam.
- **Bouton Actions :** Ce bouton, qui s'affiche quand vous consultez un message, donne accès à différentes options pour traiter ce dernier.
- **Bouton Rechercher des messages dans cette conversation :** Permet de lancer une recherche sur le contenu des messages échangés dans une conversation.

La boîte de réception

Aucun élément de l'interface des messages ne porte ce nom. Toutefois, nous pouvons considérer la colonne de gauche comme l'équivalent de la boîte de réception de votre logiciel de messagerie, c'est-à-dire vos fameux e-mails. Il suffit de cliquer sur une conversation pour que son contenu s'affiche dans la colonne centrale de la page.

Les *conversations* entre vous et vos amis ne nécessitent pas d'objet, car elles ne sont pas organisées par objet, à l'inverse des e-mails. Au lieu de cela, ces conversations collectent les messages partagés par la ou les personnes concernées. Reportez-vous aux sections « Analyse d'une conversation… », plus loin dans ce chapitre pour en savoir plus sur ce concept.

Les conversations que vous avez tenues ou que vous tenez en ce moment sont listées sur la gauche sous la forme de vignettes. Elles comportent les indications suivantes :

- **Le nom de la personne ou celui de la conversation.** En effet, vous pouvez renommer une conversation, notamment lorsque vous y regroupez plusieurs amis afin de discuter sur un sujet spécifique.
- **La date de la conversation** figure en gris à droite de l'aperçu de la conversation. Elle indique quand le dernier message a été envoyé.
- **La petite icône ronde** vous permet de marquer une conversation comme lue ou non lue. Elle apparaît lorsque vous placez le pointeur de la souris sur la vignette de la conversation.
- **La petite icône x** vous permet d'archiver une conversation. *Archiver* une conversation signifie la déplacer dans une autre partie de votre boîte de réception pour éventuellement y revenir plus tard.
- **Une flèche courbée** au début de la conversation indique que le message n'a pas encore été lu par le destinataire. Cette indication n'est malheureusement pas toujours fiable.
- **Une coche au début de la conversation** indique que le message a été lu.

Analyse d'une conversation entre vous et un ami

Si vous cliquez sur le nom de la personne avec qui vous discutez, vous basculez dans la conversation actuelle entre vous deux. Dans la Figure 9.2, nous avons cliqué sur Film qui est une conversation entre les collaborateurs à un projet de long métrage. Le nom Film (conversation) est affiché avec, entre parenthèses, le nombre de personnes qui suivent la conversation.

Il est important de retenir que, contrairement à une boîte de réception classique, le message le plus récent s'affiche en bas de page. Il suffit de faire défiler la page pour lire toute la conversation qui a commencé il y a quelques heures.

Contrairement aux e-mails, *l'objet* n'a aucune importance. Tout ce qui compte c'est votre *interlocuteur*.

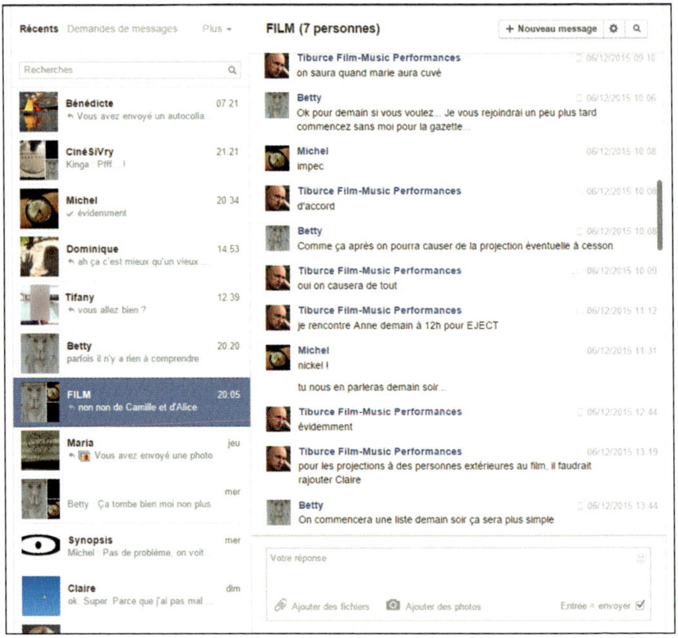

Figure 9.2 : 7 personnes échangent dans la conversation Film.

Vous n'envoyez pas toujours vos messages depuis un ordinateur. Vous pouvez utiliser votre téléphone portable ou discuter en temps réel *via* la Discussion instantanée de Facebook (nous nous y intéresserons plus tard dans ce chapitre, dans la section « Discussion instantanée »). Quelle que soit l'origine du message, il est enregistré dans cette conversation. Les petites icônes en forme de portable, de bulle de discussion instantanée ou d'enveloppe indiquent d'où le message est envoyé. En fait, ça n'a pas vraiment d'importance. Le tout est de savoir *avec qui* vous discutez.

Au bas de la conversation, sous le message le plus récent, vous disposez de la zone de saisie. Trois boutons figurent en haut de la page (Nouveau message, Actions et Loupe). Le bouton Nouveau message ouvre une page de message vierge, tant du point de vue du contenu que de l'expéditeur. Le bouton Loupe permet de lancer une recherche dans la conversation actuellement affichée. Le bouton Actions vous propose une liste déroulante, illustrée dans la Figure 9.3. Voici ses options les plus importantes :

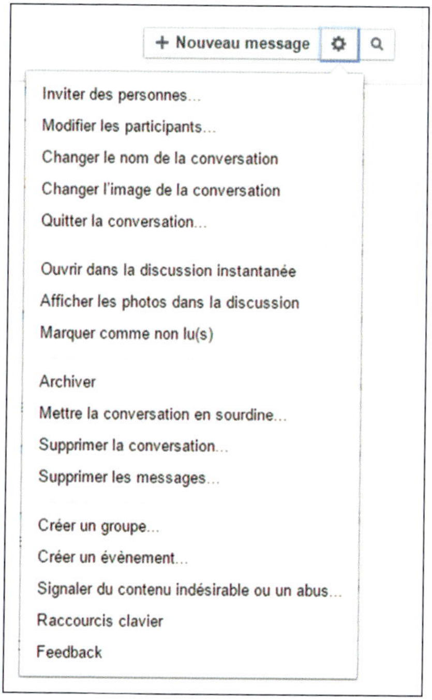

Figure 9.3 : Actions à choisir pour votre conversation.

- **Ouvrir dans la discussion instantanée :** Cette option permet d'ouvrir une fenêtre de discussion instantanée afin de prolonger la conversation sous cette forme. Nous y reviendrons plus loin dans ce chapitre.
- **Marquer comme non lu(s) :** Sélectionnez Marquer comme non lu(s) pour indiquer que la conversation contient des messages non lus (logique, non ?). Après avoir choisi cette option, la conversation est marquée en bleu dans la zone de gauche de la boîte de réception, et l'option devient Marquer comme lu(s).
- **Archiver :** Optez pour Archiver si vous voulez envoyer toute la conversation aux archives. Rappelez-vous que cette action déplace la conversation hors de la boîte de réception principale jusqu'à ce qu'un nouveau message soit envoyé.

Masquer la conversation : La conversation n'apparaîtra plus dans la liste des conversations jusqu'à ce que vous ou votre interlocuteur ne la repreniez.

- **Supprimer la conversation :** Cette option vous permet de supprimer la totalité de la conversation avec votre ami. Comme c'est une action irréversible, Facebook vous demandera de la confirmer.
- **Supprimer les messages :** Cette option vous permet de supprimer un message (ou tous) d'une conversation. Après suppression d'un message, il n'est pas récupérable.

N'OUBLIEZ PAS

Vous pouvez supprimer un message sans que votre ami le supprime. Ainsi, si vous envoyez un message très privé et le supprimez, votre ami peut toujours le voir à moins qu'il ne le supprime aussi.

- **Quitter la conversation :** Cette option met une conversation en « sourdine », en empêchant l'affichage de notifications relatives à l'envoi de nouveaux messages. Cette action est réversible : il suffit de sélectionner l'option Reprendre la conversation pour revenir en arrière.
- **Mettre la conversation en sourdine :** Permet de désactiver temporairement la conversation pour une durée prédéfinie ou jusqu'à réactivation de votre part.
- **Signaler du contenu indésirable ou un abus :** En principe, cette action ne s'applique pas aux messages envoyés par des amis. En revanche, si vous recevez des spams ou des messages d'insultes ou de harcèlement, cliquez sur cette option et précisez la nature du désagrément rencontré. Selon les cas, le message sera déplacé ailleurs dans votre boîte de réception ou son expéditeur sera signalé à Facebook. Les personnes régulièrement signalées pour ce type de comportement sont exclues de Facebook.
- **Raccourcis clavier :** Sélectionnez cette option pour afficher les raccourcis clavier permettant de gagner du temps dans une conversation, par exemple Alt + C pour créer un message.

- **Feedback :** Cette option permet de donner vos impressions sur la fonctionnalité Messages de Facebook, et de suggérer des améliorations possibles.

Analyse d'une conversation entre plusieurs personnes

Pour afficher la liste des personnes qui participent à une conversation, ouvrez-la, et placez le pointeur de la souris sur son nom. Les vignettes des amis s'affichent, comme à la Figure 9.4.

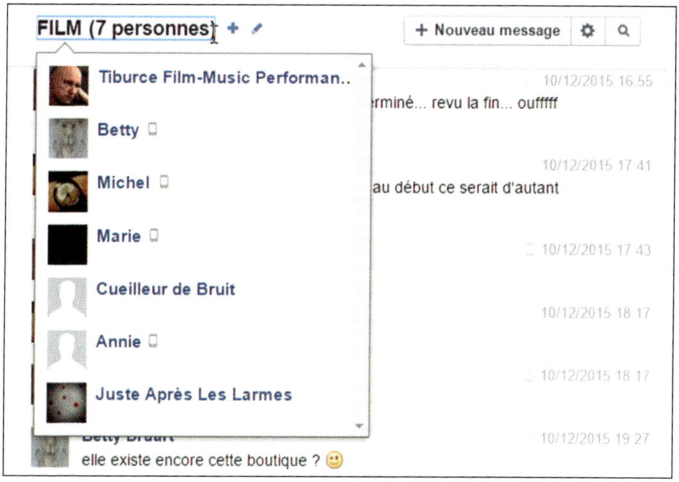

Figure 9.4 : Conversation entre plusieurs amis.

À l'image des conversations privées, le fil de la conversation se lit de haut en bas, avec le message le plus récent en bas de page. Faites défiler la page vers le haut pour afficher les messages les plus anciens.

Au fil de la lecture, vous voyez ce que chaque interlocuteur a écrit. En effet, son nom et sa photo de profil identifient chaque message. Tous les groupes de messages sont séparés et datés pour que vous sachiez quand ils ont été envoyés.

TRUC

La zone de saisie située sous le dernier message vous invite à répondre à tous. Dans les conversations à plusieurs, notez que vous ne pouvez pas répondre individuellement à chaque

Figure 9.6 : Composition d'un nouveau message dans la page Messages.

Pour envoyer un nouveau message à un ami, cliquez sur le bouton + Nouveau message et suivez ces étapes :

1. **Commencez à taper le nom du destinataire.**

   Au fur et à mesure de la saisie, un menu déroulant vous propose une liste de suggestions. Dès que vous apercevez le nom souhaité, cliquez dessus pour le sélectionner ou continuez à taper jusqu'à ce que le nom soit marqué en bleu et appuyez sur Entrée. Si vous ne sélectionnez pas le bon nom, appuyez sur la touche d'effacement arrière ou cliquez sur la croix à côté du nom à effacer.

   TRUC

   Pour envoyer un message à un ami qui n'est pas sur Facebook, entrez son adresse e-mail complète et appuyez sur Entrée.

2. **(Facultatif) Pour ajouter un destinataire supplémentaire, tapez son nom ou son adresse e-mail.**

Inutile d'utiliser une virgule, un point-virgule ou tout autre signe pour séparer les noms.

3. **Complétez la zone de saisie Votre message.**

   Avant d'envoyer le message, nous vous recommandons de relire ce que vous avez écrit, car Facebook ne dispose pas de correcteur.

4. **(Facultatif) Cliquez sur le bouton Ajouter des fichiers, accompagné d'un trombone, pour joindre un fichier.**

   Ce bouton se situe sous le message. Après avoir cliqué dessus, vous pouvez sélectionner, dans le disque dur de votre ordinateur, les éléments à joindre. Cette opération devrait vous être familière si vous avez l'habitude d'envoyer des pièces jointes avec vos e-mails.

5. **(Facultatif) Cliquez sur le bouton Ajouter des photos accompagnées d'un appareil photo pour joindre une image à votre message.**

   Ce bouton se situe également sous le message. Après avoir cliqué dessus, vous pouvez sélectionner, dans le disque dur de votre ordinateur, les éléments à joindre. Cette opération devrait vous être familière si vous avez l'habitude d'envoyer des pièces jointes avec vos e-mails.

   TRUC

   Vous pouvez également ajouter une photo en glissant déposant son fichier depuis une fenêtre du Finder (Mac) ou de l'Explorateur de fichiers (Windows) sur la zone de saisie du message.

6. **(Facultatif) Cliquez sur l'icône de visage souriant dans le coin supérieur droit de la zone de saisie du message afin d'insérer une émoticône.**

   Une émoticône (*smiley* en anglais) est une icône de visage que vous insérez dans un message et dont l'expression indique votre humeur du moment : sourire, clin d'œil, énervement, tristesse, *etc.*

7. **Cliquez sur le bouton Envoyer quand votre message est prêt à être envoyé.**

Si vous composez un message dans le cadre d'un fil de discussion déjà existant, la démarche est la même, mais il convient de noter quelques détails :

- Comme les destinataires sont déjà mentionnés, il vous suffit de vous concentrer sur le message à leur adresser.
- Pour répondre à votre interlocuteur, il suffit de saisir un message dans la zone de saisie, et de cliquer sur le bouton Répondre.
- Facebook peut fonctionner en *mode réponse rapide* quand vous envoyez un message dans le cadre d'une conversation. Sous la zone de saisie du message, cochez la case de l'option Appuyer sur Entrée pour envoyer. Ainsi, le bouton Répondre disparaît, et dès que vous appuyez sur Entrée, votre message est envoyé. Si vous voulez simplement revenir à la ligne, utilisez la combinaison de touches Maj + Entrée.

Envoyer des messages à des « non-amis »

TRUC

Vous pouvez partager avec des amis sur Facebook ou des personnes qui ne sont pas sur Facebook par le biais de leur adresse e-mail. Vous pouvez aussi envoyer des messages à des personnes qui sont sur Facebook, mais ne sont pas vos amis (si les paramètres de confidentialité de cette personne le permettent). C'est particulièrement pratique quand vous rencontrez quelqu'un sur Facebook à qui vous voulez dire quelque chose, mais n'êtes pas sûr de vouloir l'ajouter comme ami. Voici quelques exemples :

- **Identification :** Vous recherchez un vieil ami et trouvez trois personnes portant le même nom. Un profil affiche une photo de quelqu'un qui n'est clairement pas votre ami. La deuxième personne appartient au réseau Nantes et vous n'êtes pas sûr que votre ami ait vécu à Nantes. Le troisième profil ne possède pas de photo, juste une silhouette de remplacement. Dans la page des résultats de la recherche, cliquez sur le nom de la personne pour laquelle vous avez un doute puis sur le bouton Contacter afin de lui demander si c'est bien elle.

- **Ami d'un ami :** Dans de nombreux cas sur Facebook, vous devez être l'ami de quelqu'un ou au moins être membre du réseau de quelqu'un pour interagir avec lui de manière satisfaisante. Pourtant, il arrive que vous ayez une bonne raison pour contacter quelqu'un qui ne figure pas dans votre liste d'amis. La messagerie Facebook est idéale pour ce genre d'interactions.
- **Se faire connaître :** Imaginez que vous venez d'intégrer une nouvelle entreprise et que vous connaissez très peu de monde. Vous pouvez utiliser la recherche pour trouver des personnes de l'entreprise curieuses de vous connaître ou poser une question et l'envoyer *via* la messagerie Facebook.

Soyez prudent quand vous envoyez un message à quelqu'un qui n'est pas votre ami. Si vous en envoyez trop souvent ou si trop de personnes signalent vos messages comme indésirables, votre compte risque d'être automatiquement signalé dans le système Facebook. D'abord, vous recevez un avertissement, mais si vous continuez, votre compte peut être désactivé. Si tout le monde pouvait envoyer des messages à n'importe qui sur Facebook, les boîtes de réception seraient pleines de messages impersonnels et indésirables, ce qui les rendrait trop confuses pour être utiles.

Rechercher des messages

Si vous êtes aussi populaire que nous le pensons, vous devez avoir un nombre incalculable de messages. Pour éviter de fouiller dans des tonnes de messages pour trouver celui que vous recherchez, il vous faut un outil vous permettant d'accéder rapidement à l'information recherchée. C'est pourquoi vous disposez d'une zone de recherche en haut de la page Messages. Elle vous invite à rechercher un nom ou le contenu d'un message.

Par exemple, disons que vous recherchez l'adresse du parc dans lequel vous avez rendez-vous avec vos amis pour pique-niquer et que vous avez organisé cette sortie en vous envoyant des messages Facebook. Vous pouvez rechercher le nom des amis qui ont pris part à la conversation. Lors de la saisie d'un nom, Facebook complète automatiquement le nom de votre ami et affiche des extraits de vos conversations récentes avec lui. Ou alors, vous pouvez aussi taper Pique-nique dans la zone de recherche et appuyer sur Entrée pour obtenir une liste de résultats.

Pensez à délimiter le champ de la recherche avant de saisir le terme à rechercher : cliquez sur Récents, ou sur l'une des options du menu Plus (Non lus, Filtrés, et Archivé(s)) afin de rechercher au sein de la zone en question. Saisissez ensuite le terme dans la zone Recherche située au-dessus de la liste des conversations dans la colonne de gauche. Si ce terme correspond au nom d'un interlocuteur, les messages échangés avec ce dernier apparaissent dans la liste de gauche. Si vous voulez rechercher le terme dans un message reçu ou envoyé, cliquez sur le lien Rechercher parmi les messages (icône loupe à droite du bouton Actions), et les messages concernés apparaissent dans la colonne centrale, avec le terme recherché surligné (voir Figure 9.7).

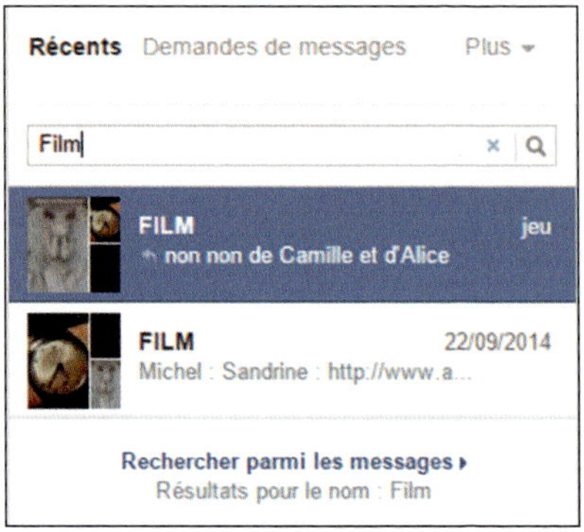

Figure 9.7 : Recherche dans la Boîte de réception.

Pour rechercher du contenu au sein d'une conversation, cliquez sur cette dernière pour l'ouvrir, puis cliquez sur le bouton orné d'une loupe à droite du bouton Actions au-dessus de la zone centrale de la page. Une zone de texte s'affiche, dans laquelle il vous reste à saisir le terme à rechercher dans les messages de la conversation.

Partager, c'est s'intéresser aux autres

Avez-vous déjà lu une information sur le Web qui vous rappelait un ami ? Ou qui s'adressait vraiment à quelqu'un que vous connaissez ? Ou qui traitait d'un sujet à propos duquel vous discutiez l'autre jour ? Ou qui vous a fait tant rire que vous deviez en faire part à quelqu'un ? Si vous flânez souvent sur Internet, nul doute que les réponses vont être « Oui », « Oui », « Oui », voire « Bien sûr que oui ».

Pour toutes ces fois manquées, Facebook vous propose la fonction Partager. *Partager* vous permet d'envoyer facilement un lien, un aperçu ou même l'intégralité d'un contenu à un ami, qu'il soit ou non sur Facebook. Si vous pensez que l'e-mail est assez efficace pour envoyer ce type de contenu Web, parions que vous n'avez jamais testé Partager !

Partager depuis la Boîte de réception

Dans une certaine mesure, le partage depuis la boîte de réception est la méthode la plus complexe pour partager, car elle nécessite plus de clics et quelques copier-coller. Mais dans l'ensemble, elle ressemble fortement à celle que vous utilisez pour partager un contenu Web avec un e-mail :

1. **Copiez le lien d'une page que vous voulez partager.**
2. **Cliquez sur Messages dans le menu de la colonne gauche de la page d'accueil.**
3. **Cliquez sur le bouton + Nouveau message.**
4. **Collez le lien dans la zone de saisie du message et spécifiez le nom de votre ami dans la zone À.**
5. **Cliquez sur le bouton Envoyer.**

Quand vous collez le lien dans la zone de saisie d'un message, la fenêtre s'agrandit pour afficher un aperçu de la page que vous voulez partager. L'aperçu inclut le titre de la page et un extrait de texte tiré de la page. Si la page que vous partagez contient des images, l'une d'entre elles s'affiche aussi. C'est exactement l'aperçu que vos destinataires voient quand ils reçoivent le message.

Vous pouvez modifier tout élément de l'aperçu qui ne décrit pas la page que vous partagez. Par exemple, vous avez la possibilité de sélectionner une image différente. Pour ce faire, cliquez sur les flèches à côté de Choisissez une miniature. (En langage informatique, une miniature est une version réduite d'une image plus grande.) Si aucune image n'est représentative du contenu, cochez la case Pas de vignette. Vous pouvez aussi changer le titre ou l'extrait de texte inclus dans l'aperçu en cliquant sur le texte.

Si la page que vous partagez contient une vidéo, comme une page YouTube par exemple (`www.youtube.com`), la vidéo apparaît dans l'aperçu. Dans ce cas, *aperçu* est une « litote », car vous et votre destinataire pouvez lire la vidéo directement à partir de l'aperçu, sans quitter Facebook.

Liens Partager sur Facebook

Vous avez certainement remarqué les petits liens Partager un peu partout sur Facebook. Ils sont présents dans les albums, les photos, les articles, les événements, les groupes, les nouvelles du fil d'actualité, les profils des utilisateurs, *etc.* Ils servent à partager du contenu rapidement sans avoir à effectuer un copier-coller. Même pas la peine d'aller dans la Boîte de réception !

Si vous visualisez sur Facebook du contenu que vous voulez partager avec quelqu'un, cliquez simplement sur le lien Partager. Ce lien a deux fonctions. Lorsque vous cliquez dessus, l'option par défaut est Publier dans votre propre journal. Vous pouvez aussi publier ce contenu dans le Journal d'un ami ou dans un groupe, voire dans une Page dont vous êtes l'administrateur. Ces différentes actions signifient que l'élément s'affiche sur votre Journal, celui de votre ami ou le groupe comme si vous aviez collé le lien directement dans la zone de publication de ces différentes pages. Il reste une dernière option : Publier dans un message privé, que nous allons étudier à présent.

Suite à un clic sur le lien Partager d'une publication, vous avez le choix entre :

- **Partager maintenant (Public) :** Dans ce cas, la publication sera affichée sur votre profil et accessible à tous.
- **Partager :** Ouvre une boîte de dialogue illustrée à la Figure 9.8. Là, vous choisirez dans le menu local Partager sur votre journal la méthode de partage de la publication (Figure 9.8). Ainsi, vous pourrez partager une publication

Figure 9.8 : Les multiples options de partage d'une publication.

sur le journal d'un ami si et seulement si ses préférences le permettent. Cette boîte de dialogue s'ouvre systématiquement lorsque vous cliquez sur la mention Partager affichée sous une photo.

- **Envoyer comme message :** Envoie la publication sous la forme d'un message privé. Il suffit d'indiquer les destinataires Facebook dans le champ Noms. Ajoutez éventuellement un message dans le champ Dites quelque chose à propos de ceci.

Boutons Partager sur le Web

Facebook propose énormément de contenus intéressants, tout comme le reste du Web. Facebook permet et encourage les sites Web à insérer des boutons Facebook Partager près des contenus intéressants. Par exemple, chaque vidéo sur `www.youtube.com` dispose d'un bouton Partager. Lorsque vous cliquez sur Partager sur ces sites, vous avez la possibilité de partager le contenu sur des sites Web, dont Facebook. Si vous optez pour Facebook, une fenêtre de partage s'ouvre (voir Figure 9.9), en grande partie semblable à celle qui s'affiche quand vous cliquez sur Partager dans Facebook. Des dizaines de milliers de sites Web ont associé les boutons Partager de

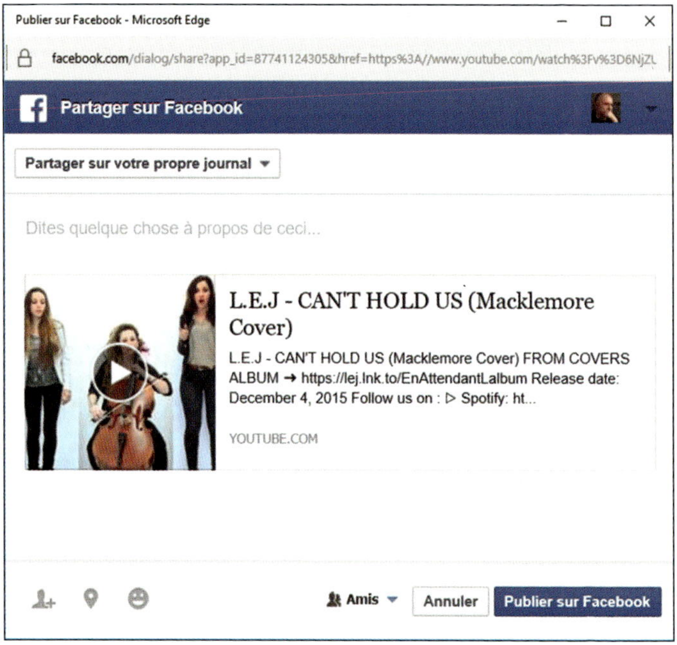

Figure 9.9 : Partager une vidéo sur Facebook depuis YouTube.

Facebook à leur contenu pour vous permettre de le partager facilement.

Discussion instantanée

Il arrive d'avoir envie de dire quelque chose à quelqu'un immédiatement. Si votre interlocuteur n'est pas assis à vos côtés, peut-être est-il prêt à envoyer et à recevoir des messages *via* la discussion instantanée Facebook. Elle vous permet de voir quels amis sont en ligne en même temps que vous et de leur envoyer des petits messages instantanés ou d'avoir des conversations simultanées avec plusieurs amis.

N'OUBLIEZ PAS

Facebook ne distingue pas les différents moyens de communication. Que vous interagissiez par le biais de messages interposés ou *via* la discussion instantanée, vos conversations sont stockées dans la colonne (ou boîte) de réception de Messages.

La discussion instantanée est disponible dans le coin inférieur droit de toutes les pages Facebook. Cliquez sur Discussion instantanée pour voir ce qu'elle cache.

Structure de la discussion instantanée

Dans cette section, nous détaillons tous les composants de la discussion instantanée Facebook afin de vous préparer à discuter en temps réel avec vos amis.

- **Amis en ligne :** Les amis que vous pouvez contacter sont listés sur le bord droit de l'écran sous le télex. Un petit point vert indique qu'ils sont actuellement connectés, donc disponibles pour une éventuelle discussion instantanée. Leur mode de connexion (Web ou mobile) précède ce point vert.

  TRUC

  Ce n'est pas parce que la vignette d'un ami n'apparaît pas dans cette liste que ledit ami n'est pas connecté à Facebook. Il est en effet tout à fait possible d'utiliser Facebook sans que personne ne sache que vous êtes connecté. Idem, ce n'est pas parce qu'un point vert ne figure pas en regard d'une vignette d'un ami que celui-ci n'est pas sur Facebook. Par conséquent, la discussion instantanée peut tout à fait avoir lieu. Dans ce cas, envoyez un message privé à un ami *a priori* non connecté, et vous verrez bien s'il vous répond dans la seconde.

- **Rechercher des amis en ligne :** Vous allez bientôt avoir plein d'amis sur Facebook (si ce n'est pas déjà le cas). Pour trouver rapidement celui avec qui vous voulez discuter en temps réel ou pour vérifier s'il est en ligne, cliquez dans le champ Rechercher situé tout en bas de la liste des contacts affichés sous le télex. Entrez les premières lettres de son nom dans la zone de recherche. La liste des contacts trouvés se réduit au fur et à mesure que vous saisissez des caractères. Cliquez sur le nom de l'ami recherché pour commencer à discuter. Il se peut que la personne ne soit pas disponible ou connectée sur Facebook.

- **Statut en ligne :** Le point vert indique à vos amis qui consultent leur liste d'amis en ligne que vous êtes actuellement en ligne. Pour eux, cela signifie que vous êtes disponible pour discuter. Si vous ne l'êtes pas et voulez continuer à naviguer sur Facebook tranquillement, cliquez sur la petite roue dentée (ou engrenage) puis sur Désactiver la discussion instantanée. Vous accédez à une boîte de dialogue qui vous propose plusieurs méthodes de désactivation, comme le montre la Figure 9.10. Elle permet de choisir les personnes autorisées ou non à vous contacter en discussion instantanée.

Figure 9.10 : Les options de désactivation de la discussion instantanée.

Le bouton Discussion instantanée change d'aspect pour refléter votre statut hors ligne. Quand vous êtes hors ligne, vos amis peuvent tout de même vous envoyer des messages privés. Si vous cliquez une nouvelle fois sur la petite roue dentée puis sur Activer la discussion instantanée, vous êtes de nouveau en ligne.

- **Fenêtre de discussion :** Il est temps de s'intéresser à l'essentiel : la discussion ! Pour discuter avec quelqu'un en temps réel, cliquez simplement sur son nom dans la liste d'amis en ligne. Une petite fenêtre s'ouvre. Entrez le texte au bas de la fenêtre et appuyez sur Entrée. Votre ami voit la même petite fenêtre s'afficher au bas de son écran et entend un petit signal sonore si le son est activé. Quand il répond, vous entendez également le petit signal et votre fenêtre de discussion instantanée clignote. La

Figure 9.11 présente une fenêtre de discussion instantanée.

Figure 9.11 : Une discussion instantanée avec un ami.

Si vous naviguez sur Facebook en même temps que vous discutez en temps réel, vous pouvez réduire la fenêtre de la discussion instantanée dans le coin inférieur droit de l'écran, comme vous le faites avec une fenêtre classique. Ensuite, il suffit de cliquer sur le nom de votre ami pour rouvrir la fenêtre. Pour la fermer, cliquez sur X. Votre ami ne le remarque pas. D'ailleurs, si vous ouvrez une nouvelle fenêtre, la discussion reprend exactement là où vous l'aviez laissée. Si vous vous déconnectez de Facebook ou passez hors ligne, vos amis en sont informés.

Poke

Sur la plupart des profils, vous pouvez voir l'option Poke. « Qu'est-ce qu'un poke ? » est l'une des questions que nous rencontrons le plus souvent. Nous sommes en mesure de vous dire ce qu'il *fait*, mais pas ce que *c'est*. Un poke peut signifier quelque chose de différent pour chacun. Dans certains cas, c'est une marque d'affection. Dans d'autres, un moyen de dire *je pense à toi*. Certaines personnes l'utilisent juste pour faire un petit coucou.

Pour envoyer un poke, affichez le profil d'un ami. Ensuite, cliquez sur le bouton orné de trois points. Dans le menu local qui apparaît, choisissez Poke, comme à la Figure 9.12.

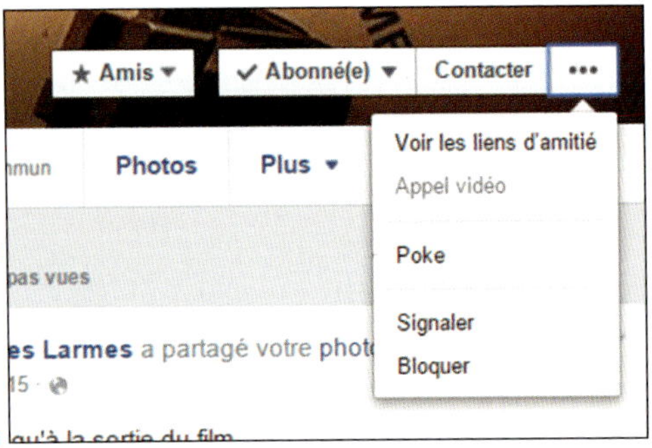

Figure 9.12 : Envoyer un poke à un ami.

Admettons que votre conjoint vous envoie un poke (qui peut signifier *tu penseras à sortir la poubelle ?*). Lors de votre prochaine connexion sur Facebook, vous verrez le poke dans la partie droite de votre page d'accueil. Deux options s'offrent à vous : renvoyer le poke ou le supprimer. Si vous le renvoyez, votre conjoint verra le même poke que vous lors de sa prochaine connexion (avec votre nom à la place du sien). Cliquez sur X près du poke pour le supprimer de votre page d'accueil. Vous sentez aussi le cercle vicieux ?

Demandes

Le type de demande le plus fréquent sur Facebook est la demande d'ami. Lorsque quelqu'un vous trouve sur Facebook et clique sur Ajouter, vous verrez, lors de votre prochaine connexion, qu'une demande de contact vous a été adressée. Les autres types de demandes sont des invitations à participer à des événements, à rejoindre des groupes, à jouer à des jeux, *etc.* Dès que vous avez une demande en attente, une notification s'affiche (sous forme de rectangle rouge avec un chiffre indiquant le nombre de demandes en attente) dans le haut de votre page d'accueil à droite du logo Facebook. Si aucune notification n'apparait, vous n'avez pas de demande en attente.

Même si l'envoi d'une demande est une affaire privée, la réponse est souvent publique. Par exemple, si vous demandez quelqu'un comme ami, seule cette personne est au courant de la demande jusqu'à ce qu'elle accepte la demande. Ensuite, les autres voient dans leur télex ou fil d'actualité que vous êtes désormais amis. De même, personne ne voit vos invitations à rejoindre un groupe ou à participer à un événement, mais si vous acceptez, cette information peut générer une publication dans le télex ou le fil d'actualité de vos amis.

Notifications

Quelquefois, plutôt que de communiquer *avec* vous sur Facebook, vos amis communiquent *sur* vous. Par exemple, disons que vous assistez à un concert avec un ami. Le lendemain, cet ami peut rédiger un article à propos de ses impressions sur le concert et vous taguer dans son article puisque vous partagez ses impressions (voir Chapitre 8 pour plus de détails sur le tag d'article). Votre ami a écrit une note sur vous, mais il n'a pas besoin de vous le dire, car Facebook vous notifie quand vous êtes tagué dans un article ou sur une photo. C'est un moyen de vous avertir que quelqu'un pense à vous ou parle de vous. Quand vous recevez une notification de tag, un petit rectangle rouge s'affiche sur l'icône en forme de globe, située dans la grande barre bleue, à droite du logo Facebook. Une petite icône rouge indique le nombre de notifications que vous avez reçues.

Lorsque vous cliquez sur l'icône Notifications en forme de globe, un menu déroulant affiche les dernières notifications reçues. Quand vous cliquez sur Afficher tout, vous basculez dans la page Vos notifications, où vous pouvez voir toutes les notifications reçues au cours des sept derniers jours.

Voici quelques exemples de notifications utiles :

- Quand quelqu'un tague des personnes qui figurent sur une photo que vous avez téléchargée, vous tague dans un article ou dans une photo.
- Quand quelqu'un a écrit dans votre Journal ou dans celui d'un groupe ou d'un événement dont vous êtes l'administrateur.
- Quand quelqu'un publie un commentaire juste après que vous avez commenté une photo, un article ou un message.
- Quand quelqu'un répond à un post que vous avez publié.

- Quand quelqu'un commente un post, un article ou une photo que vous avez publié ou dans lequel vous êtes tagué.
- Quand quelqu'un vous invite à un événement ou publie dans la page d'un événement auquel vous avez accepté de participer.
- Quand quelqu'un a indiqué aimer une publication que vous avez effectuée ou dans laquelle vous avez été tagué.
- Quand quelqu'un publie dans une Page ou un groupe dont vous avez demandé à recevoir des notifications.
- Quand quelqu'un dont vous avez demandé à recevoir les notifications d'activité publie dans son Journal.

TRUC

Pour ne plus recevoir de notifications des différentes applications, effectuez les étapes suivantes :

1. **Dans la grande barre bleue, cliquez sur l'icône Notifications en forme de globe puis sur Paramètres.**

   La page Paramètres de notifications s'affiche.

2. **Dans la section Notifications que vous recevez, cliquez sur Modifier en regard du type de notifications que vous ne voulez plus recevoir.**
3. **Faites votre choix, *a priori* Non.**
4. **Pour les notifications d'identification, choisissez entre Tout le monde, Amis et leurs amis, ou Amis.**

TRUC

Pour cesser de recevoir des notifications émanant d'un ami ou d'une Page, cliquez sur l'icône en forme de globe dans la grande barre bleue, puis survolez une notification reçue de cet ami ou de cette Page. Cliquez sur la croix qui apparaît à droite, puis cliquez sur Désactiver : vous ne recevrez plus de notifications d'activité de la part de cet ami ou de cette Page.

Notifications est un terme surexploité sur Facebook. Les notifications décrites dans cette section sont celles que vous recevez sur Facebook quand quelqu'un s'exprime sur vous.

En revanche, les *notifications de messages* font référence aux messages que vous recevez dans votre boîte de réception. Ces notifications veillent à ce que vous sachiez que vous avez des messages non lus dans votre boîte de réception.

Marques publiques d'affection : commentaires, zones de publication et Journal

Jusqu'à présent, nous avons traité la communication privée entre des personnes spécifiques. Les conversations privées sont idéales pour discuter de sujets qui intéressent seulement quelques personnes, pour se confier à ses amis ou apprendre à connaître (et passer du temps avec) quelqu'un. Cette section traite d'un autre type de communication : la conversation que vous avez avec vos amis en soirée, à un concert ou dans un café et que chacun peut entendre. Cette section vous indique comment Facebook vous permet d'avoir des conversations publiques qui incitent vos amis à y prendre part s'ils sont d'humeur. Facebook encourage l'ouverture en ce sens qu'il favorise le flux d'informations vers un maximum de personnes, ce qui approfondit et renforce les relations.

Écrire dans le Journal

Vous n'avez jamais eu envie de dire à quelqu'un qu'il est génial et de le crier au monde entier ? C'est l'esprit du Journal. Chaque utilisateur, vous y compris, a un Journal sur son profil où ses amis (ou les personnes autorisées) peuvent écrire des choses sur lui et pour lui, que le monde entier peut voir. Pour écrire sur le Journal de quelqu'un, il suffit d'aller sur son profil. L'onglet qui s'affiche alors par défaut est l'onglet Journal, sous les photos de profil et de couverture. Écrivez votre message dans la zone Exprimez-vous et cliquez sur Publier. Quand vous écrivez dans le Journal de quelqu'un, n'oubliez pas que cette action génère une publication dans le fil d'actualité et que tous vos amis peuvent la voir. Si vous ne trouvez pas la zone Exprimez-vous, la personne a certainement limité l'accès à son Journal.

Certaines personnes utilisent le Journal pour des conversations basiques. D'autres l'utilisent pour commenter des changements survenus sur un profil. Le message « Joyeux anniversaire » est une pratique courante des utilisateurs Facebook. Si vous autorisez que vos amis voient votre date de naissance sur votre profil (vous pouvez masquer l'année), un rappel s'affichera sur leur page d'accueil peu avant le jour J. Le jour de votre anniversaire, attendez-vous à recevoir, sur votre mur, des messages « Joyeux anniversaire » du matin au soir. Si ce n'est pas le cas, soit vous n'avez pas d'amis sur Facebook, soit vous avez tout intérêt à offrir ce livre à vos amis !

En observant le Journal d'un ami, vous devriez noter un élément *très familier*. Dans les Chapitres 2, 3 et certains autres, nous mentionnons la zone de publication ; une liste d'actions située en haut de votre page d'accueil et de votre profil, dans laquelle vous pouvez publier tous types de contenus. La Figure 9.13 montre les liens disponibles et la liste ci-après décrit comment ils fonctionnent :

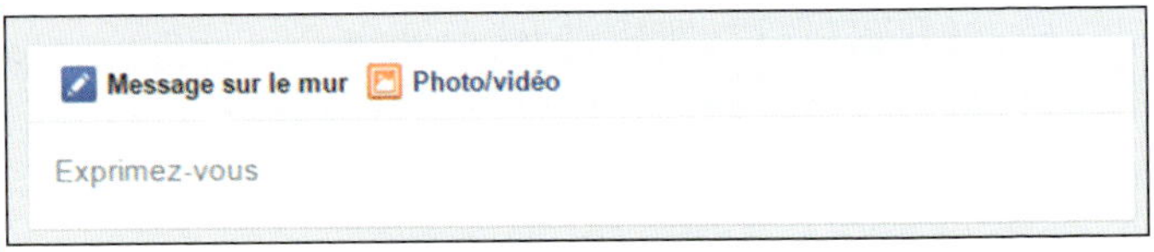

Figure 9.13 : Partie supérieure du mur.

- **Message sur le mur :** Cliquez sur ce lien pour ouvrir la zone de saisie qui vous invite à entrer le texte à poster dans le Journal (appelé « mur » jusqu'à il y a peu) de votre ami.
- **Photo/Vidéo :** Ce lien vous permet de télécharger une photo dans le Journal d'un ami.

Un commentaire ?

Publier des commentaires est une autre forme de communication publique. Pour commenter une photo, une vidéo, un article ou autre, cliquez sur le lien Commenter situé sous l'objet. Commenter répond à deux objectifs : donner un avis à votre ami sur un contenu qu'il a publié et attirer l'attention des autres sur le contenu puisque le commentaire s'affiche dans leur fil d'actualité.

Public plus large

Il arrive d'avoir quelque chose à dire, mais pas forcément à un interlocuteur précis. Dans ce cas, utilisez la zone de publication qui vous invite à vous exprimer. Nous détaillons la zone de publication aux Chapitres 2 et 3 et la mentionnons encore ici, car elle est pratique pour envoyer un message que tout le monde peut voir, et éventuellement pour lancer une conversation. Quelquefois, les gens utilisent leur statut pour favoriser le contact humain : *Je suis au café Brandt si quelqu'un veut me rejoindre*. Les utilisateurs se servent aussi de la zone de publication pour informer tout le monde : *Je suis en Argentine. N'attendez pas de réponse de ma part.*

Dès que vous publiez, le message s'affiche dans votre Journal et dans le fil d'actualité de vos amis. Donc si vous postez une publication intrigante, vous allez certainement recevoir des réactions de vos amis en retour.

Dialoguer par Vidéo

Facebook dispose d'une fonction d'appel vidéo implémentée dans la Discussion instantanée. Il faut d'une part disposer d'une webcam, et d'autre part avoir au préalable installé le module correspondant sur les ordinateurs des deux interlocuteurs. Dans une fenêtre de discussion avec un ami, si ce dernier est équipé d'une webcam, cliquez sur l'icône (ornée d'une caméra) Démarrer un appel. Si le module n'est pas encore installé, une fenêtre vous propose de le télécharger et de l'installer sur votre ordinateur.

Une fois le module installé, si vous cliquez sur Démarrer un appel, une fenêtre invite votre correspondant à répondre à l'appel vidéo. Il doit cliquer sur Répondre à l'appel pour établir la discussion en vidéo.

Aussitôt, l'image diffusée par la webcam de votre ami s'affiche, avec celle de votre propre webcam en incrustation. Cliquez sur le bouton de fermeture de fenêtre pour mettre fin à l'appel vidéo.

Troisième partie

Le sens de l'organisation

Dans cette partie...

Quand nous parlons d'organisation, il s'agit de ranger votre bureau et de placer toutes vos piles de documents bien parallèles les unes aux autres. Non, c'est une blague ! S'organiser signifie ici s'organiser autour d'une idée, d'un intérêt commun ou même d'un moment commun.

Dans cette partie, nous étudions l'utilisation des Pages et des groupes pour organiser les gens autour de croyances, de préférences et même de slogans. Nous examinons aussi comment organiser votre vie (et celle de vos proches) autour d'événements parfaitement planifiés. S'organiser sur Facebook, c'est aussi s'organiser dans la vraie vie.

Chapitre 10

Créer et gérer des groupes sur Facebook

Dans ce chapitre :

- Comprendre la notion de groupe.
- Communiquer avec les membres d'un groupe.
- Configurer les notifications d'un groupe.
- Rechercher des groupes.
- Créer un groupe.
- Modifier un groupe et les membres d'un groupe.

Jusqu'à présent, vous avez trouvé des amis et avez communiqué avec eux individuellement. Même s'ils sont tous égaux à vos yeux, ils ne sont pas tous identiques. Un jour, Carolyn a tenté de créer un tableau de ses amis et s'est retrouvée avec plusieurs catégories : les amis de la natation, les amis du lycée, les amis de la fac, les amis du boulot. Mais finalement, elle s'est rendu compte qu'il y avait aussi les amis nageurs du lycée, les amis nageurs de la fac et l'équipe de natation qu'elle a rassemblée l'an dernier, *etc.* Vous suivez ?

En d'autres termes, les groupes existent dans la vie de chacun de nous. Si seulement il y avait un moyen de les représenter sur Facebook... Justement, il y a les groupes !

Sur Facebook, les groupes visent à vous aider à communiquer avec les groupes qui vous entourent dans le monde réel. Leur taille peut varier de l'énorme groupe des anciens élèves de la classe 1958 au petit groupe d'amis qui sont partis en week-end ensemble. Comme toujours sur Facebook, vous choisissez les membres et ce qu'ils peuvent voir.

Se lancer avec Groupes

Comme Photos, Groupes est une application conçue pour vous par Facebook. Pour y accéder, ouvrez votre page d'accueil et cliquez sur Groupes, au bas de la colonne gauche. La page qui s'ouvre affiche la liste des groupes dont vous êtes membre, avec un aperçu de leur activité. Dans cette section, nous vous expliquons en quoi l'application Groupes a changé et vous en offrons un aperçu.

Pourquoi y a-t-il différents types de groupes ?

En octobre 2010, l'application Groupes a subi des changements. Si vous avez rejoint Facebook après cette date, cette section ne vous concerne pas. Si vous avez signé avant octobre 2010, continuez votre lecture.

L'application Groupes servait à connecter des gens autour d'idées et de sujets. Souvent, cela réunissait de parfaits étrangers, par exemple, des personnes portant le même nom ou ayant les mêmes habitudes nocturnes. Après des années durant lesquelles les gens ont rejoint des groupes et ont fini par les oublier, Facebook a décidé de recentrer l'application Groupes autour d'un concept plus proche du monde réel. Les groupes rejoints avant octobre 2010 sont restés inchangés. Ils ont conservé leurs paramètres de confidentialité et leurs membres. Comme tous les groupes créés par la suite appartiennent au « nouveau » type de groupe, ce chapitre se concentre sur l'utilisation des groupes créés après octobre 2010.

Analyse d'un groupe

Vous avez certainement déjà été notifié de l'adhésion d'un ami à un groupe. Ou alors vous avez découvert un groupe intéressant et l'avez rejoint ou avez été invité à le rejoindre. Peut-être préférez-vous aussi lire ce chapitre avant de vous lancer. Quoi qu'il en soit, pour les besoins de cette section, nous utilisons le groupe Les Nuls que Leah et Carolyn exploitent pour communiquer avec leur éditeur. Pour accéder à ce groupe, elles cliquent sur le lien Les Nuls dans la colonne gauche de leur page d'accueil.

La première chose que vous voyez quand vous visitez un groupe est sa page, comme le montre la Figure 10.1. Tout comme votre profil fournit un résumé de vous, cette page propose un aperçu de ce qui s'est passé récemment dans le groupe, y compris des photos, vidéos et commentaires de membres les plus récents.

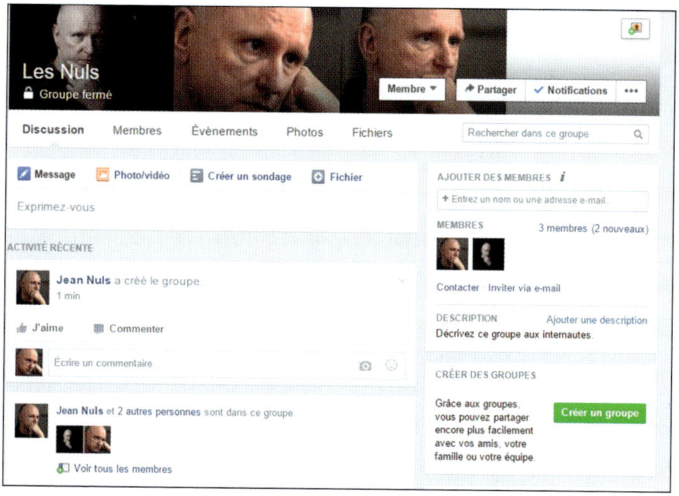

Figure 10.1 : Un groupe… classique.

En haut de la page du groupe, vous voyez le nom du groupe. En fonction des paramètres de confidentialité (voir la section « Créer un groupe » pour en savoir plus), vous devriez être capable de voir tout le contenu d'un groupe avant de le rejoindre, même si vous ne pouvez pas en publier.

En faisant défiler la page vers le bas, vous ne devriez pas être dépaysé. En effet, le groupe se présente sous forme de Journal sur lequel les membres peuvent poster du contenu, des événements et des idées auxquels les autres membres peuvent répondre à l'aide de commentaires. Et bien évidemment, en haut, vous disposez de la zone de publication qui vous invite à partager des posts, des liens, des photos, des vidéos, des événements et des fichiers (documents de type *wiki* que tous les membres du groupe peuvent modifier). Vous pouvez même solliciter les autres membres du groupe pour leur poser une question. Nous expliquons ces éléments dans la section « Ajouter sa pierre à l'édifice ».

La section Membres indique le nombre de membres du groupe et montre les vignettes de leur compte Facebook.

À droite de la page, quelques boutons, liens et sections sont à votre disposition. Nous les présentons de haut en bas :

- **Membres :** Ouvre un menu local qui permet de ne plus suivre le groupe, voire de le quitter.
- **Partager :** À l'instar des photos, des vidéos, et des publications, vous pouvez partager l'existence d'un groupe et ses activités sur votre journal, celui d'un ami, mais aussi dans un autre groupe, sur une page, ou bien encore en message privé.
- **Notifications :** Cliquez sur ce bouton pour indiquer si vous voulez recevoir des notifications à chaque publication effectuée au sein du groupe, ou seulement pour les publications produites par vos amis, ou si vous préférez ne recevoir aucune notification. Nous étudions ces options dans la section « Contrôler la surcharge due aux groupes », plus loin dans ce chapitre. Lisez également le Chapitre 9 pour en savoir plus sur les notifications.
- **Bouton des paramètres (avec trois petits points) :** Cliquez sur ce bouton afin d'afficher la liste d'options suivantes :
  - *Ajouter :* Cette option permet d'ajouter des personnes au groupe.

- *Gérer le groupe :* Permet de faire vivre le groupe et ses membres.
- *Envoyer un message :* Cette option permet de rédiger un message de conversation aux membres du groupe de votre choix.
- *Créer un événement :* Cliquez sur cette option pour créer un événement planifié pour le groupe.
- *Modifier les paramètres du groupe :* Si vous êtes administrateur d'un groupe, cliquez sur cette option pour accéder à certains paramètres que vous seul contrôlez. Nous y reviendrons plus tard, dans la section « Administrer un groupe ».
- *Ajouter aux favoris :* Si vous cliquez sur cette option, le groupe apparaîtra dans la liste Favoris en haut de la colonne gauche de votre page d'accueil Facebook. Cliquez sur Retirer des favoris pour ôter le groupe de cette liste.
- *Signaler le groupe :* Si les membres d'un groupe adoptent un comportement choquant (harcèlement, spam, violence, attaques de toute sorte) envers vous-même ou un ami, vous pouvez le signaler au moyen de cette option.
- *Masquer le groupe :* Permet de ne pas afficher le groupe, sans pour autant le quitter.
- *Créer un groupe :* Cette option permet de créer un groupe dont vous serez l'administrateur.

✓ **Champ Recherche dans ce groupe :** Cliquez dans ce champ pour rechercher un contenu précis au sein du groupe. Validez votre requête en cliquant sur la loupe ou en appuyant sur Entrée.

✓ **Section Membres :** Cliquez sur cet onglet pour afficher les membres du groupe. Ils apparaissent sous forme de vignettes. Chacune est agrémentée de l'icône d'un engrenage. Cliquez dessus pour exclure un membre du groupe (Supprimer du groupe) ou pour les empêcher d'administrer le groupe (Supprimer des administrateurs).

- **Ajouter des personnes au groupe :** Cliquez sur le bouton Ajouter de la section Membres. Dans la boîte de dialogue Ajouter des membres qui apparaît, tapez le nom d'un ami Facebook dans le champ Qui souhaitez-vous inviter dans ce groupe ? Validez l'ajout par un clic sur le bouton Ajouter.

Créer un groupe

La procédure de création d'un groupe est assez simple. Elle profite d'une assistance efficace qui vous guide dans la procédure. Voici comment créer un groupe sur Facebook :

1. **Affichez votre profil.**
2. **Ouvrez le menu local Plus, et choisissez Groupes, comme à la Figure 10.2.**

Figure 10.2 : Choisissez Groupes dans le menu local Plus.

Cette action ouvre la section Groupes de votre compte Facebook.

3. **Cliquez sur le bouton Créer un groupe, comme l'illustre la Figure 10.3.**
4. **Dans la boîte de dialogue Créer un groupe qui apparaît, saisissez le nom du groupe dans le champ éponyme.**

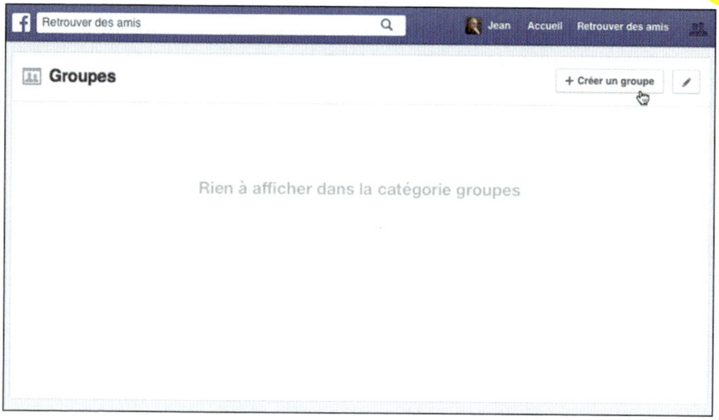

Figure 10.3 : Créez facilement un groupe.

5. **Cliquez dans le champ Membres et tapez le nom des comptes (amis) Facebook que vous souhaitez inviter à rejoindre le groupe.**
6. **Pour que le groupe apparaisse dans les Favoris, cochez l'option Favoris.**
7. **Définissez le niveau de confidentialité du groupe :**
   - **Public :** Tout le monde pourra consulter les publications du groupe.
   - **Fermé :** Le groupe est visible, mais ses publications ne sont accessibles qu'au membre du groupe.
8. **Cliquez sur le bouton Créer.**

Le groupe sera accessible depuis la colonne de gauche de la section Accueil de votre compte Facebook.

Informations sur le groupe

Lors de la création d'un groupe, vous n'avez peut-être pas communiqué toutes les informations nécessaires à sa bonne représentation et identification sur Facebook. Là encore, le réseau social vous suggère quelques tâches à accomplir lorsque vous affichez le groupe.

Ces données supplémentaires sont suggérées dans la section Informations sur le groupe qui s'affiche lorsque vous accédez au groupe, comme le montre la Figure 10.4 :

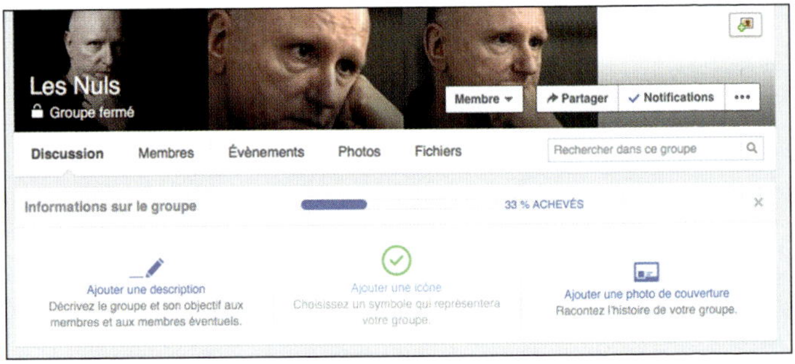

Figure 10.4 : Ajoutez des informations dans cette section.

- **Ajouter une description :** Cliquez sur ce lien pour donner des informations sur la nature du groupe et de ses objectifs. Validez par un clic sur Enregistrer.
- **Ajouter une icône :** Permet de choisir parmi un ensemble d'icônes prédéfini afin de pouvoir identifier le groupe en un clin d'œil.
- **Ajouter une photo de couverture :** Cliquez sur ce lien pour choisir une image stockée sur votre disque dur qui servira de couverture à votre groupe (exactement comme pour la couverture de votre compte personnel).

Ajouter sa pierre à l'édifice

L'intérêt de créer et de rejoindre un groupe est de pouvoir communiquer. Alors, entamez la communication ! Les moyens mis à votre disposition sont les suivants : publier dans le Journal du groupe, discuter en temps réel avec des membres, et commenter les messages du groupe.

Publier dans le Journal

Publier sur le Journal d'un groupe, c'est comme publier sur son propre Journal ou sur celui d'un ami. Il suffit de cliquer sur le lien adéquat pour partager votre contenu. Même si ces liens fonctionnent comme ailleurs sur Facebook, nous les expliquons brièvement, dans le cadre des groupes. La zone de publication des groupes compte quatre liens classiques : Message, Photo/vidéo, Créer un sondage, et Fichier, comme le montre la Figure 10.5.

Figure 10.5 : Utilisez la zone de publication pour communiquer avec les membres du groupe.

Publier un message

Le message que vous publiez ici est uniquement partagé avec les membres du groupe (à moins que le groupe soit ouvert, auquel cas tout le monde peut le voir). Vous pouvez publier un message juste pour faire un petit coucou ou pour démarrer une discussion avec les membres du groupe. Pour créer un message, respectez les étapes suivantes :

1. **Commencez par cliquer sur l'onglet Discussion.**
2. **Dans la zone de publication, cliquez sur le champ Exprimez-vous.**

   La zone de publication s'agrandit, comme le montre la Figure 10.6.

3. **Tapez ce que vous avez à dire dans la zone de saisie.**

Figure 10.6 : Qu'avez-vous à dire ?

Laissez libre cours à vos pensées et exprimez-vous au sein de votre groupe.

4. **Cliquez sur Publier.**

   Votre message s'affiche dans le Journal du groupe, et les membres du groupe reçoivent une notification et sont éventuellement avertis dans leur fil d'actualité.

Publier une photo ou vidéo

Écrire un post n'est pas toujours la meilleure solution. Parfois, une image valant mille mots, il est plus judicieux de publier une photo :

1. **Cliquez sur Photo/vidéo dans la zone de publication.**

   Deux options s'affichent, comme le montre la Figure 10.7.

Figure 10.7 : Publiez une photo ou une vidéo dans le groupe.

2. **Sélectionnez Importer des photos/vidéos.**

   Votre ordinateur affiche vos fichiers.

3. **Utilisez la boîte de dialogue qui s'affiche pour localiser une photo ou un fichier vidéo sur votre disque dur. Cliquez sur la photo ou la vidéo, puis sur Ouvrir (ou Choisir sur Mac).**

4. **(Facultatif) Ajoutez un commentaire sur la photo ou la vidéo dans la zone de saisie.**

5. **Cliquez sur Publier.**

   Le post s'affiche sur le Journal du groupe et tous les membres (en fonction des paramètres des notifications) en sont notifiés. Ils peuvent ensuite le commenter s'ils le souhaitent.

Retrouvez les photos et vidéos déjà postées en cliquant sur l'onglet Photos de la page du groupe (sous les photos des membres).

Poser une question

L'objet d'un groupe est de réunir des amis sur un sujet commun, et donc il semble judicieux de pouvoir les solliciter si une question liée à ce sujet vous taraude. Cliquez pour cela sur Créer un sondage, et saisissez votre question, comme à la Figure 10.8. S'il s'agit pour vous de sonder l'avis de vos amis, cliquez sur le lien Ajouter des choix de réponses afin de proposer des réponses avec des cases à cocher. Pour ajouter vos propositions, cliquez sur Ajouter une option, et saisissez ladite proposition.

Figure 10.8 : Posez vos questions au groupe.

Ajouter un fichier

Si vous êtes membre d'un groupe qui doit effectuer des tâches du monde réel, par exemple publier un magazine littéraire ou rédiger un discours pour un mariage, les documents vous permettent de travailler en groupe. Pour créer un nouveau document, cliquez sur le bouton Fichier, saisissez un commentaire (voir Figure 10.9), puis cliquez sur l'un des deux boutons Choisir un fichier de votre ordinateur, ou De votre Dropbox.

Retrouvez les documents déjà ajoutés en cliquant sur l'onglet Fichiers de la page du groupe (sous les photos des membres). À tout moment, vous pouvez les modifier ou y ajouter du contenu. Vous pouvez aussi laisser des commentaires sur les

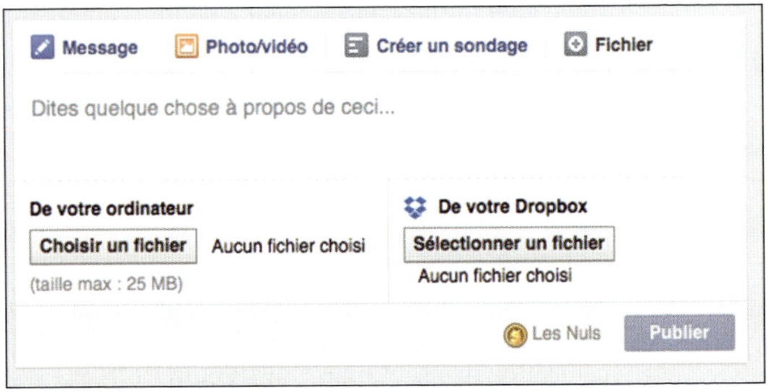

Figure 10.9 : Publier un fichier.

documents pour indiquer aux membres du groupe ce que vous aimez et ce que vous n'aimez pas. Le fichier ainsi publié pourra être téléchargé par toute personne autorisée par un simple clic sur le lien Télécharger.

Créer un événement

Votre groupe, comme beaucoup, est peut-être fondé sur des activités. C'est pourquoi Facebook facilite la planification d'événements pour les membres d'un groupe, que ce soit une conférence ou une réunion de famille. Agissez comme suit pour créer un événement :

1. **Cliquez sur l'onglet Événements, puis sur le bouton Créer un événement.**

   La boîte de dialogue Créer un événement s'ouvre, comme le montre la Figure 10.10.

2. **Complétez les informations relatives à l'événement.**

   Indiquez le nom, la date et l'heure de l'événement, l'objet, le lieu, *etc*. Pour apprendre à planifier un événement, reportez-vous au Chapitre 11.

   Ajoutez le cas échéant une photo qui illustrera votre événement.

3. **Définissez la liste des invités et la visibilité de l'événement.**

   Cochez la case Inviter tous les membres.

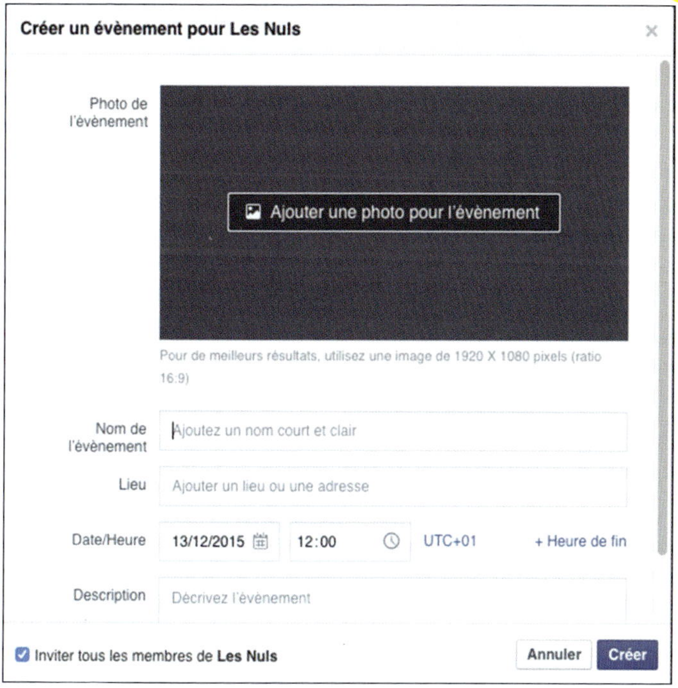

Figure 10.10 : Créez un événement pour les membres de votre groupe.

4. **Cliquez sur Créer.**

En tant que créateur de l'événement, vous êtes automatiquement ajouté à la liste de ceux qui participent. Le post s'affiche dans le fil d'actualité et les notifications des membres. Pour répondre à un événement de groupe, suivez ces étapes :

1. **Cliquez sur le nom de l'événement dans le Journal du groupe.**

   La page de l'événement s'affiche avec son nom, la date, l'heure, le lieu, le nom de la personne qui vous a invité et le nombre d'amis qui y participent.

2. **Cliquez sur J'y vais, Peut-être, ou Ne participe pas, comme le montre la Figure 10.11.**

   Lorsque vous recevez une invitation, vous pouvez la décliner en cliquant sur Non. Dans ce cas, l'événement

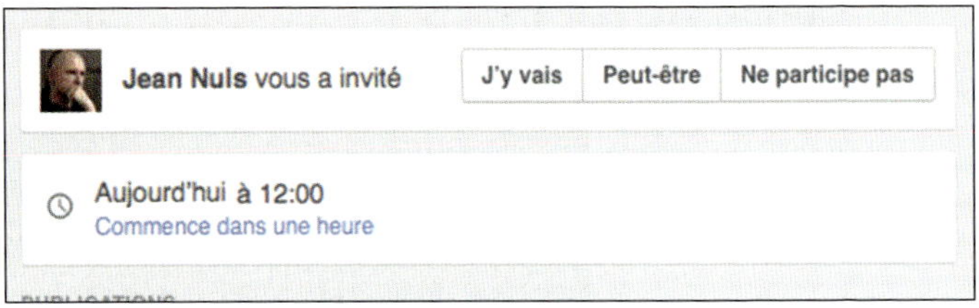

Figure 10.11 : Participer ou non à un évènement.

ne s'affichera plus dans votre fil d'actualité et vous ne recevrez plus de notifications à son sujet.

Pour en savoir plus sur les événements, consultez le Chapitre 11.

Vous pouvez inviter de nouveaux membres en cliquant sur le bouton Inviter.

Commenter des posts

Les groupes incitent à prendre part aux échanges, alors n'hésitez pas à commenter les posts que vos amis et membres du groupe publient sur le Journal du groupe, à cliquer sur J'aime ou à vous abonner. Si vous avez été invité à être membre du groupe, votre avis compte.

- **Commenter :** Lorsque vous voyez une publication que vous souhaitez commenter, cliquez sur Commenter sous le post et partagez votre avis (cette action vous abonne aux prochaines notifications sur le post).
- **J'aime :** Dès que vous cliquez sur J'aime, l'auteur du contenu concerné reçoit une notification. C'est un moyen simple et rapide de féliciter l'auteur si vous n'avez pas de commentaire à ajouter.
- **Partager :** Pour partager le post du groupe sur votre profil. Si cette option n'est pas disponible, cela tient au fait que le groupe est fermé. Pour modifier la confidentialité d'un groupe, par passer d'un statut Fermé ou Public, consultez la prochaine section.

Il se peut que vous ayez commenté ou soyez abonné à un groupe qui prend une direction telle que vous ne vous y intéressez plus. Dans ce cas, accédez au groupe. Cliquez sur le bouton Membre et, dans le menu local qui apparaît, choisissez Quitter le groupe.

Modifier les paramètres de confidentialité du groupe

Nous savons que lors de la création d'un groupe, nous lui assignons un niveau de confidentialité. Par exemple, vous avez peut-être créé un groupe fermé. Comment faire si vous changez d'avis, c'est-à-dire si vous souhaitez ouvrir à tous un groupe fermer, ou bien fermer un groupe ouvert à tous ? Voici comment procéder :

1. **Accédez au groupe.**
2. **Cliquez sur le bouton orné de trois points et, dans le menu local qui s'affiche, choisissez Modifier les paramètres du groupe, comme à la Figure 10.12.**

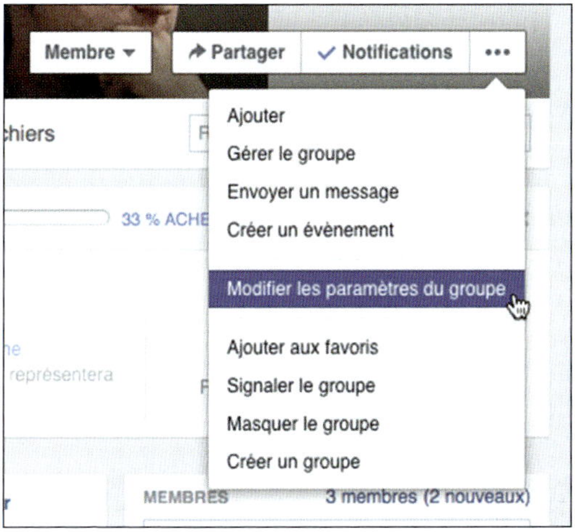

Figure 10.12 : Pour modifier la confidentialité d'un groupe.

3. **Dans la page des paramètres qui s'affiche, cliquez sur le bouton Modifier les paramètres de confidentialité.**
4. **Dans la boîte de dialogue Changer les paramètres de confidentialité du groupe (Figure 10.13), choisissez un autre niveau de confidentialité.**

Figure 10.13 : Choisissez un autre niveau de confidentialité.

Contrôler la surcharge due aux groupes

Il n'est pas rare, surtout dans les grands groupes, de se sentir submergé par toutes les notifications d'activité. Pour éviter cela, il suffit de maîtriser les paramètres des notifications. Pour y accéder, cliquez sur le bouton Notifications dans la page du groupe. Un menu de quatre options s'affiche, comme dans la Figure 10.14.

- **Toutes les publications :** Cette option affiche une notification (icône rectangulaire rouge dans la barre bleue de Facebook) dès qu'un membre du groupe publie ou commente un post.

  En Bref : Vous ne recevez que les meilleures publications ainsi que les publications de vos amis.

- **Publications de vos amis :** Dans les groupes très étendus, il est possible que vous ne soyez pas ami Facebook avec tous les membres du groupe. Cette option permet donc de filtrer le contenu et de limiter les notifications aux interventions de vos amis.

Figure 10.14 : Contrôlez les notifications en provenance d'un groupe.

- **Non :** Cette option bloque toutes les notifications émanant du groupe.

Trouver le bon groupe

Groucho Marx disait qu'il ne voulait pas être membre d'un club dont il serait membre. Il n'aurait certainement pas aimé Facebook qui possède des millions de groupes publics qui l'accepteraient lui, vous ou n'importe qui. Cette section vous aide à cibler les groupes qui partagent vos intérêts. Pour ce faire, vous pouvez rechercher des groupes spécifiques, naviguer dans les groupes ou testez les groupes que vos amis aiment.

Rechercher des groupes

Si vous avez un sujet en tête, la démarche suivante est la plus rapide pour trouver des groupes qui s'y intéressent :

1. **Cliquez dans la zone de recherche de votre compte Facebook.**

   La zone de recherche se situe dans la grande barre bleue en haut de toutes les pages Facebook.

2. **Entrez le nom d'un groupe que vous recherchez, comme** loups.

   Une liste de résultats devrait s'afficher aussitôt sous la zone de recherche, classée par types : personnes, Pages, groupes, événements, lieux, applications, *etc.*

3. **Si la liste contient une rubrique Groupes, cliquez sur l'un des résultats sous cet intitulé. Sinon, cliquez sur Trouver plus de résultats pour <nom tapé> au bas de la liste.**

4. **Dans la colonne gauche de la page Types résultats, cliquez sur Groupes afin de filtrer la recherche aux seuls groupes.**

   La liste correspondant à ce filtrage (illustrée dans la Figure 10.15) s'affiche.

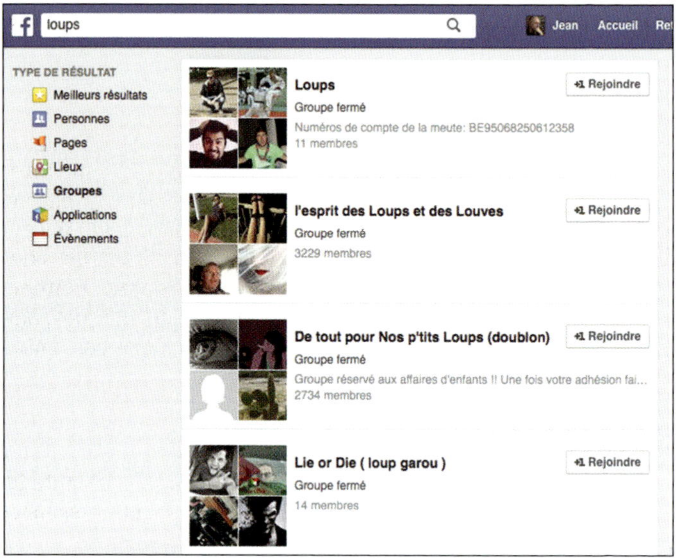

Figure 10.15 : Recherche de groupes consacrés aux loups.

5. **Cliquez sur l'un des groupes pour en savoir plus.**

Quand un administrateur crée un groupe, il peut limiter l'accès à un réseau (s'il en a un) ou opter pour un accès Fermé ou Secret, deux possibilités que nous étudierons dans une prochaine section, intitulée « Créer un groupe ». Facebook affiche seulement les groupes que vous êtes autorisé à voir dans la liste des résultats.

Signaler un groupe offensant

Si vous rencontrez un groupe offensant au cours de vos recherches, signalez-le à Facebook pour que la société puisse prendre les mesures nécessaires. Agissez ainsi pour signaler un groupe :

1. **Cliquez sur le bouton orné de trois petits points dans la page d'accueil du groupe, puis sur Signaler le groupe.**

   Une fenêtre semblable à celle de la Figure 10.16 s'ouvre.

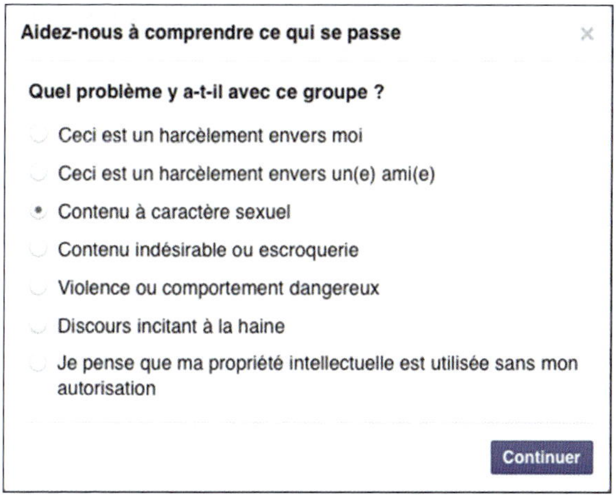

Figure 10.16 : Si vous trouvez un groupe offensant au cours de vos recherches, Facebook est là pour vous aider.

2. **Répondez aux questions posées.**
3. **Cliquez sur Continuer.**

Facebook supprime tous les groupes qui :

- Présentent du contenu pornographique ou une nudité inappropriée.
- Attaquent un individu ou un groupe.
- Encouragent l'utilisation de substances illicites.
- Prônent la violence.
- Servent de publicités ou sont considérés comme des spams.

N'OUBLIEZ PAS

Beaucoup de groupes sur Facebook ont des avis très tranchés sur des sujets controversés tels que l'avortement ou le contrôle des armes. Afin de rester neutre et d'encourager le débat, Facebook ne va pas supprimer un groupe parce que vous n'êtes pas d'accord avec ses idées.

Administrer un groupe

Si vous êtes le créateur d'un groupe, vous êtes automatiquement désigné comme son *administrateur*. En outre, vous pouvez être ajouté comme administrateur du groupe de quelqu'un d'autre (nous vous montrons comment faire dans cette section). Une fois que vous avez des membres dans votre groupe, vous pouvez utiliser la liste des membres pour supprimer (ou exclure définitivement) des membres indésirables, désigner les membres les plus fiables comme administrateurs ou destituer des administrateurs existants (s'ils existent) de leur fonction pour qu'ils redeviennent membres.

Modifier le groupe

Pour débuter dans votre carrière d'administrateur, nous vous invitons à jeter un œil à la page de modification du groupe, présentée dans la Figure 10.17. Pour accéder à cette page, cliquez sur le bouton présentant trois petits points dans la partie droite de la page d'accueil du groupe, puis sur Modifier les paramètres du groupe.

Si vous êtes le créateur du groupe, cette page devrait vous être familière, car elle a beaucoup d'options en commun avec la fenêtre dont vous disposiez lors de la création du groupe :

- **Nom du groupe :** Modifiez le nom du groupe ici. Ne semez pas le trouble parmi les membres en passant, par exemple, de PSG à OM !
- **Icône :** Le bouton immédiatement à gauche de Nom du groupe permet, à tout moment, de modifier l'icône associée au groupe.

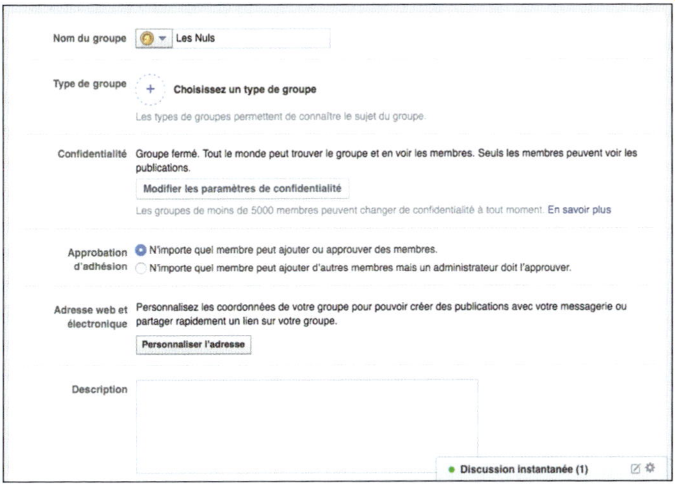

Figure 10.17 : L'administrateur peut modifier le groupe.

- **Type de groupe :** Cliquez sur le bouton + pour choisir parmi 14 types prédéfinis dont Amis proches, Club, Parents, *etc*.
- **Confidentialité :** Le niveau de confidentialité du groupe peut être modifié ici. Nous vous conseillons de ne pas passer d'un groupe secret à ouvert si les membres partagent du contenu qu'ils estiment sensible.
- **Approbation d'adhésion :** Choisissez la méthode pour accepter de nouveaux membres dans le groupe : chaque membre peut inviter qui il veut, mais soit chaque membre peut accepter les nouveaux venus, soit seul l'administrateur peut s'en charger.
- **Adresse Web et électronique :** Enregistrez une adresse e-mail (avec pour nom de domaine `@groups.facebook.com`) pour votre groupe que vous utiliserez ensuite pour partager des informations par e-mail. Quand des membres envoient un e-mail au groupe, il s'affiche sous forme de post sur le Journal du groupe.
- **Description :** Si vous le souhaitez, vous pouvez ajouter du texte pour décrire votre groupe.

  Mots-clés : Définissez des mots-clés pour aider les utilisateurs de Facebook à retrouver votre groupe.

- **Permissions de publication :** Autorisez uniquement les membres ou uniquement les administrateurs à publier dans le groupe.
- **Approbation des publications :** Décidez si les publications doivent être approuvées par un administrateur avant d'être affichées dans le Journal du groupe.

De plus, il est possible d'ajouter une image de groupe qui va apparaître dans le bandeau de la page du groupe, comme une couverture de Journal, comme le montre la Figure 10.18. Suivez ces étapes pour ajouter une miniature :

Figure 10.18 : Changez la photo de votre groupe.

1. **Placez le pointeur de la souris sur la couverture, et cliquez sur le bouton Ajouter une photo de couverture ou Changer la photo du groupe.**

   La première fois que vous choisissez la photo de couverture du groupe, cliquez simplement sur le bouton Ajouter une photo de couverture affiché en haut à droite de l'espace de la page réservé à la couverture du groupe.

2. **Dans le menu local qui apparaît, cliquez sur Choisissez parmi les photos du groupe ou sur Importer une photo.**

   Une fenêtre vous invite à sélectionner une photo parmi celles postées dans le groupe dans un cas, dans le disque dur de votre ordinateur dans l'autre cas.

   Vous pouvez aussi opter Choisir parmi mes photos afin de la sélectionner au sein des photos déjà importées sur votre profil, ou bien Ajouter une photo synchronisée si la photo est stockée sur un périphérique mobile.

3. **L'image choisie s'affiche dans le bandeau en guise d'image de groupe. Faites-la glisser pour la positionner comme bon vous semble.**

4. **Cliquez sur Enregistrer les modifications, sous le bandeau de couverture, quand vous avez terminé.**

TRUC

Pour modifier ou supprimer la photo du groupe, survolez-la, puis cliquez sur Changer la photo du groupe, et choisissez l'option appropriée dans le menu qui s'affiche.

Modifier le statut ou supprimer des membres

En tant qu'administrateur, vous pouvez supprimer ou exclure des membres du groupe, mais aussi désigner d'autres administrateurs pour vous épauler.

Pour supprimer des membres ou les nommer administrateurs, respectez les étapes suivantes :

1. **Dans la page du groupe, cliquez l'onglet Membres.**

2. **Pour supprimer un membre du groupe, cliquez sur la roue dentée située sous sa vignette, puis sur Supprimer du groupe.**

   Vous devez confirmer la suppression. Si quelqu'un publie constamment du contenu gênant ou abusif, vous pouvez l'exclure définitivement. Cela signifie que cette personne ne pourra plus jamais rejoindre le groupe.

3. **Pour nommer un membre administrateur, cliquez sur la roue dentée située à droite de sa photo, puis sur Nommer administrateur.**

   De même, quand un membre est administrateur, il est possible de lui retirer son statut en cliquant sur Supprimer des administrateurs.

Chapitre 11

Organiser votre vie avec Facebook

Dans ce chapitre :

- Se familiariser avec les événements.
- Trouver des événements intéressants.
- Créer et gérer ses propres événements.

Pensez au pire anniversaire de votre vie ; la fameuse fête-surprise que votre mère avait organisée et à laquelle aucun de vos amis n'est venu parce qu'elle avait oublié de les inviter !

Si votre mère avait créé un événement Facebook pour organiser cette fête, les invités auraient été conviés ! Facebook vous épargne les tâches pénibles liées à l'organisation d'un événement (création et envoi des invitations, gestion de la liste des invités) et vous permet de vous concentrer sur la préparation de l'événement lui-même.

Vous voulez organiser une soirée, mais n'avez pas l'âme d'un organisateur ? Pas de souci, Facebook permet aussi de planifier des événements impromptus, de plus petite envergure. Il est très facile de trouver des candidats pour un dîner ou une partie de Frisbee. Et si cela ne suffit pas, des centaines d'événements sont proposés chaque semaine sur Facebook. Ce chapitre vous montre comment trouver le *nec plus ultra* pour ce week-end.

À Événements, événement et demi

Comme Photos et Groupes, Événements est une application créée par Facebook. Pour accéder à la page Événements, cliquez sur Événements, dans la colonne gauche de votre page d'accueil. La page Événements, représentée Figure 11.1, affiche tous les anniversaires à venir et les événements Facebook pour lesquels votre nom figure dans la liste des invités, c'est-à-dire les événements auxquels vous avez été invité, comme ceux auxquels vous avez participé.

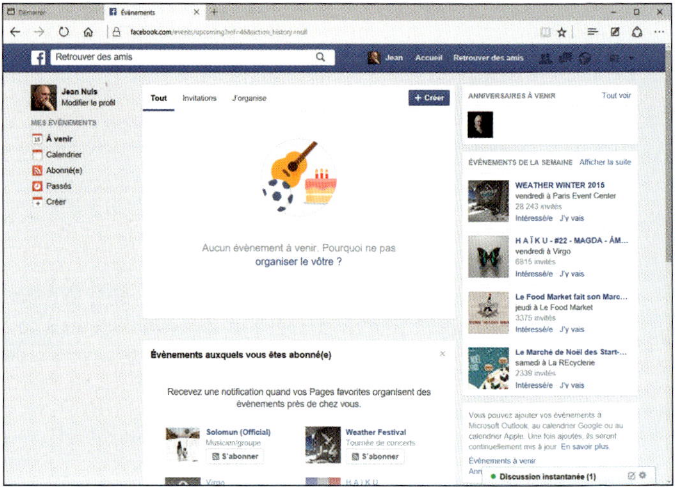

Figure 11.1 : Page de l'application Événements.

Au cas où vous changeriez d'avis, les événements pour lesquels vous avez répondu que vous ne participerez pas figurent aussi dans la liste. Pour modifier votre réponse, cliquez sur le bouton qui indique votre réponse, sous l'événement en question.

Pour en savoir plus sur un événement, cliquez sur son titre. Cette action ouvre la page d'accueil de l'événement qui contient un aperçu détaillé. Nous y reviendrons à la section suivante.

Facebook intègre aussi un résumé des informations les plus importantes, telles que la date et l'heure de l'événement, votre réponse et les amis participant, directement sous le titre de l'événement dans la liste des événements.

Dès que vous rencontrez une liste d'événements sur Facebook (dans la page Événements ou dans les résultats d'une recherche), ces informations sont spécifiées.

La liste des événements propose différents onglets et rubriques pour modifier son contenu et son mode d'affichage :

- **Tous :** Affiche tous les événements sans distinction.
- **Invitations :** Cliquez sur l'onglet Invitations afin d'afficher la liste des invitations que vous ont envoyées vos contacts et amis sur Facebook. Le chiffre situé à droite de la mention Invitations indique le nombre d'invitations auxquelles vous n'avez pas encore répondu. Profitez-en pour répondre en cliquant sur l'un de ces boutons : Participer, Peut-être ou Non (décliner).
- **J'organise :** Liste les événements dont vous êtes l'organisateur.
- **Calendrier :** Cette icône est située dans la colonne de gauche de la page Événements. Cliquez dessus pour afficher les événements dans un calendrier mensuel, comme à la Figure 11.2. Les anniversaires de vos amis sont indiqués au moyen de leur photo de profil dans la case du jour concerné. Le premier mois affiché en haut est le mois en cours, mais vous avez la possibilité de changer de mois en cliquant sur les chevrons situés en haut à gauche de chaque mois. Une section au-dessus du calendrier permet également d'afficher les invitations que vous avez reçues.
- **Abonné(e) :** Liste les événements auxquels vous êtes abonné.
- **Passés :** Liste les événements passés que vous avez peut-être ratés, histoire de bien vous saper le moral.
- **Créer :** Ce bouton permet de créer votre propre événement. Nous en reparlerons plus tard dans ce chapitre.

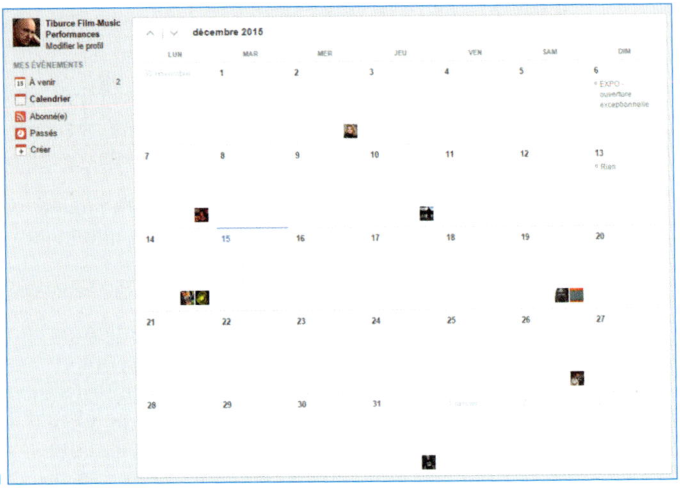

Figure 11.2 : Les événements affichés sous la forme d'un calendrier.

Analyse d'un événement

Sur Facebook, un événement est représenté par sa page d'accueil, comme le montre la Figure 11.3. Pour y accéder, cliquez dans la page Événements, sur le nom d'un événement. Une page d'accueil évolue au fil de la vie de l'événement. Avant la tenue de l'événement, sa page d'accueil sert d'invitation et fournit aux participants des informations essentielles telles que la date et le lieu de l'événement. Une page d'accueil d'événement indique aussi qui participera et qui participera peut-être, permettant aux organisateurs de prévoir en fonction. Une fois que l'événement a eu lieu, sa page d'accueil permet aux participants de partager leurs impressions sous forme de photos, de vidéos et de discussions.

Une page d'accueil d'événement est divisée en deux colonnes (en plus de la colonne droite qui concentre les publicités et autres liens commerciaux). Chaque colonne est scindée en plusieurs sections. En haut de la page, vous pouvez voir l'image (couverture) et le nom de l'événement, ainsi que votre statut de participation. Ce statut figure à droite du nom de la personne qui vous a invité. Vous avez le choix entre : Intéressée, J'y vais, et Ignorer. Cliquez sur la réponse qui vous convient. Vous avez également la possibilité de modifier votre réponse

Figure 11.3 : Page d'accueil d'un événement.

en cliquant ultérieurement sur un autre bouton. Par exemple, si vous avez répondu Ignorer, les boutons Intéressée et J'y vais apparaissent cette fois sous la couverture de l'événement. Vous pouvez donc faire état de votre nouvelle décision. Le niveau de confidentialité (public ou privé) de l'événement est affiché en bas à gauche de la couverture ainsi que le nom de l'organisateur.

La colonne de droite est consacrée à la liste des invités : qui participe, qui ou qui ne sont pour le moment qu'intéressés. La vignette de ceux qui participent est ornée d'une coche verte. Celles de ceux qui ne sont qu'intéressés est vide de tout indicateur. Cliquez sur les différents liens de chaque section pour afficher la liste des invités, des participants et de ceux qui ne sont pas sûrs de venir.

Vous pouvez partager l'événement en ouvrant le menu local du bouton Inviter situé en bas à droite de la couverture. Exécutez alors la commande Partager l'événement.

Si l'événement est public, vous pouvez utiliser le bouton Inviter vos amis *via* la section Inviter des amis de la colonne de droite, ou *via* la commande Choisir des amis du bouton Inviter. Pour en savoir plus sur les événements publics, reportez-vous à la section « Créer ses propres événements ». Si l'événement est privé, vous ne pouvez pas partager de lien avec un non-membre, car les paramètres de confidentialité de l'événement ne vous y autorisent pas.

La colonne centrale est divisée en plusieurs sections. La première est une zone d'informations qui indique la date, l'heure et le lieu de l'événement. Dessous figure une description de l'événement, un plan permettant de le localiser, et éventuellement un lien pour acheter des billets.

Si le plan n'est pas visible, cliquez sur le lien Afficher la carte.

Vient ensuite le Journal de l'événement, qui fonctionne comme celui de tout profil, avec un espace où les participants peuvent publier des messages, des photos, des vidéos et des liens pertinents à partager avec tous les invités. Généralement, le Journal sert aux gens à préciser pourquoi ils ne peuvent pas participer ou à partager leur enthousiasme par rapport à l'événement à venir.

Si l'événement est public, le bouton Inviter est disponible sous l'image de l'événement. Quand vous cliquez dessus, un menu local permet de choisir des amis ou de partager l'événement sur votre journal ou sur une page. Si vous cliquez sur la commande Choisir des amis, une fenêtre Inviter s'ouvre pour vous permettre de sélectionner les amis que vous voulez inviter. Nous y revenons plus tard dans ce chapitre.

La *possibilité* d'inviter des personnes à un événement ne signifie pas que vous *devez* absolument le faire. Assurez-vous que l'organisateur de l'événement veut bien agrandir sa liste d'invités (*via* le Journal de l'événement) avant d'inviter tous vos amis.

Lendemain de fête

Quand vous rentrez d'une fête d'anniversaire ou d'une conférence organisée *via* Facebook, retournez sur le Journal de l'événement et publiez-y les photos ou les vidéos que vous avez faites. Cliquez dans la zone de publication, au-dessus du Journal et sélectionnez l'option adaptée pour ajouter des photos, des vidéos ou des liens. La Figure 11.4 illustre l'ajout d'une photo sur le Journal d'un événement. La démarche est la même qu'avec la zone de publication de votre propre Journal. Pour plus d'informations sur l'ajout de contenu *via* la zone de publication, lisez le Chapitre 8.

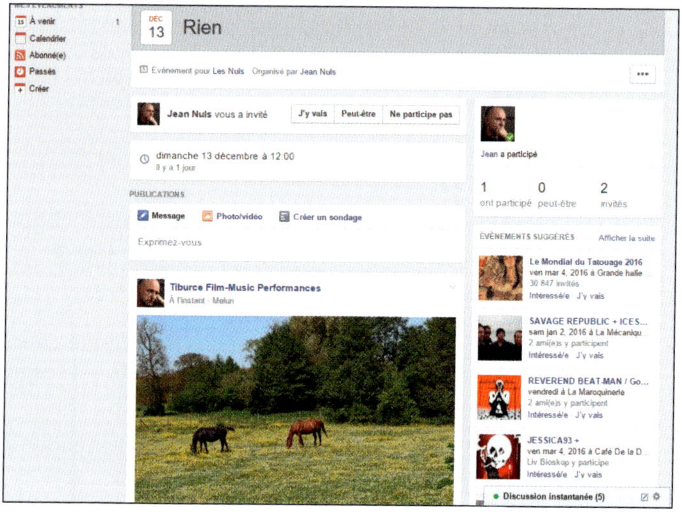

Figure 11.4 : Ajout d'une photo sur le Journal d'un événement passé.

Notez que vous pouvez publier ce type de contenu uniquement si l'administrateur de l'événement vous y autorise. Gardez un œil sur votre propre fil d'actualité pour savoir quand d'autres invités publient leurs photos et leurs vidéos. Généralement, les publications de ce type affluent un jour ou deux après l'événement. Après tout, rien de mieux pour se remémorer de bons moments !

Trouver des événements intéressants

Avec plus de 200 millions d'utilisateurs Facebook, il n'est pas étonnant qu'il y ait des centaines d'événements disponibles en permanence dans votre sphère. Facebook vous fournit plusieurs outils pratiques pour vous aider à trouver les bons plans du week-end.

Rechercher des événements

Si vous avez un événement en tête, la meilleure façon de le trouver est de le rechercher.

1. **Cliquez dans la zone de recherche.**

   La zone de recherche est la zone de texte située dans la barre bleue, en haut de chaque page.

2. **Entrez le sujet de l'événement à trouver.**

   Au fur et à mesure de votre saisie, une liste de résultats s'affiche sous la zone de recherche.

3. **Une fois que vous avez fini votre saisie, cliquez sur Trouver plus de résultats pour… au bas de la liste.**

   La page Tous les résultats s'affiche.

4. **Cliquez sur Événements dans la colonne gauche pour afficher uniquement les événements correspondant à ces résultats de recherche.**

La Figure 11.5 représente les résultats d'une recherche d'événement.

Créer ses propres événements

Marre d'être *invité* ? Prêt à recevoir ? Envie d'organiser votre propre événement, de contrôler votre propre liste d'invités et de décider qui *peut* et qui *ne peut pas* participer ? Suivez ces étapes :

Prenez une douche froide.

Maintenant que vous avez les idées claires, revenons-en à vos projets : organiser des événements sympas. Vous avez les cartes en main, alors lancez-vous !

Grands événements

Quelles que soient les idées qui vous ont traversé l'esprit avant de vous connecter à Facebook, sachez que créer un événement

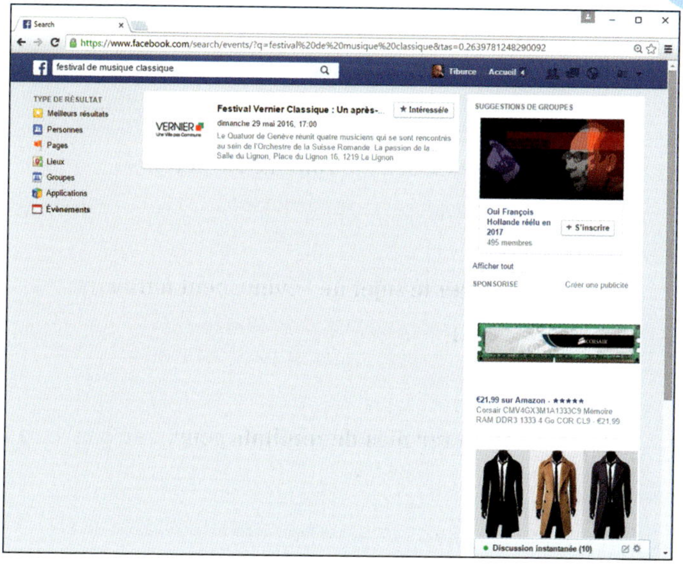

Figure 11.5 : Consultez les résultats pour trouver l'événement recherché.

est très simple. Pour commencer, respectez les étapes suivantes :

1. **Ouvrez le menu local Plus, et cliquez sur Événements.**

   Vous pouvez également cliquer sur Événements dans la colonne gauche de votre page d'accueil.

   La section ou la page Événements s'ouvre.

2. **Cliquez sur le bouton Créer un événement.**

   Vous obtenez la fenêtre Créer un événement, illustrée dans la Figure 11.6.

3. **Complétez les informations concernant votre événement.**

   Il y a plusieurs données à communiquer :

   - **Confidentialité :** Dans le premier menu local de la boîte de dialogue, précisez le degré de confidentialité de votre événement : Public (tout le monde peut le voir dans Facebook et s'y inscrire), ou Privé (seuls les invités peuvent afficher l'événement et s'y inscrire).

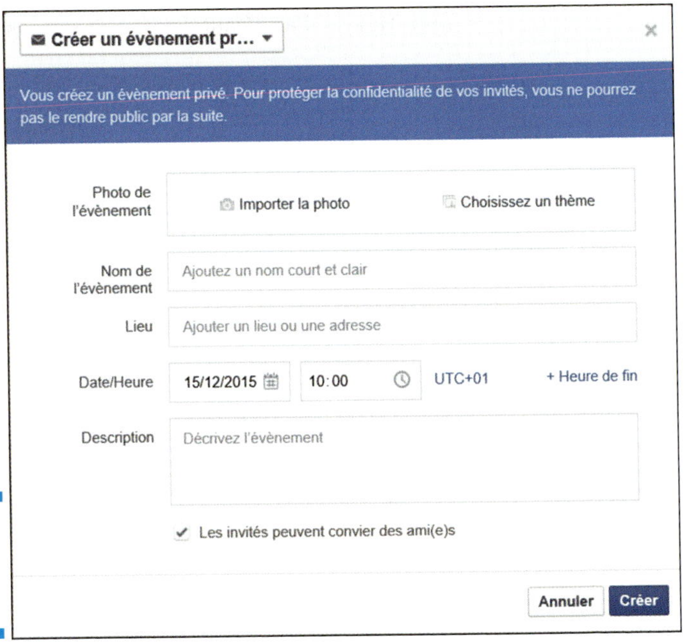

Figure 11.6 : Créez votre propre événement.

Dans ce dernier cas, une option Les invités peuvent convier des amis : libre à vous de la cocher ou non.

- **Photo de l'événement :** Cliquez sur Ajouter une photo si vous souhaitez appliquer une couverture à l'événement.
- **Nom :** Indiquez le titre de l'événement, par exemple *Les 30 ans de Maxime*.
- **Lieu :** Même si cette information n'est pas obligatoire, les professionnels de l'organisation ont remarqué qu'il pouvait être judicieux d'indiquer aux invités où se rendre. Ce n'est pas forcément une adresse postale. Cette information peut se présenter sous la forme *Appart de Marc* ou *Jardin d'Anne*. À mesure que vous saisissez le nom de l'endroit, une liste de lieux répertoriés par Facebook risque de s'afficher. Si votre événement a lieu dans un espace public, vous le trouverez peut-être dans cette liste.

- **Date/Heure :** Par défaut, Facebook suppose que vous êtes un planificateur de dernière minute, car il affiche la date du jour. Cliquez sur le calendrier pour changer la date, et sur l'horloge pour changer l'heure. Cliquez sur le lien Heure de fin si vous souhaitez indiquer l'heure de la fin de l'événement.

4. **Si l'événement est privé, cliquez cochez l'option Les amis peuvent convier des ami(e)s, si vous souhaitez que l'événement soit plus aisément partagé.**

5. **Cliquez sur le bouton Créer.**

6. **Dans la page de l'événement qui apparaît, cliquez sur Inviter.**

   Cette action ouvre une fenêtre de sélection, représentée dans la Figure 11.7. Cliquez simplement sur le nom d'un ami ou sa photo de profil pour le sélectionner. Cliquez une nouvelle fois pour le retirer de la liste des invités. Utilisez la zone Recherches des personnes à inviter en haut de la page pour spécifier le nom d'un ami.

7. **À la fin de la sélection, cliquez sur Envoyer les invitations.**

Voilà ! L'événement est créé et les invitations envoyées sans même devoir coller un seul timbre. Vous basculez dans la page d'accueil de votre événement. Bienvenue chez vous !

Dès que vous cliquez sur Envoyer les invitations, tous vos invités reçoivent les informations que vous venez de spécifier. Vérifiez bien l'heure, la date et l'orthographe avant de cliquer.

Vous avez oublié quelqu'un ? Certains invités demandent à être orientés ? Pas de souci, nous vous expliquons comment ajouter des invités et modifier votre événement dans la prochaine section.

Gérer son événement

Après la création d'un événement, les possibilités sont nombreuses. La plupart des actions possibles se présentent sous forme de boutons disponibles dans la page de votre événement. Elles sont visibles et accessibles uniquement par vous et

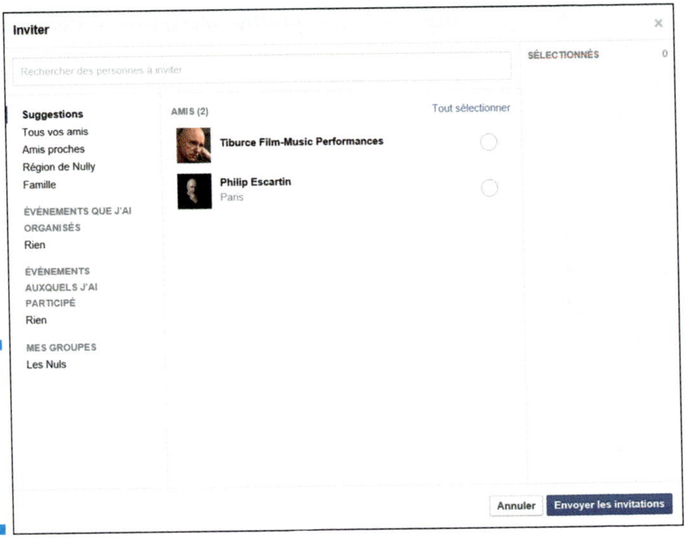

Figure 11.7 : La fenêtre de sélection vous permet d'inviter vos amis.

les autres administrateurs. Cette section souligne les privilèges dont vous bénéficiez en tant qu'administrateur d'événement.

Modifier les informations sur l'événement

Besoin de modifier l'heure de l'événement ou d'ajouter des informations sur le code vestimentaire ? C'est possible à tout moment : cliquez sur le bouton Modifier situé sous la couverture. Vous obtenez la fenêtre Modifier l'événement, qui est à peu de choses près la même que celle que vous avez complétée lors de la création de l'événement. Vous pouvez y modifier toutes les informations que vous voulez.

Vous avez en outre la possibilité d'indiquer si vous voulez afficher la liste des invités sur la page de l'événement. L'option (cochée par défaut) Afficher la liste des invités permet à vos amis de voir quels sont les autres invités. Ainsi, ils peuvent s'organiser pour venir ensemble ou prévoir un cadeau commun. Si vous ne voulez pas que votre liste d'invités soit visible en raison du statut de VIP de certains d'entre eux, décochez la case Afficher la liste des invités.

N'oubliez pas de cliquer sur Enregistrer quand vous avez terminé.

Ajouter une photo à votre événement

Ajouter une photo à un événement le rend plus chaleureux. Notez que la photo s'affiche à la fois sur la page d'accueil de l'événement et sur les invitations. Les grands événements officiels utilisent leur tract comme image. Pour ajouter une photo, agissez comme suit :

1. **Cliquez sur Ajouter une photo pour l'événement, en haut à droite de la page.**
2. **Cliquez sur Choisir parmi mes photos, Ajouter une photo synchronisée, ou Importer une photo.**

   La première option permet d'utiliser une photo déjà présente dans vos albums Facebook ; la deuxième permet de choisir une photo synchronisée sur un autre périphérique connecté comme un smartphone ; et la troisième ouvre une boîte de dialogue pour aller chercher la photo dans le disque dur de votre ordinateur.
3. **Sélectionnez l'image à ajouter.**
4. **Une fois l'image affichée, faites-la glisser dans son bandeau afin d'ajuster sa position.**
5. **Cliquez sur Enregistrer les modifications.**

L'image sélectionnée s'affiche comme une couverture de Journal, au sommet de la page de l'événement. Elle s'affiche également comme image d'événement dans le Journal et le fil d'actualité de vos amis, de la même façon qu'une image de profil.

Pour modifier l'image, survolez-la, et cliquez sur Changer la photo de l'événement.

Annuler l'événement

Si des changements dans votre vie viennent bouleverser vos projets, pas de souci. Facebook vous permet d'annuler votre événement et d'envoyer des excuses à vos invités. Cliquez sur le bouton Modifier. Dans la boîte de dialogue Modifier les informations de l'événement, cliquez sur l'option Supprimer l'événement situé dans le coin inférieur gauche de la boîte de dialogue. Un message de confirmation (vous informant de l'irréversibilité de cette action) s'ouvre, identique à celui de la Figure 11.8.

Cliquez sur Confirmer pour annuler l'événement. Cette action envoie un message à tous les invités leur indiquant que l'événement est annulé.

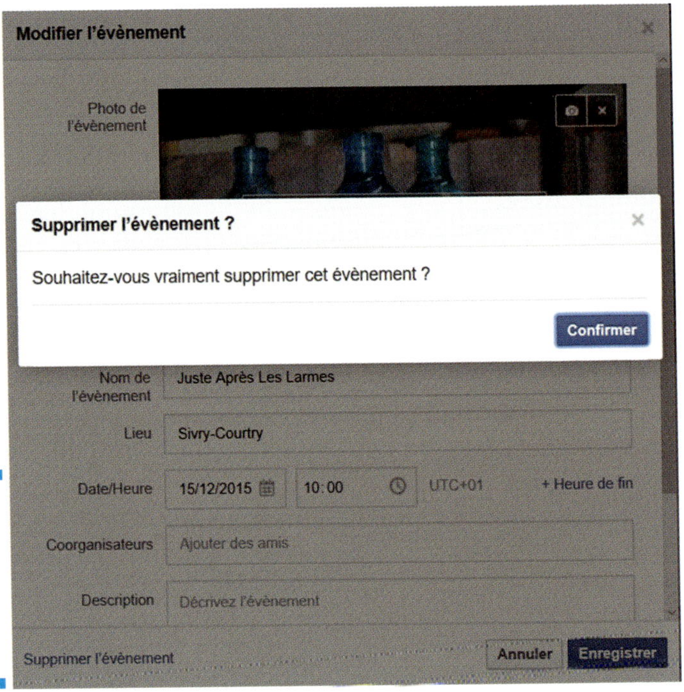

Figure 11.8 : L'événement est annulé ? Confirmez l'annulation sur Facebook.

Envoyer un message aux invités

Envie de reporter l'événement à cause de la pluie annoncée ? Envoyez un message Facebook à vos invités pour les tenir au courant. Ils recevront ce message dans leur boîte de réception et en seront informés par une notification.

Pour envoyer un message à vos invités, cliquez sur le lien Message aux invités de la section qui affiche les vignettes des amis. La fenêtre Message aux invités apparaît avec la liste des invités répartis dans les onglets Participants, Peut-être, et Invités. Cochez, dans chacun de ces onglets, les personnes à qui vous souhaitez envoyer le message. Tapez votre message dans le champ Envoyer un message aux invités, et cliquez sur le bouton Envoyer.

Gérer la liste des invités

Une fois que vos invités ont répondu à votre événement, utilisez la liste des invités pour supprimer (même exclure définitivement) des invités indésirables, nommer certains invités administrateurs ou retirer le statut d'administrateur à ceux en place.

1. **Dans la section affichant les vignettes des invités, cliquez sur Participants, Peut-être, ou Invités.**

   La fenêtre Invités s'ouvre, comme le montre la Figure 11.9. Les invités sont répartis dans les onglets Participants, Peut-être, et Invités.

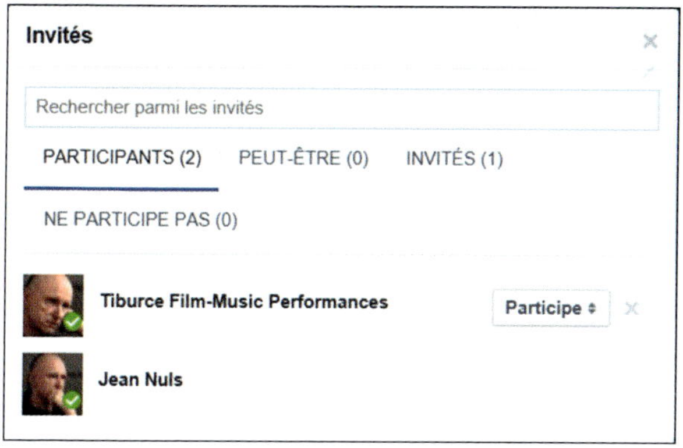

Figure 11.9 : La liste des invités.

2. **Pour supprimer un invité d'une des listes de ces onglets, cliquez sur la croix X en regard de son nom, puis sur Supprimer l'utilisateur.**

   Si vous choisissez cette option, vous bannissez définitivement la personne de l'événement. Elle ne pourra plus y accéder à l'avenir. Cette option est idéale pour ceux qui postent du contenu inapproprié ou créent des tensions.

Vous pouvez aussi inviter d'autres personnes. Pour ce faire, cliquez sur le lien Choisir parmi vos amis de la section Inviter des amis dans la colonne de droite. Une fenêtre de sélection s'ouvre, semblable à celle que vous avez utilisée lors de la création de l'événement.

Chapitre 12

Créer une Page commerciale

Dans ce chapitre :

- Comprendre les Pages.
- Définir si une Page Facebook est adaptée à ses besoins.
- Créer et administrer une Page Facebook.
- Vérifier l'impact de la Page sur son entreprise en temps réel.

Représentez-vous votre ville. Outre le parc et l'école, elle se compose principalement d'immeubles dans lesquels des gens vivent et d'immeubles dans lesquels les gens achètent des produits. Quand vous circulez dans votre ville, vous êtes témoin de toutes sortes d'activités : certains jouent au foot, d'autres discutent de politique autour d'une tasse de café et d'autres encore travaillent. Le monde dans lequel nous vivons est composé de gens, de ce qu'ils font et de ce qu'ils veulent ou de ce dont ils ont besoin. Les gens sont en étroite relation avec ces éléments : les magasins, les marques, les groupes de musique, les stars, les activités, les passions, les restaurants et les bars ; tout ce qui est important. Facebook concerne les gens et leurs connexions dans le monde réel. Le réseau social ne serait pas complet sans ce genre de relations.

Facebook permet à ces éléments non humains d'être représentés comme faisant partie de notre vie, grâce aux *Pages Facebook*. Effectivement, « page » est un terme très courant sur Internet. C'est pourquoi nous utilisons une majuscule quand nous parlons de ces Pages officielles.

Ce chapitre tente de vous présenter l'univers des Pages. Si vous voulez savoir ce que sont ces éléments sur lesquels vous avez peut-être déjà cliqué et que vous avez certainement déjà aperçus dans votre Journal et votre fil d'actualité, lisez la prochaine section « Les Pages et vous ». Si vous cherchez à faire figurer votre petite entreprise, votre marque, votre groupe ou autre sur Facebook, passez directement à la section « Pourquoi créer une Page Facebook ? ».

Les Pages et vous

Interagir avec des Pages en tout genre revient à interagir avec le profil d'un ami, à la différence que lorsque vous devenez ami avec une Page, elle ne voit pas vos informations personnelles. Avec les Pages, vous pouvez réaliser les mêmes actions qu'avec vos amis ; écrire sur leur Journal, les taguer dans des posts, *etc.*

Structure d'une Page officielle

La structure d'une Page devrait vous être familière puisqu'il s'agit plus ou moins d'un profil. Si vous avez déjà lu le Chapitre 6, ce qui suit devrait être un simple rappel. La Figure 12.1 représente un exemple de Page Facebook, celle du journal *Le Monde*.

De haut en bas, et de gauche à droite :

- **Photos de couverture et de profil :** Comme vous et vos amis, les Pages ont une photo de profil qui les représente sur tout le site. Généralement, il s'agit d'un logo ou d'une photo de presse officielle. Il s'y ajoute également une page de couverture, qui peut faire office de bandeau publicitaire.
- **Bouton Utiliser l'application :** Comme sur votre profil, les administrateurs des Pages peuvent ajouter des liens pour les diverses applications, y compris celles de Facebook comme Événements ou Articles. Ils offrent aux fans un moyen facile de visualiser plus de contenu ou de consulter les nouveautés.

Figure 12.1 : Page Facebook du journal Le Monde.

- **Bouton J'aime :** Avant de devenir fan, vous disposez d'un bouton J'aime à côté du nom de la Page. Cliquez dessus pour vous connecter à la Page (lisez la prochaine section pour en savoir plus sur le sujet).
- **Bouton Contacter :** Cliquez sur ce bouton pour poster un message à l'administrateur de la Page.
- **Bouton de paramètres (trois petits points) :** Vous commencez à bien connaître ce genre de bouton. Cliquez dessus pour afficher une liste d'options de réglages, notamment pour cesser d'« aimer » la Page ou pour la signaler si vous avez remarqué du contenu inapproprié.
- **À propos :** Cliquez sur cet onglet pour afficher les informations sur la Page ou sur le produit qu'elle représente, comme les horaires d'ouverture d'une entreprise ou son adresse.
- **Signaler un utilisateur :** Facebook est l'empereur de la délation. Ce bouton permet de signaler un utilisateur qui ne respecterait pas la charte de modération de la page.
- **Intagram Feed :** Pas présent sur toutes les pages. Sur celle du *Monde*, ce bouton permet d'accéder à des publications importantes faites sur Instagram.

- **Le menu local Plus :** Donne accès à d'autres applications comme Photos et Vidéos, mention J'aime, Twitter, *etc.* Lorsque vous choisissez une de ses options, l'onglet situé juste à gauche du menu local Plus change.
- **Mentions J'aime :** Cette section indique le nombre d'utilisateurs qui ont déclaré « aimer » la Page et qui en parlent dans leur Journal, ainsi que d'autres statistiques.
- **Journal (et zone de publication) :** Le Journal est au cœur de la Page. C'est ici que les administrateurs peuvent publier des mises à jour et que les fans peuvent laisser des posts et des commentaires. Notez qu'il y a aussi généralement (mais pas toujours) une zone de publication, comme sur le Journal de vos amis.
- **Trois petits points :** Ce menu local donne accès à un certain nombre de commandes comme Enregistrer qui permet de mémoriser une page. Vous la retrouverez sur la page d'accueil de votre compte en cliquant sur Enregistré de la section Favoris dans la colonne de gauche. Vous pouvez suggérer des modifications, signaler la page, bloquer la page, la partager, et aussi créer la vôtre.

Se connecter et interagir avec les Pages

Où que vous alliez sur Facebook et sur de nombreux sites, vous disposez de boutons ou de liens J'aime. Vous pouvez aimer des photos, des statuts, des commentaires, des articles, des sites Web, des vidéos… Si c'est en ligne, vous pouvez sûrement « l'aimer ».

Vous pouvez aussi aimer des Pages. Ce faisant, vous devenez *fan*, c'est-à-dire quelqu'un qui aime une Page spécifique. Être fan permet de réaliser certaines actions :

- **S'abonner au fil d'actualité :** Après avoir cliqué sur J'aime sur une Page, vous recevez ses mises à jour de statut et autres publications dans votre fil d'actualité. Si vous ne souhaitez plus les recevoir, vous pouvez, à tout moment, supprimer cette Page de votre fil d'actualité.
- **S'abonner aux mises à jour :** Quand vous aimez une Page, vous vous abonnez automatiquement à ses *mises à*

jour. Elles sont stockées dans une section spécifique de votre boîte de réception de sorte qu'elles n'interfèrent pas avec les messages de vos amis. Si les mises à jour ne vous intéressent plus, vous pouvez annuler l'abonnement.

- **Accéder au Journal :** Comme quand vous ajoutez un ami, le fait d'aimer une Page vous permet d'écrire sur son Journal, d'ajouter des photos, des liens et des vidéos.
- **Affichage sur le profil :** Notez que quand vous cliquez sur J'aime pour une Page, l'information se glisse automatiquement dans la section Mention J'aime de votre profil. Par défaut, cette section est visible par tout le monde. Si vous voulez rester en contact avec une Page sans que vos amis le sachent, vous pouvez masquer des Pages en modifiant votre profil (voir Chapitre 6 pour la marche à suivre).

Qu'est-ce que cela signifie pour vous ? Concrètement, dès que vous cliquez sur J'aime avec quoi que ce soit, vous entamez une relation qui peut être plus ou moins interactive. Généralement, les utilisateurs aiment beaucoup de Pages pour le signifier sur leur profil. Ce n'est pas parce que vous aimez le disco que vous vous souciez de chaque article ou de chaque interview s'y rapportant. À vous de voir ! D'un autre côté, si vous aimez lire ce genre de choses ou interagir avec d'autres fans, c'est aussi possible. Le système est très flexible !

Pourquoi créer une Page Facebook ?

Avant de répondre à cette question, demandez-vous ce que vous pouvez faire pour que votre entreprise ait du succès :

- **Proposer un produit ou un service de qualité.** Les clients y sont fidèles.
- **Installer votre magasin dans une rue animée ou un centre commercial.** Les endroits très fréquentés attirent l'attention et sont faciles d'accès.
- **Arranger et décorer votre boutique et soigner votre site Web.** Une présentation de qualité permet de gagner la confiance du client.

Au final, tous ces exemples ont le même objectif : attirer et fidéliser toujours plus de clients. Représenter son entreprise sur Facebook vise également à développer son activité.

Les méthodes pour développer une activité sont nombreuses. Distribuer des tracts dans la rue, placer des encarts dans un journal ou afficher un panneau publicitaire peut attirer des clients. Le tout est de savoir quelle méthode est la plus efficace et la moins coûteuse. Nous pensons connaître la réponse.

En parlant de budget, sachez que les Pages Facebook sont gratuites. Il suffit d'avoir accès à un ordinateur et à Internet, de connaître quelqu'un qui utilise Facebook et d'avoir un peu de temps. Créer votre Page peut prendre cinq minutes ou plusieurs heures, en fonction de vos exigences. Si ça vous effraie, estimez le temps que vous mettriez à concevoir, imprimer et distribuer des tracts, voire même à créer un site Web ou à filmer une publicité. Convaincu ?

Nous énumérons ci-après plusieurs objectifs pour votre activité. Au fil de ce chapitre, nous vous expliquons comment les Pages Facebook vous aident à les atteindre.

- Interpellez régulièrement vos clients et fans. Quand ils pensent à votre entreprise, ils pensent à vous. Quand ils pensent à vous, ils pensent vous connaître. Même si vous représentez une grande société, ils pensent comprendre le côté humain de la chose.
- Fournissez à vos clients potentiels des informations pratiques sur votre entreprise, comme une adresse e-mail, le détail des produits ou les heures d'ouverture.
- Communiquez les offres spéciales, les nouveaux produits et les mises à jour à autant de clients que possible.
- Incitez les clients à donner leur avis, positif ou négatif, et servez-vous-en pour améliorer votre entreprise.
- Autorisez vos clients à communiquer entre eux sur l'entreprise, les produits ou le groupe de manière productive.
- Impressionnez vos clients afin qu'ils reviennent et reviennent encore et disent à leurs amis d'en faire autant.

Les Pages Facebook proposent une série de fonctions qui coopèrent pour vous aider à atteindre ces objectifs. Si vous devez réaliser la promotion d'une entreprise et devez atteindre au moins l'un des objectifs précités, créer une Page Facebook est la solution.

Page, journal personnel ou groupe : que choisir ?

Dans la vraie vie, la manière dont les gens interagissent et communiquent avec leurs meilleurs amis, leurs groupes préférés ou des associations locales est unique. De plus, les besoins d'une personne en termes de contact et de partage sont différents par rapport à ceux du gestionnaire d'une société ou de l'organisateur d'un groupe. C'est pourquoi les individus, les entreprises et les groupes ont leur propre type de représentation sur Facebook. La façon d'interagir avec ces entités sur Facebook reflète les différences du monde réel. Comme les Pages, les profils ou Journaux personnels et les groupes proposent des fonctionnalités différentes, nous voulons nous assurer que vous comprenez bien chaque type de représentation. Ensuite, en fonction des objectifs spécifiques à votre entreprise, vous pouvez choisir la représentation la mieux adaptée. Avant de vous présenter les différences entre ces fonctionnalités sur Facebook, nous insistons sur les différences entre les individus, les entreprises et les groupes dans le monde réel :

- **Communication :** Communiquer avec un ami se traduit par une conversation au cours de laquelle vous échangez des propos, l'un après l'autre. Souvent, ces conversations sont très personnelles et chaque interlocuteur y participe à niveau égal. Dans le cas d'une entreprise ou d'une activité, la communication est souvent à sens unique. Par exemple, votre artiste préféré vous annonce la sortie de son nouvel album ou votre boutique préférée annonce une vente privée. En comparaison, la communication au sein de groupes se diffuse avec la même pertinence et le même intérêt parmi tous les membres.
- **Accès :** À toute heure de la journée (pendant les heures d'ouverture), vous êtes invité à entrer dans un café ou

une librairie. Il n'en va pas de même quand il s'agit de rendre visite à un ami sans prévenir. Aussi, les groupes se réunissent généralement à des heures précises et convenues entre tous les membres (ou les administrateurs).

- **Informations :** Les individus sont très attentifs à qui peut consulter leurs informations. Les groupes disposent de différents niveaux de confidentialité, mais, souvent, ils optent pour deux niveaux de partage des informations : public ou entre tous les membres. À l'exception des stratégies pour l'avenir et de certains détails financiers, les entreprises souhaitent qu'un maximum de monde voie leurs informations et leurs produits.

Ces divergences du monde réel déterminent les différences en termes de design et de fonctionnalités pour la représentation d'un individu, d'un groupe et d'une entreprise sur Facebook.

Le Tableau 12.1 détaille les différences entre ces trois types de présences sur Facebook.

Tableau 12.1 : **Différences entre profils personnels, groupes et Pages.**

Profils personnels	Groupes	Pages
Ont un seul administrateur : vous.	Peuvent avoir plusieurs administrateurs nommés par le créateur ou les autres administrateurs.	Peuvent avoir plusieurs administrateurs nommés par la direction de l'entreprise.
Représentent une personne réelle.	Représentent tout, à l'exception de contenu protégé ou de discours raciaux.	Représentent une entreprise, une activité ou tout élément à promouvoir.
Ont des amis. Le lien d'amitié doit être confirmé par les deux parties. Seuls les amis peuvent voir les informations privées.	Ont des membres. En fonction des paramètres du groupe, les demandes d'adhésion sont automatiques ou doivent être approuvées.	Ont des fans (c'est-à-dire des personnes qui aiment la Page). Les demandes de fans sont automatiquement approuvées. Les informations disponibles sont les mêmes pour tous.

Profils personnels	Groupes	Pages
Peuvent envoyer des messages à d'autres personnes. Si les individus sont amis, ils peuvent constamment échanger des messages.	Permettent aux administrateurs d'envoyer des messages aux membres. Les membres peuvent répondre aux administrateurs du groupe. Les membres doivent quitter le groupe pour ne plus recevoir de messages.	Permettent aux administrateurs d'envoyer des messages en masse à tous les fans. Les destinataires ne peuvent pas répondre à ces messages.
Décident de ce qui est visible dans leur profil.	Peuvent limiter la confidentialité aux membres ou être publics.	Peuvent limiter la confidentialité en fonction de l'âge, mais sont globalement visibles.
Doivent approuver toutes les demandes de contact.	Peuvent choisir d'étudier les demandes d'adhésion ou de les accepter automatiquement.	Acceptent automatiquement tous les fans.
Peuvent bloquer des personnes pour cause de comportement inapproprié.	Peuvent bloquer des personnes pour cause de comportement inapproprié.	Peuvent bloquer des personnes pour cause de comportement inapproprié.
Peuvent publier du contenu, utiliser des applications et ajouter des onglets supplémentaires.	Peuvent publier du contenu, utiliser des applications et ajouter des onglets supplémentaires.	Peuvent publier du contenu, utiliser des applications et ajouter des onglets et zones supplémentaires.
N'ont pas accès à l'intégralité des informations sur les profils et les interactions.	N'ont pas d'informations complètes sur la page et les interactions au sein du groupe.	Ont un aperçu détaillé de la manière dont les personnes voient et interagissent avec une Page Facebook spécifique, globalement et par zones géographiques.

Qui doit créer une Page Facebook ?

Pour faire court, toute personne souhaitant faire de la publicité peut créer une Page Facebook. Les chefs de petites entreprises, les promoteurs d'événements et les agences de publicité créent une Page Facebook pour attirer l'attention et cibler un maximum de personnes. Les Pages Facebook sont conçues et optimisées pour les entreprises motivées qui recherchent une attention légitime.

Les catégories les plus représentées par de tels profils sont :

- **Les entreprises locales :** Restaurants, bars, clubs et boutiques.
- **Les grands noms ou marques nationales :** Ceux qui distribuent des produits ou fournissent un service comme Starbucks, SFR et Coca-Cola…
- **Les organisations gouvernementales ou à but non lucratif :** Écoles et organisations caritatives par exemple.
- **Les produits spécifiques :** Comme certains modèles de voiture, mascottes (Ronald McDonald, par exemple) ou lignes de prêt-à-porter.
- **Les médias et les entreprises de divertissement :** Ces entités peuvent créer des Pages pour leur marque ou leurs offres, telles que des films, des émissions TV et des magazines.

Cette liste montre que les Pages conviennent aussi bien aux entreprises qu'à leurs produits. La NBA, par exemple, possède une Page Facebook propre ainsi qu'une Page Facebook pour ses équipes. France Télévisions dispose d'une Page Facebook, tout comme chaque chaîne du groupe. Les entreprises optent pour cette méthode publicitaire fractionnée, car elles savent pertinemment que les gens s'identifient à certains éléments qui les constituent et non à l'ensemble. Créer différentes Pages pour les différentes entités auxquelles le public se connecte est idéal pour cibler plus de monde. En revanche, il ne faut pas trop fragmenter non plus. Inutile pour un parc d'attractions de créer une Page pour chaque manège ou pour un groupe de musique de créer une Page pour chaque album ou encore pour un restaurant de créer une Page pour chaque plat.

Qui ne doit pas créer de Page Facebook ?

Une Page, tout comme un profil d'utilisateur sur Facebook, représente une identité réelle et est gérée par le vrai dirigeant de cette entité. Par exemple, si vous n'êtes pas Chuck Norris (ni son manager), vous ne pouvez pas créer une Page Facebook appelée Chuck Norris. De même, si vous n'avez pas écrit ou publié *Fight Club*, il vous est impossible de créer une Page pour l'ouvrage. Même si vous adorez les *Big Mac*, vous ne pouvez pas créer de Page Facebook en leur honneur, à moins d'être en charge de la publicité pour McDonald's. Enfin, c'est possible, mais votre Page (et/ou votre compte) risque d'être désactivée.

Comprendre la zone d'ombre entre Page et Journal personnel

Nous espérons que vous avez noté la distinction entre représenter une personne et représenter une catégorie de personnes. S'il est désormais facile de choisir entre créer un profil pour Eddy Mitchell et les Chaussettes noires et créer une Page pour Eddy Mitchell et les Chaussettes noires, que faire si vous voulez créer quelque chose juste pour Eddy Mitchell ?

Les célébrités et les personnalités publiques doivent choisir le service qui correspond le mieux à leurs besoins. Dans le doute, posez-vous ces deux questions :

- **Devrais-je gérer ma présence en ligne seul ?** Autrement dit, avez-vous un assistant chargé d'effectuer les mises à jour vous concernant sur Facebook ? Ou devrez-vous le faire vous-même ?
- **Est-ce que je veux aussi partager en privé avec mes amis de la vraie vie ?** Certaines personnes veulent tout en un : elles veulent publier un album photo de leur dernière réunion de famille (même si cette famille s'appelle Norris) et le garder privé tout en publiant des articles, des pensées et des photos moins privés et accessibles à tout le monde.

Si la réponse à ces deux questions est oui, optez plutôt pour la création d'un profil personnel. Vous serez la seule personne autorisée à y accéder et pourrez utiliser les paramètres de confidentialité décrits au Chapitre 6 pour déterminer qui voit quoi.

Si la réponse à ces deux questions est non, créez plutôt une Page. Elle vous offrira un maximum de flexibilité en termes de gestion et le contenu publié sera public.

Si vous avez répondu non à la première question et oui à la seconde, nous vous conseillons de créer une Page Facebook que votre équipe gérera pour vous et un profil Facebook pour vous-même. La Page représente le « vous » public et le profil est l'espace dans lequel vous partagez uniquement avec vos amis et votre famille.

Si la réponse est un mélange de oui et de non, créer une Page est la solution la plus flexible, surtout si sa gestion vous prend du temps et que vous changez d'avis sur la réponse à la première question.

Créer et gérer une Page Facebook

Une Page Facebook n'est pas un compte. C'est une entité de Facebook qui peut être gérée par plusieurs personnes avec leurs comptes distincts. Cette section vous guide dans toutes les étapes de création, d'administration et de maintenance d'une Page.

N'OUBLIEZ PAS

Avant de vous lancer, nous vous conseillons de lire les conditions relatives aux pages Facebook sur `https://www.facebook.com/page_guidelines.php`. Elles apportent des précisions sur la création de Pages, notamment sur les règles à respecter pour le nom de la Page.

Créer une Page pour son entreprise

Si vous n'avez pas encore de compte Facebook, nous vous recommandons vivement d'en créer un (même si vous n'y êtes pas obligé). Si vous ne voulez pas créer de compte Facebook tout de suite, passez directement à l'Étape 2 de la démarche décrite ci-après. Notez toutefois que vous serez invité à le faire avant l'Étape 6. Le compte que vous créez dans ce cas est une version réduite d'un compte utilisateur Facebook classique. Mais c'est un compte quand même ! Vous devez indiquer votre adresse e-mail et votre date de naissance ainsi que des informations personnelles. De cette manière, le jour où vous vous déciderez à créer votre profil, il vous suffira de mettre ce compte à niveau plutôt que de recommencer de zéro.

N'OUBLIEZ PAS

Les Pages peuvent avoir plusieurs administrateurs. Si d'autres personnes sont amenées à gérer la Page que vous créez, elles peuvent le faire depuis leur compte. Inutile de partager votre adresse e-mail et votre mot de passe avec qui que ce soit. En fait, ce serait une violation des conditions d'utilisation. Nous espérons que vous nous faites assez confiance à ce stade du livre et que vous allez continuer : **utilisez votre vraie adresse e-mail et votre vraie date de naissance**. Ces informations ne seront révélées à personne et faciliteront vos futures interactions sur Facebook.

1. **Rendez-vous sur** `www.facebook.com` **et connectez-vous avec votre identifiant et votre mot de passe.**
2. **Dans la colonne de gauche de votre page d'accueil, localisez la section Pages.**
3. **Cliquez sur l'icône Créer une page.**

   La page Créer une Page s'affiche. Comme le montre la Figure 12.2, elle vous propose six options :

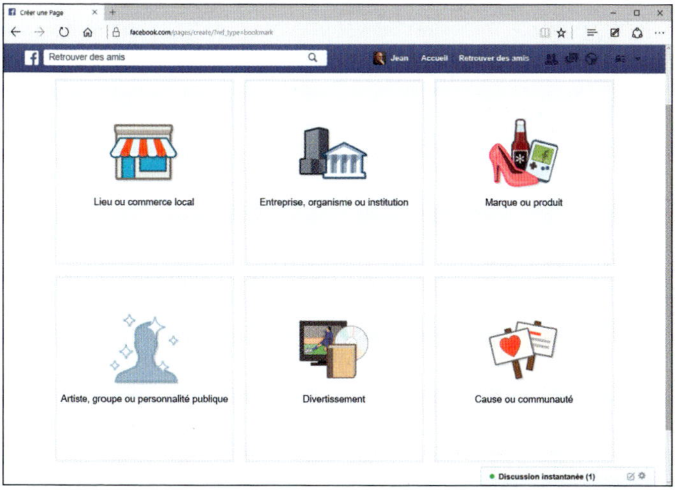

Figure 12.2 : Page Créer une Page.

- Lieu ou commerce local.
- Entreprise, organisme ou institution.
- Marque ou produit.
- Artiste, groupe ou personnalité publique.
- Divertissement.
- Cause ou communauté.

4. **Cliquez sur Entreprise, organisme ou institution.**
5. **Choisissez une catégorie.**

   Pour notre exemple, nous optons pour Petite entreprise.

6. **Entrez le nom de l'entreprise.**

   Quand vous nommez votre Page Facebook, il est primordial d'utiliser le nom exact de votre entreprise, comme vous le faites avec votre nom pour créer un profil Facebook.

   Voici quelques bons exemples de noms de Pages Facebook :

   - Amazon
   - Pizza Anthony
   - Jean-Baptiste Colbert
   - Buffy contre les vampires

   Sans oublier les mauvais exemples :

   - **Page Facebook d'Amazon :** Comme le profil d'utilisateur, une Page Facebook est une représentation en ligne de votre entreprise. Quand les utilisateurs consultent votre Page et cliquent sur J'aime, ils deviennent fans de votre entreprise et pas de la Page. Lorsque vous envoyez des mises à jour à vos fans, vous les envoyez au nom de l'entreprise et non de la Page. La Page n'est pas l'objet final, mais un outil. Quand les gens interagissent avec votre Page, ils interagissent directement avec votre entreprise. Il est donc important que le nom de la Page soit celui de l'entreprise.

- **Pizza Anthony 35 rue de l'Opéra :** Tout comme les milliers de Durand sur Facebook, il se peut qu'il y ait des centaines de Pizza Anthony. Ça ne pose pas de problème. Comme les gens utilisent le contenu de votre Page (photos ou adresse spécifiée dans la zone d'informations) pour identifier la Pizza Anthony qu'ils recherchent, inutile de surcharger le nom de la Page.
- **Jean-Baptiste Colbert, contrôleur général des finances :** Jean-Baptiste Colbert est prié d'indiquer sa profession dans la zone d'informations ! Ensuite, dans le corps de sa Page, il peut expliquer pourquoi il est extraordinaire et mérite d'être connu. Cependant, sa marque c'est son nom, et ce nom doit aussi être celui de sa Page : Jean-Baptiste Colbert.
- **Buffy contre les vampires est géniale :** *Buffy est géniale* est idéal comme nom de groupe ou de Page Facebook. Toutefois, il n'existe pas d'entité du monde réel avec ce nom (pas à notre connaissance), c'est pourquoi une Page Facebook ne peut pas porter ce nom.

7. **Il suffit de cliquer sur le bouton Démarrer pour accepter les conditions applicables aux Pages Facebook.**

Vous êtes désormais l'heureux administrateur d'une Page Facebook. Mais vous n'en avez pas fini pour autant. À présent, vous devez configurer et personnaliser votre Page. Ces deux opérations sont relativement complexes.

Si vous êtes tout excité à l'idée de personnaliser votre Page tout de suite, lisez la section suivante qui vous indique la marche à suivre. Si vous voulez faire une pause, vous devez savoir comment revenir à ce stade.

Quand vous appliquez les étapes précédentes pour créer votre première page Facebook, une nouvelle application (Pages) s'ajoute automatiquement à votre compte. Ainsi, dès que vous voulez accéder, modifier et gérer votre Page, il vous suffit de cliquer sur le nom de votre Page qui figure dans la section Pages, dans la colonne gauche de votre page d'accueil.

Personnaliser sa Page

Depuis sa création, Facebook a des principes différents de ceux de ses concurrents. Beaucoup d'autres sites encouragent les utilisateurs à personnaliser leur profil avec des arrière-plans, des couleurs, des mises en page et des sons afin de souligner leur personnalité. À l'inverse, Facebook encourage les gens à exprimer leur personnalité à travers le contenu qu'ils publient sur leur profil plutôt qu'avec des effets visuels (et sonores).
Il en va de même pour les Pages Facebook. Une grande partie de la personnalisation de votre Page provient de ce que vous dites, partagez, publiez et ajoutez, ce qui permet aux gens de communiquer. Les entreprises qui ont l'habitude de travailler leur image de marque et de personnaliser leur site Web risquent de trouver ce principe un peu restrictif. Pensez à la compensation ! Les clients potentiels qui consultent votre Page Facebook savent exactement comment obtenir les informations dont ils ont besoin et comment interagir avec votre Page, car ils ont l'habitude de ce format. L'aspect standardisé des Pages Facebook est conçu pour faciliter la navigation et s'inscrire dans la continuité de ce que connaissent les utilisateurs Facebook. Plutôt que de voir ces restrictions comme des inconvénients, tentez de mettre votre Page en avant avec du contenu riche et avenant et des fonctionnalités intéressantes.

TRUC

Nous vous indiquions précédemment que vous deviez choisir une catégorie lors de la création de votre Page. Cette catégorie détermine les informations et les applications par défaut qui apparaissent sur votre Page, que vous découvrirez en poursuivant votre lecture.

Après avoir complété les étapes de la section précédente, la page Paramétrer s'ouvre, avec trois nouvelles étapes à accomplir (voir Figure 12.3) :

1. **Renseignez les champs de la première étape, À propos : description de votre entreprise et adresse éventuelle de votre site Web, puis spécifiez l'adresse Facebook que vous souhaitez utiliser sous la forme** `www.facebook.com/votre_entreprise`**. Enfin, cliquez sur Enregistrer les modifications.**

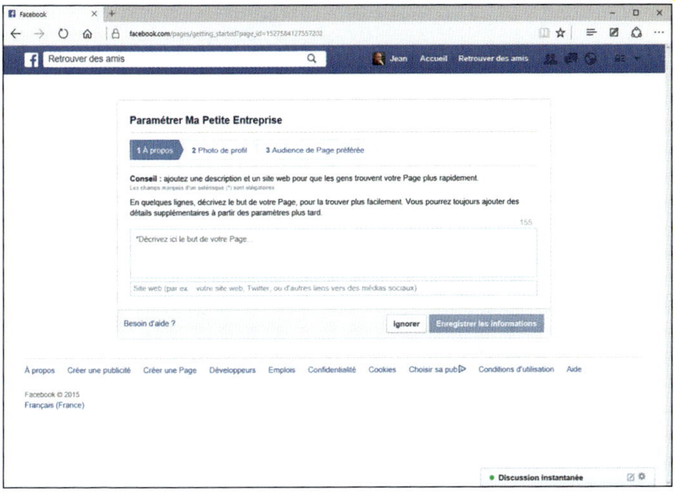

Figure 12.3 : Personnaliser et finaliser votre Page Facebook.

TRUC

Ne cliquez surtout pas sur l'onglet 2 Photo de profil avant d'enregistrer vos modifications, sinon vous perdriez les informations communiquées dans cette première étape.

La deuxième étape s'affiche, dédiée à la photo de profil.

2. **Choisissez d'importer une photo depuis l'ordinateur ou de l'importer depuis un site Web afin de créer une image de profil pour votre Page.**

3. **Une fois la photo chargée, cliquez sur Suiv.**

4. **Dans l'étape Audience de page préférée, indiquez avec qui vous souhaitez communiquer.**

   Spécifiez votre cible en indiquant le lieu, c'est-à-dire la proximité des personnes avec le lieu de votre activité. Vous pouvez aussi inclure et exclure des zones géographiques. Définissez ensuite une tranche d'âge ainsi que le sexe des personnes ciblées, Homme, Femme, ou les deux. Enfin, vous pouvez limiter vos prospects en fonction de centres d'intérêt.

5. **Cliquez sur Enregistrer.**

Vous basculez vers une visite guidée de la fonction Pages de Facebook. Lisez ce contenu et cliquez sur Suiv. ou Ignorer dans ces fenêtres successives, jusqu'à obtenir l'affichage normal de la Page.

Le Journal de votre Page nouvellement créée s'affiche enfin, comme dans la Figure 12.4.

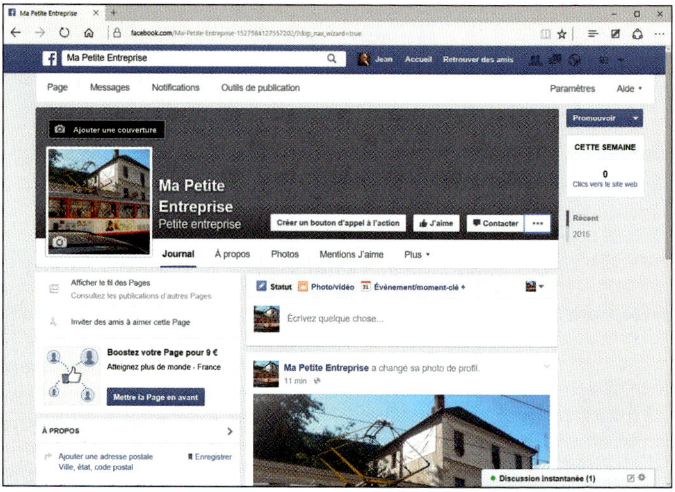

Figure 12.4 : Journal d'une nouvelle Page Facebook.

Les gens se connectent à votre Page en cliquant sur le bouton J'aime situé près du nom de la Page. Par défaut, dès qu'un utilisateur clique sur ce bouton, il reçoit vos posts dans le fil d'actualité de sa page d'accueil. Il s'agit d'un *abonnement*. Vos fans peuvent être des contacts, des clients ou des usagers. Quoi qu'il en soit, quand nous utilisons le terme abonnés, nous désignons les personnes qui voient vos posts dans leur fil d'actualité dès qu'ils se connectent.

Prendre ses marques

En observant votre Page nouvellement créée, vous devriez vous sentir à l'aise. Eh oui, elle ressemble beaucoup à un profil utilisateur ! La principale différence est que vous disposez dans la partie supérieure d'outils d'administration et de modification de la Page. Dans la partie inférieure, vous retrouvez un Journal, un onglet À propos et même une zone de publication. Un espace est réservé pour la photo de profil et des liens et boutons vous sont proposés, comme dans un profil utilisateur. Si vous n'êtes pas encore à l'aise avec le profil utilisateur, nous vous conseillons de refaire un petit tour au Chapitre 6, car nous allons aborder ici beaucoup d'éléments du profil. D'ailleurs, nous adoptons la même démarche et passons en revue les principales sections avant de nous intéresser aux actions sympas que vous pouvez réaliser avec votre Page.

Informations

La première chose à faire quand vous configurez votre Page est de lui attribuer une photo. Elle met de la vie dans votre Page et aide vos fans à identifier votre entreprise quand ils utilisent la recherche ou quand ils lisent un post la concernant dans le fil d'actualité de leurs amis. Pour ajouter ou changer l'image de profil, survolez la zone de la photo de profil, puis cliquez sur le lien Modifier la photo du profil et suivez les instructions pour télécharger une photo.

Vous pouvez également charger une photo de couverture, comme pour votre propre profil (voir Chapitre 6). Cliquez sur le bouton Ajouter une couverture, et choisissez entre Sélectionner parmi les photos et Importer une photo. Puis suivez les étapes qui s'affichent. Validez la nouvelle couverture par un clic sur le bouton Enregistrer les modifications.

Cliquez ensuite sur l'onglet À propos afin d'accéder aux Informations sur la page. Il s'agit des informations clés de votre entreprise. Plus vous complétez de champs, plus les gens auront d'informations sur votre entreprise. Les champs non complétés ne s'affichent pas quand des utilisateurs visitent votre Page. Cliquez sur Enregistrer les modifications pour valider les changements apportés rubrique par rubrique, puis sur l'onglet Page pour revenir à votre Page.

Le Journal

Tandis que le lien À propos fournit des informations générales sur l'entreprise, le Journal permet aux utilisateurs d'en savoir un peu plus. Si vous avez déjà un compte Facebook, le Journal devrait vous être familier. Observez le Journal de la Figure 12.5

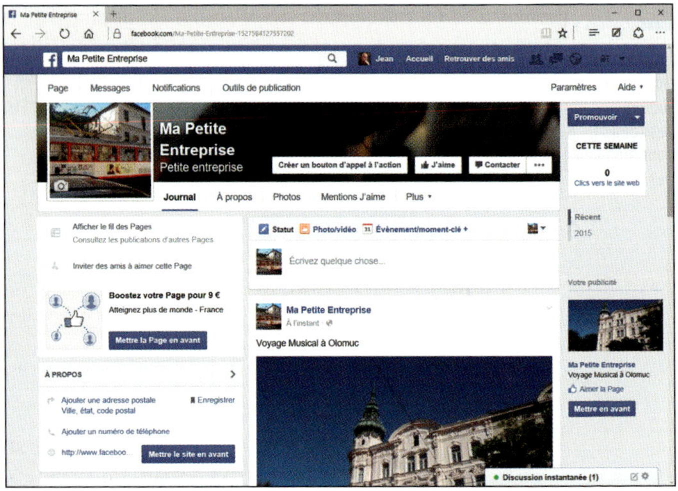

Figure 12.5 : Exemple de Page Facebook.

pour voir comment une Page peut utiliser son Journal afin d'afficher ce qui est nouveau et intéressant.

Le Journal est l'espace dans lequel les personnes qui ouvrent votre Page se retrouvent quand elles visitent votre Page. Le contenu que vous publiez sur votre Journal s'affiche aussi dans leur fil d'actualité, si elles sont abonnées à vos publications. En d'autres termes, c'est ici que vous devez représenter votre entreprise de façon honnête et conviviale en effectuant régulièrement des mises à jour.

Au Chapitre 6, nous décrivons en détail tous les éléments du Journal et expliquons comment ils coopèrent pour raconter votre histoire. Reste à raconter cette histoire pour vous, même si vous représentez une entreprise. Les gens veulent entendre parler de vous et en savoir plus sur vous. Et c'est précisément votre Journal qu'ils vont consulter pour mieux vous connaître.

En tant qu'administrateur de la Page, vous devez bien comprendre la zone de publication. Comme le montre la Figure 12.6, la zone de publication vous permet, ainsi qu'à vos fans, de créer les posts qui s'affichent ensuite sur le Journal.

Les étapes ci-après décrivent comment utiliser la zone de publication :

Figure 12.6 : Utilisez la zone de publication pour envoyer des posts à vos fans.

1. **Cliquez dans la zone de saisie.**

   Plusieurs icônes sont à votre disposition.

2. **(Facultatif) Cliquez sur l'icône correspondant au type de contenu que vous voulez ajouter.**

   Pour ajouter une photo ou une vidéo, cliquez sur Photo/Vidéo. Pour annoncer un événement, cliquez sur Événement/moment-clé. Si vous ne voulez rien ajouter, pas de souci. C'est même très courant. Les posts contenant uniquement du texte sont aussi appelés *mises à jour de statut*.

3. **Tapez votre commentaire dans la zone Écrivez quelque chose, soit pour expliquer la pièce jointe, soit pour vous exprimer.**

4. **Cliquez sur l'icône située en haut à droite pour choisir entre une publication de votre compte Facebook ou de votre page.**

5. **Dans le menu local Publier (en bas à droite), choisissez entre Programmer, Antidater, et Enregistrer le brouillon.**

   - Programmer : Ouvre une boîte de dialogue dans laquelle vous différez la date de publication qui se fera alors automatiquement (Figure 12.7). Vous pouvez également programmer la fin de la publication au terme de laquelle le post sera supprimé.

   - Antidater : Permet de publier le post à une date antérieure.

   - Enregistrer le brouillon : Enregistre le post sous la forme d'un brouillon que vous modifierez et publierez ultérieurement.

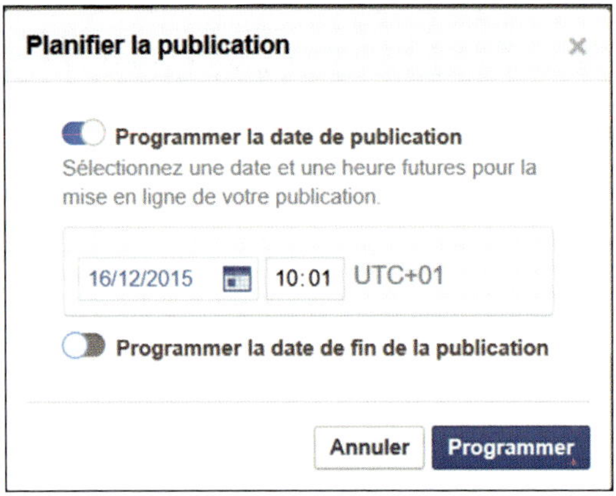

Figure 12.7 : Pour différer la publication d'un post.

6. **Cliquez sur Publier.**

Félicitations ! Votre Page présente une première publication officielle. Les posts que vous créez ici s'affichent aussi dans le fil d'actualité de vos abonnés.

Paramètres du Journal

En tant qu'administrateur de la Page, vous pouvez contrôler l'affichage par défaut du Journal. Cliquez sur l'onglet Paramètres en haut à droite. La section Général du panneau de configuration s'affiche (voir Figure 12.8) avec notamment les options suivantes :

- **Visibilité de la Page :** Ce paramètre vous permet d'activer et de désactiver la visibilité de votre Page. Vous ne voulez certainement pas publier la Page tant qu'elle n'est pas prête. En revanche, dès que vous y aurez ajouté quelques informations générales et quelques posts, pensez à décocher la case.
- **Publication des visiteurs :** Déterminez ici si vos fans sont autorisés à ajouter des photos et des vidéos. Vous pouvez aussi décider de leur permettre d'écrire ou de publier du contenu dans le Journal. Nous vous recommandons fortement de conserver cette option activée.

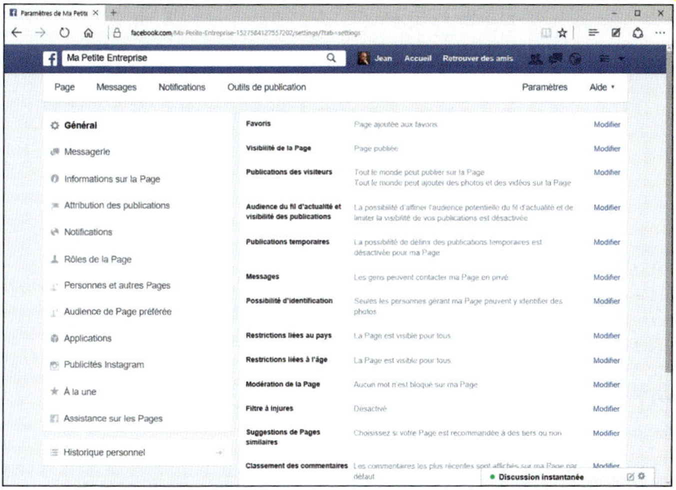

Figure 12.8 : Paramètres du Journal.

- **Publications temporaires :** Autorise les personnes qui gèrent la page de définir une heure de fin de diffusion des publications.
- **Messages :** Pour afficher ou masquer la zone de publication dans votre Page.
- **Possibilité d'identification :** Pour limiter les identifications aux seuls administrateurs de la page.
- **Restrictions liées au pays :** Comme Facebook est un site international, il peut être utile de limiter la visibilité de votre Page aux pays qui utilisent la même langue que celle de votre Page. De plus, certains types de Pages, comme les films, peuvent avoir des noms différents ou des administrateurs différents dans différents pays. C'est pourquoi chaque Page peut être limitée à un ou plusieurs pays.
- **Restrictions liées à l'âge :** Spécifiez une limite d'âge si votre Page ne convient pas à un public en dessous d'un certain âge.
- **Modération de la page :** Spécifiez les termes qui excluront tout commentaire ou publication les contenant.

- **Filtre à injures :** Permet d'activer le filtre et de définir le niveau d'injures afin de bloquer les messages et publications contenant des insultes.
- **Supprimer la page :** Permet de supprimer votre page.

Certains types de Pages, comme les groupes, les artistes ou les personnalités publiques disposent d'un paramètre supplémentaire permettant de modifier le pronom personnel de la Page. Si vous êtes un groupe avec plusieurs membres, il convient d'utiliser *leurs* plutôt que *ses*, par exemple. Ce pronom est utilisé dans les phrases qui s'affichent dans les actualités récentes de votre Page.

Applications

Dans ce livre, nous passons beaucoup de temps à expliquer comment les applications s'intègrent dans votre profil personnel. Souvenez-vous que, lorsque vous créez votre profil, vous disposez de quelques applications par défaut ainsi que d'autres applications que vous pouvez utiliser pour satisfaire des besoins spécifiques. C'est aussi le cas dans votre Page Facebook. La plupart des Pages Facebook disposent d'une série d'applications par défaut. En fonction de la catégorie de Page que vous choisissez, il se peut que vous ayez quelques options supplémentaires. Vous êtes libre de conserver les applications préinstallées ou de les supprimer et êtes encouragé à découvrir et à ajouter plus d'applications.

Administrateurs

La plupart des entreprises confient la responsabilité de leur promotion à plus d'une personne. Imaginez que vous êtes cogérant d'un restaurant ou membre d'une équipe de marketing pour plusieurs entreprises ou encore bassiste d'un groupe et que vous en avez assez que le chanteur gère tout. Bonne nouvelle : chaque Page Facebook peut compter plusieurs administrateurs qui peuvent administrer la Page *via* leur compte personnel. Inutile de partager un mot de passe ou de créer de faux comptes ! Le créateur de la Page doit simplement inviter les personnes souhaitées pour qu'elles l'aident à administrer la Page. Voici comment :

1. **Dans votre Page, cliquez sur l'onglet Paramètres, puis sur Rôles de la page.**
2. **Entrez le nom du compte Facebook ou l'adresse électronique de la personne à nommer comme administrateur.**

   Vous pouvez inviter toute personne ayant un compte Facebook et avec qui vous êtes ami sur Facebook à devenir administrateur en entrant son adresse e-mail.
3. **Ouvrez le menu local Éditeur et assignez Admin.**
4. **Pour ajouter d'autres administrateurs, cliquez sur le lien Ajouter une autre personne.**

   Dans tous les cas, vérifiez bien que Admin est affiché sous l'adresse de ladite personne. Si ce n'est pas le cas, cliquez la mention affichée (par exemple Modérateur), et choisissez Admin dans le menu local qui apparaît.

Promouvoir sa Page

Pour bénéficier de la nature virale de Facebook, vous devez trouver des personnes souhaitant devenir fans de votre Page.

Informer les clients par voie électronique

Si vous avez un site Web ou une liste de diffusion, peut-être souhaitez-vous ajouter un lien ou envoyer un message à vos fans ou clients pour les avertir qu'ils peuvent désormais vous trouver sur Facebook. Ceux qui ont déjà un compte Facebook seront certainement ravis de l'apprendre, car c'est bien plus pratique pour eux de se connecter ainsi que de se souvenir de visiter régulièrement votre site. De plus, le fait qu'ils se connectent à votre Page Facebook ne les empêche pas de continuer à visiter votre site Web. Au contraire, une Page Facebook vous offre une opportunité supplémentaire pour leur communiquer les changements et les mises à jour de votre site.

Informer les clients physiquement

Si vous avez une boutique, collez une petite affiche dans la vitrine pour indiquer à vos clients qu'ils peuvent vous trouver sur Facebook. Il suffit qu'ils retiennent le nom de votre magasin et Facebook pour qu'ils se connectent à votre Page de temps en temps.

TRUC Au moment de la création de la Page, vous avez défini une URL pour cette dernière avec un nom d'utilisateur. C'est cette adresse, de la forme `www.facebook.com/`*`votre_page`* que vous devez diffuser à vos clients. Par exemple, la Page de la société Levrain et Cie est `www.facebook.com/LevrainEtCie`. Si vous n'avez pas encore défini de nom d'utilisateur, vous pouvez en obtenir un pour votre Page en vous rendant à l'adresse `www.facebook.com/username`. Réfléchissez bien quand vous demandez votre nom d'utilisateur. Vous voulez certainement un nom surprenant qui vous distingue, surtout si vous êtes une petite entreprise locale. Vous ne pouvez avoir qu'un seul nom d'utilisateur, alors soyez sûr qu'il vous plaît !

Informer ses amis

Si vous gérez une entreprise, vous avez sûrement déjà passé beaucoup de temps à la promouvoir auprès de vos amis. Nous allons un peu exagérer et supposer que vous n'aimez pas envoyer des messages en masse ou promouvoir votre entreprise auprès de vos amis et votre famille. Vous ne savez jamais qui est vraiment intéressé et qui est juste poli et vous écoute sans se plaindre. Diriger vos amis vers votre Page Facebook résout deux problèmes. Vos amis peuvent choisir de devenir fans de votre Page et de recevoir les mises à jour. Concrètement :

- Vous envoyez uniquement des mises à jour aux personnes qui le souhaitent.
- Vous offrez à votre Page quelques fans qui servent de référents passifs quand leurs amis lisent vos mises à jour dans leur fil d'actualité.

Pour inviter des amis à rejoindre votre Page :

1. **Ouvrez votre Page Facebook.**
2. **Cliquez sur le bouton des trois petits points en bas à droite de la couverture de la Page, puis sur Inviter des amis.**

La fenêtre Invitez vos amis à aimer <nom de la page> s'affiche, comme le montre la Figure 12.9.

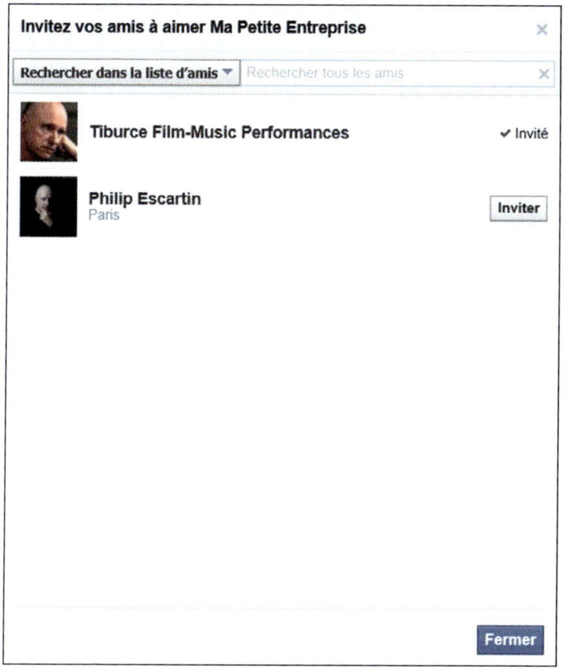

Figure 12.9 : Inviter des amis.

3. **Cliquez sur le bouton Inviter situé à droite du nom de chaque personne.**

TRUC

Vous pouvez aussi coller le lien de votre Page dans un e-mail. Nous vous conseillons de ne pas envoyer plus d'un message de ce genre à vos amis. S'ils veulent en savoir plus sur votre entreprise, ils choisiront d'être fans. Sinon, ce ne sont certainement pas de bons clients.

Faire de la pub

L'avantage de faire de la publicité pour votre Page sur Facebook est de cibler dès à présent votre public. De plus, du point de vue du public, il est plus simple de cliquer sur une publicité Facebook qui renvoie simplement à une autre page Facebook.

C'est très différent des autres publicités sur le Web qui souvent ouvrent une nouvelle fenêtre dans un site différent dès que vous cliquez dessus.

Interpeller les fans

Si vous avez lu ce chapitre jusqu'ici, votre Page Facebook est personnalisée et vous êtes prêt à gérer le trafic commercial de votre entreprise. Vous avez réalisé toutes les étapes nécessaires pour permettre aux gens de se renseigner sur votre entreprise et de se connecter à votre Page.

Cependant, vous pouvez faire bien plus pour capter une réelle attention et favoriser l'interaction. **Rappel :** Plus votre Page est riche et plus vous interpellez vos fans, plus ils effectuent d'actions (et ont le sourire quand ils pensent à vous), ce qui génère des informations dans leur fil d'actualité que leurs amis voient. Résultat : plus de visibilité et d'attention pour votre entreprise.

Publier du contenu riche

Par riche, nous entendons informatif et récent. Plus vous ajoutez du contenu neuf et pratique à votre Page, plus vos fans ont des raisons de revenir et de le consulter. Voici quelques idées pour inciter vos fans (donc vos clients) à s'attarder sur votre contenu :

- **Publier des mises à jour de statut authentiques :** Ces posts s'affichent dans le fil d'actualité des fans et leur rappellent que vous existez. En revanche, si vos posts sont ennuyeux, ils risquent de vous supprimer de leur page d'accueil et d'autres listes. Soyez aussi réel que possible : les posts des utilisateurs vont de profonds et philosophiques à fous et excentriques. Les vôtres doivent être tout aussi variés. S'il pleut et que ça change tout pour votre entreprise, faites-le savoir à vos clients. Si vous êtes membre d'un groupe de musique et que vous venez d'arriver dans une nouvelle ville, dites-le à vos fans. Si vous avez trouvé un article intéressant pour vos fans, informez-les. Si vous écrivez un livre sur l'utilisation de Facebook, prévenez vos lecteurs. N'insérez pas un lien incitant à acheter vos produits ou services dans tous vos posts. Faites-le de temps en temps, surtout si vous proposez une réduction ou une offre spéciale.

Si vous utilisez déjà Twitter pour publier des mises à jour de statut sur votre entreprise, vous pouvez importer automatiquement les tweets dans Facebook. Ainsi, vos fans, supporteurs et abonnés recevront vos réactions, quel que soit leur support préféré. Vous trouverez un bouton pour lier votre Page à un compte Twitter sur `www.facebook.com/twitter`.

- **Publier des photos, des vidéos, des articles et des liens :** C'est un moyen très efficace pour donner vie à votre Page et la développer, tout comme votre entreprise. Si vous vendez des produits, vous pouvez régulièrement ajouter des photos et des vidéos de vos nouveaux produits ou de personnes utilisant les produits existants. Si vous proposez un service, vous pouvez ajouter des vidéos de vous ou de vos employés en plein travail, par exemple un barman expert dans la préparation de cocktails, un sculpteur en pleine création ou un mécanicien en train de conseiller des clients. Si vos fans aiment ce qu'ils voient, ils vont utiliser les outils de communication Facebook pour le montrer à leurs amis et ainsi mettre votre entreprise en avant.
- **Créer des événements :** Les événements doivent impressionner vos clients. Utilisez la fonction Événements de Facebook pour inviter vos fans à des soirées spéciales, des ventes privées ou des galas de promotion. Certaines entreprises organisent sur Facebook des événements réservés à leurs fans. Quand vos fans répondent à votre invitation, leurs amis lisent l'information sur leur page d'accueil. Vos fans peuvent facilement inviter leurs amis ou les inciter à se renseigner sur vous, ce qui contribue à la notoriété de votre entreprise.
- **S'adresser aux fans au nom de l'entreprise :** Vos fans écrivent sur votre Journal et dans les discussions et donnent leur avis. Répondez-leur dès que possible. Si quelqu'un écrit sur votre Journal à quel point il est déçu par l'un de vos produits ou services, ne le supprimez pas.

Répondez ! Vous pouvez tout aussi facilement commenter dans vos propres posts (ou ceux de vos fans) ou sur votre Page. Pour ce qui est du fan déçu, excusez-vous et offrez-lui un menu gratuit ou un service à prix réduit s'il revient. Les personnes qui verront l'échange seront impressionnées par la qualité de vos services.

TRUC

Si vous vendez des chaussures et que quelqu'un vous demande comment trouver chaussure à son pied, répondez-lui. Ce dialogue public présente l'avantage d'informer les autres clients. Dès que vous écrivez sur le Journal d'une Page que vous administrez, vos commentaires sont listés au nom de votre entreprise. Cela aide les visiteurs à vous faire confiance et n'expose pas votre compte privé.

Envoyer des mises à jour

Il y a une différence entre les mises à jour que vous publiez et celles que vous envoyez. Celles que vous publiez sont souvent courtes et peuvent, pour certaines, inclure une notion de temps. Ces informations s'intègrent facilement dans le fil d'actualité des abonnés et s'il en manque une, ce n'est pas bien grave. Les mises à jour que vous envoyez ressemblent plus à des newsletters ou des bulletins d'informations. Il s'agit d'informations qui ne doivent pas se perdre en cours de route. Nous ne le répéterons jamais assez : veillez à envoyer des mises à jour pertinentes, sinon vos abonnés risquent d'annuler leur abonnement.

Les fans traitent différemment les mises à jour des entreprises et les e-mails promotionnels ou les publicités papier. Qu'est-ce que cela signifie pour vous ? Que vous devriez vraiment envoyer des mises à jour à vos fans. Après tout, ils demandent à avoir de vos nouvelles, alors donnez-leur-en. Les messages que vous envoyez ne risquent pas d'être confondus avec des spams grâce à l'organisation du système. En outre, les utilisateurs ont tout loisir d'annuler leur abonnement.

Dans la prochaine section, nous vous expliquons comment vérifier l'impact de vos mises à jour sur l'implication de vos fans. Utilisez ces statistiques pour savoir quels types de mises à jour et quelle fréquence adopter pour optimiser l'attention de vos fans.

Voici encore quelques points clés sur les mises à jour :

- **Il est possible de joindre du contenu dans une mise à jour.** Si vous ajoutez une nouvelle photo, un album, une vidéo, un article, un événement ou tout autre contenu et voulez que vos fans le sachent, vous pouvez copier l'URL de la page sur laquelle se trouve le contenu et la coller dans le message. Dans la plupart des cas, le contenu est automatiquement transformé en pièce jointe à votre mise à jour, comme pour la fonction Partager que nous présentons dans le Chapitre 9. Notez que vous ne pouvez joindre qu'une seule pièce par mise à jour.
- **Vous pouvez cibler le public de vos mises à jour.** Quand vous écrivez votre mise à jour, cliquez sur Public pour cibler votre public.
- **Les fans qui souhaitent recevoir vos mises à jour ont accès à toutes les mises à jour que vous envoyez.** La première fois que quelqu'un reçoit une mise à jour de votre entreprise, elle est marquée comme non lue. Quand le destinataire clique dessus, il voit toutes les mises à jour que vous avez envoyées avant qu'il ne devienne fan. Sympa, non ?

Gérer facilement la vie de votre page

Votre page est dotée d'onglets qui vous permettent de gérer aisément son contenu. Ils sont localisés dans la partie supérieure de la page, comme le montre la Figure 12.10.

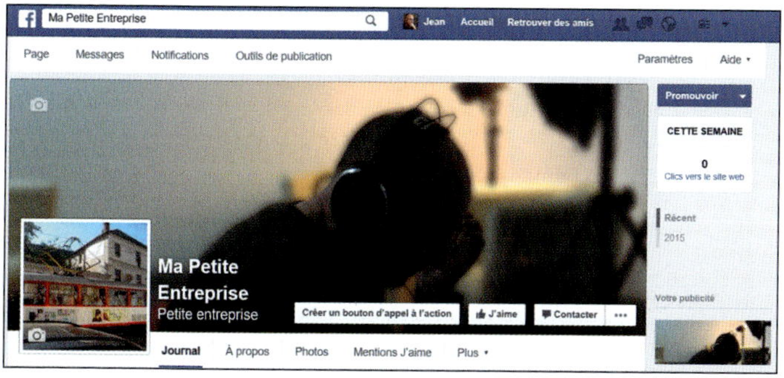

Figure 12.10 : Les onglets de gestion de la page.

- **Page :** Permet d'afficher purement et simplement la page.
- **Messages :** Affiche une sorte de client de messagerie. Vous y gérez vos messages privés.
- **Notifications :** Permet de gérer l'ensemble des notifications et de les afficher par catégorie : Tout, Mention J'aime, Commentaires, Partages, *etc.*
- **Outils de publication :** Pour gérer vos publications et celles des personnes autorisées. Vous pouvez ainsi supprimer plusieurs publications en une seule opération, ou bien créer ici de nouvelles publications sans passer par le journal.

Tout savoir

Au début de ce chapitre, nous mentionnions les différents types d'actions que les gérants d'entreprise réalisent pour agrandir leur clientèle : spots publicitaires diffusés à la télévision ou la radio, affiches sur des bus, des panneaux, *etc.* Quand vous faites de la publicité, l'une des plus grandes interrogations consiste à évaluer l'impact de vos efforts sur votre entreprise. Les statistiques Facebook visent à ôter le voile sur ce mystère. Si vous avez déjà configuré votre Page, continuez votre lecture. Sinon, cette section va vous convaincre de le faire.

48 heures après la publication de votre Page, vous commencez à voir comment le public l'accueille. Ouvrez votre Page et cliquez sur Accueil. Dans la section Favoris de la colonne de gauche, cliquez sur Statistiques. Cliquez sur Vue d'ensemble qui vous présente en détail les activités enregistrées sur votre Page au fil du temps : total des mentions J'aime, nombre de personnes qui parlent de votre Page, portée totale hebdomadaire de la Page, le tout illustré d'un graphique (voir Figure 12.11).

Cliquez sur l'onglet Mentions J'aime pour obtenir des statistiques sur les périodes où l'on a liké votre page.

Cliquez encore sur le lien Portée afin d'afficher des données semblables, mais cette fois sur les personnes qui ont été

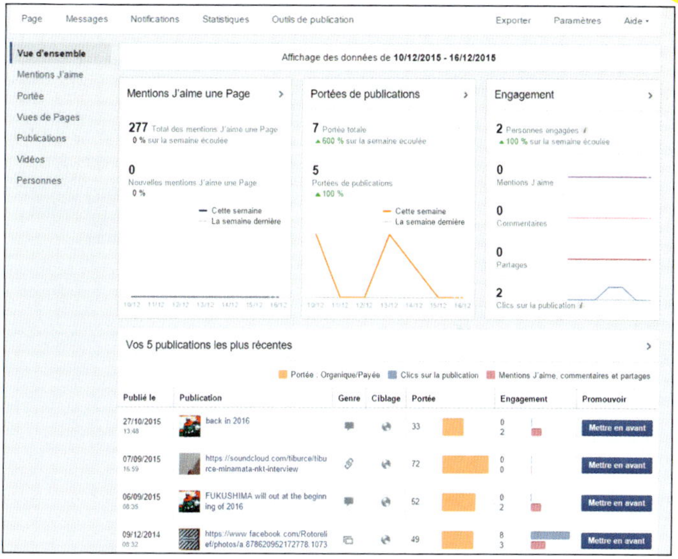

Figure 12.11 : Vue d'ensemble de la portée de votre Page.

atteintes par les publications de votre Page, c'est-à-dire aussi bien vos fans que leurs amis à qui ils ont relayé l'information, et ainsi de suite. C'est là que réside tout le pouvoir « viral » de Facebook et de son système de Page, donc ne négligez pas ces informations !

L'onglet Personnes affiche des données géographiques et démographiques détaillées sur les personnes qui ont indiqué aimer votre Page : pourcentage d'hommes et de femmes, tranches d'âge, ville et pays d'origine, langue (voir Figure 12.12). Vous avez même la possibilité de parcourir ces données par plages de dates. Un graphique indique comment vos visiteurs ont pris connaissance de vos publications : depuis la Page elle-même, depuis une recherche, par le télex, *etc*. Que rêver de mieux pour cibler vos campagnes d'information que de connaître ainsi votre public ?

N'OUBLIEZ PAS

Si en cliquant sur Statistiques dans la colonne de gauche vous obtenez une aide sur les statistiques, cela signifie qu'aucune statistique n'est encore disponible sur votre page.

Figure 12.12 : Données démographiques sur vos fans.

Quatrième partie

Dans les entrailles de Facebook

« Avec mon logiciel de retouche, je me suis permis d'effacer quelques grosses taches entre les nuages. Inutile de me remercier. »

Dans cette partie...

Attention : comme vous êtes arrivé jusqu'ici, vos proches ne vont plus vous considérer comme un « Nul ». En fait, peut-être qu'ils vous appellent déjà pour avoir des conseils sur Facebook en nouveau gourou des réseaux sociaux que vous êtes. Maintenant que vous maîtrisez les bases de Facebook, nous vous invitons à les approfondir pour mieux l'intégrer dans votre vie. Nous allons vous montrer comment faire. C'est parti !

Chapitre 13

Facebook et le Web

Dans ce chapitre :

- Comprendre la plate-forme Facebook et le graphe social.
- Découvrir comment les applications peuvent améliorer votre rapport avec Internet sur Facebook et en dehors.
- Quelques applications dignes de confiance.

Quasiment tous les ouvrages *Pour les Nuls* sont structurés de la même manière : ils divisent le sujet global en plusieurs parties, présentent ces parties et expliquent comment elles s'intègrent dans l'ensemble. Dès que chaque partie est maîtrisée, l'ensemble (le sujet) est moins intimidant, moins complexe et plus praticable. Ce livre *Pour les Nuls* tente de respecter cette structure. Donc, jusqu'ici, vous maîtrisez beaucoup d'éléments Facebook. Vous connaissez le Journal, le concept d'amitié, les commentaires, les mentions J'aime, le fil d'actualité, les applications telles que Photos, Articles, ou Événements et vous savez comment tous ces éléments interfèrent dans l'utilisation de Facebook.

Il y a une subtilité : ces éléments interviennent dans l'utilisation de Facebook, mais pas seulement comme nous l'avons décrit jusqu'à présent. Ils servent pour l'utilisation de Facebook dans bien d'autres cas et depuis d'autres endroits sur le Web. Par exemple, il est possible de commenter un article sur un blog, de vous connecter à un nouveau site en utilisant votre profil Facebook, de trouver des applications qui vont au-delà des applications Événements et Groupes. Nous utilisons le terme *plate-forme Facebook* pour désigner le système qui permet de combiner tous ces éléments en dehors de l'univers Facebook.

Dans ce chapitre, nous analyserons brièvement ce qu'est une plate-forme et comment elle fonctionne. Ensuite, nous étudierons les différents types d'applications sur Facebook et sur le Web et vous indiquerons comment elles peuvent vous être utiles. Enfin, nous aborderons la confiance vis-à-vis de la plate-forme Facebook et vous aiderons à identifier les bonnes applications.

Comprendre la plate-forme Facebook

L'exemple le plus simple pour illustrer une plate-forme est une caisse en bois. Il y a très, très longtemps, les gens prenaient une simple caisse en bois, la plaçaient au milieu de la rue, montaient dessus et criaient ce qu'ils avaient à dire à la foule. Dans cette histoire, il y a trois éléments : la caisse en bois, la personne et la foule. Si vous continuez votre lecture, notez les points suivants :

- **La caisse en bois ne crée pas les idées.** Les idées proviennent de la personne qui crie et la caisse en bois lui fournit juste une plate-forme lui permettant de partager ses idées. Si la personne se tient au milieu de la foule, au même niveau que les autres et se met à crier, personne ne l'entendra.
- **La caisse en bois n'est rien sans la foule.** Quelle que soit la hauteur à laquelle la caisse vous propulse et vous permet de projeter votre voix, s'il n'y a personne pour vous écouter, vos idées ne se répandront pas.

Si vous avez toujours utilisé un PC, vous avez certainement testé plusieurs versions de Microsoft Windows (comme Windows XP, Windows Vista, Windows 7, Windows 8, Windows 8.1, et enfin Windows 10). Windows est un *système d'exploitation*. C'est l'interface graphique utilisée pour accéder aux fichiers et aux programmes de votre ordinateur. Techniquement, vous n'avez pas besoin d'un système d'exploitation. Vous pourriez entrer des commandes manuellement pour accéder aux différents fichiers et systèmes, mais c'est bien plus complexe que d'utiliser l'interface que Microsoft met à votre disposition. Le système d'exploitation vous fournit des fonctionnalités clés qui peuvent être utilisées par diverses applications.

De plus, vous avez certainement déjà utilisé l'une des versions de Microsoft Word. Et vous disposez sans doute sur votre ordinateur de programmes qui n'ont pas été conçus par Microsoft, comme des jeux par exemple. Comme Microsoft et d'autres fournisseurs peuvent concevoir des applications ou des programmes qui fonctionnent dans Microsoft Windows, Windows est une plate-forme pour les applications, qu'elles soient ou non créées par Microsoft.

La *plate-forme Facebook*, comme une caisse en bois ou un système d'exploitation, fournit également des fonctionnalités clés disponibles pour créer des applications. Facebook désigne ces fonctionnalités clés comme le graphe social. Le *graphe social* est un ensemble de connexions (profils associés à d'autres profils par les liens d'amitié) qui forme Facebook. Les informations se diffusent au travers du graphe social par tous les moyens décrits dans les chapitres précédents : messages, posts et des milliers d'interactions qui vous délivrent les informations récentes sur tous vos amis, en fonction de la confidentialité et de la pertinence des informations.

Pendant longtemps, Facebook a été la seule entreprise pouvant créer des applications pour sa propre plate-forme. Elle a donc conçu Photos, Articles, Événements et Groupes. Toutes ces applications utilisent les connexions qui existent entre les individus sur le site pour diffuser plus d'informations. Ces connexions distinguent les applications Facebook de celles des autres sites, même ceux spécialisés dans les applications.

L'exemple classique est l'application Photos. Facebook possède l'application de partage de photos numéro un du Web. L'application Photos ne dispose pas de toutes les fonctionnalités des sites de partage de photos, mais elle est plus populaire que les autres. Notamment grâce à la possibilité de taguer vos amis sur les photos. Dès que vous taguez un ami, il en est notifié et peut voir la photo. L'information figure aussi dans le fil d'actualité où vos amis peuvent voir la photo et éventuellement la commenter. Sachant cela, vos amis auront envie d'utiliser l'application Photos la prochaine fois qu'ils voudront en partager.

Puisque Facebook a ouvert sa plate-forme, les développeurs du monde entier peuvent créer des applications qui s'intègrent dans Facebook aussi facilement que l'application Photos. À l'image de la caisse en bois, la plate-forme Facebook permet aux développeurs d'applications de présenter rapidement et facilement leurs idées et créations à la foule.

La caisse en bois (plate-forme) ne crée pas les idées ou applications et la plate-forme n'est rien sans la foule. Vous et vos amis représentez la foule. C'est pourquoi les applications Facebook vous sont utiles.

Applications intégrées dans Facebook

Aux Chapitres 8, 10 et 11, nous détaillons quelques applications Facebook, créées par Facebook et intégrées dans Facebook. La principale différence entre ces applications et celles proposées par des développeurs externes (que vous allez utiliser et adorer) est que Photos, Articles, Groupes et Événements sont présentes dès votre inscription sur Facebook. Tous les éléments qui leur permettent de fonctionner (tags, notifications, posts, *etc.*) étaient déjà à l'œuvre en arrière-plan.

Quand vous utilisez des applications, vous devez un peu gérer leur fonctionnement. Vous vous êtes déjà entraîné lorsque vous avez défini la confidentialité et d'autres paramètres relatifs aux différentes applications Facebook. Maintenant que le rideau va s'ouvrir, vous êtes prêt à prendre les commandes de tous ces aspects pour chaque application.

Pourquoi utiliser des applications dans Facebook ?

Il n'est pas absolument nécessaire d'utiliser les applications Facebook pour s'épanouir sur Facebook. Si vous n'êtes pas à l'aise avec les applications ou n'en avez trouvé aucune qui est utile ou pertinente, rien ne vous oblige à les utiliser. Beaucoup d'experts Facebook utilisent peu ou pas d'applications. Cela étant dit, voici quelques bonnes raisons d'utiliser les applications :

- **Elles offrent des fonctionnalités que Facebook ne propose pas.** Facebook a des règles pour la création de profil qui empêchent de créer un faux profil. Nous ne comptons plus le nombre de personnes dont le faux profil créé pour leur animal de compagnie a été désactivé. Les applications liées à la musique ou aux cours pour les étudiants ont comblé des manques pour des groupes spécifiques sur Facebook.

- **Elles peuvent être très divertissantes.** Vous aimez les associations de mots ? Vous aimez gérer virtuellement un restaurant ? Vous aimez jouer au poker ? Tous les jeux possibles et imaginables sont proposés sous forme d'applications Facebook. Ce type d'application allie le plaisir de jouer à un jeu que vous aimez à la compétition avec vos amis. Par exemple, un simple jeu de saisie comme Typing Maniac est bien plus divertissant si l'objectif est de battre le score de vos meilleurs amis !

- **Elles vous connectent différemment à ceux qui importent pour vous.** Toutes les applications sur Facebook vous aident à en savoir plus sur les gens et à rester en contact avec eux de différentes manières. Que vous sachiez à quels concerts vos amis ont assisté ou que vous découvriez que Carolyn est, en fait, Jane Eyre *via* l'application quizz « Quelle héroïne de littérature êtes-vous ? », toutes ces informations enrichissent vos relations de manière subtile.

Se lancer : permission requise !

Avant de pouvoir utiliser certaines applications dans Facebook, vous devez les autoriser à interagir avec votre profil, votre compte et vos informations. La plupart des applications demandent l'autorisation *via* la page Demande de permission, illustrée dans la Figure 13.1.

La demande de permission présente plusieurs permissions qui peuvent varier en fonction de l'application. Voici les plus importantes :

Figure 13.1 : Autorisation acceptée ?

- **Accéder à mes informations de base :** Vos *informations de base* sont votre nom, votre photo de profil, votre sexe et vos réseaux si vous en avez. De plus, toute information visible par tout le monde est considérée comme une information de base. Si vous acceptez la demande de permission de cette application, elle aura accès à toutes ces informations. Reportez-vous à la fin de ce chapitre pour en savoir plus sur le contrôle de ces informations ou au Chapitre 5 où nous présentons les paramètres de confidentialité.
- **Accéder à votre profil public et à d'autres informations :** Ici, Facebook entend par *profil public* vos noms, photo de profil, tranche d'âge, sexe, langue, pays et d'autres informations publiques. S'y ajoutent selon les cas des informations comme vos listes d'amis, adresse électronique, date d'anniversaire, ville actuelle ou description personnelle. Notez bien les éléments auxquels les applications veulent accéder et vérifiez s'ils ont un rapport avec la fonction ou l'objectif de l'application. La Figure 13.2 présente un exemple de demande d'autorisation à accéder à votre profil public et à d'autres informations.
- **Publier en votre nom :** Cette permission autorise l'application à poster des mises à jour de statut, des photos

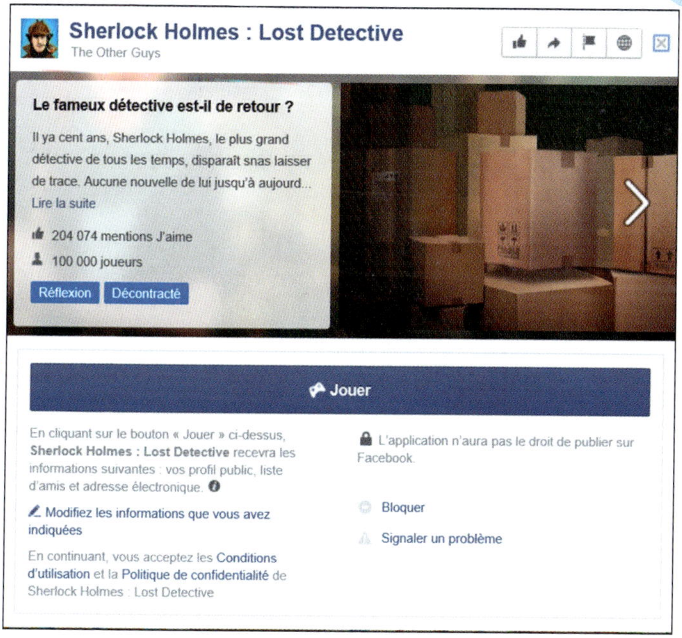

Figure 13.2 : Demande de permission à accéder à votre public et à d'autres informations de votre profil.

et tout autre contenu dans votre Journal. La Figure 13.3 propose un exemple de demande d'autorisation d'une application à publier en votre nom. Vous avez la possibilité de supprimer cette permission ultérieurement si vous estimez que l'application publie trop souvent sur votre Journal.

- **Envoyer le lien de téléchargement sur mon téléphone :** Si vous cliquez sur le bouton Envoyer à mon téléphone, Facebook vous demandera d'indiquer un numéro de téléphone portable afin d'envoyer sur ce dernier un lien pour installer l'application en question sur le téléphone.
- **M'envoyer des messages électroniques :** Par défaut, quand vous cliquez sur Autoriser, l'application peut stocker votre adresse e-mail sur ses serveurs, sans y accéder comme elle le fait avec le reste de vos informations. Cela vous permet d'établir une relation directe avec l'application, car elle peut vous contacter à tout moment, sans passer par Facebook.

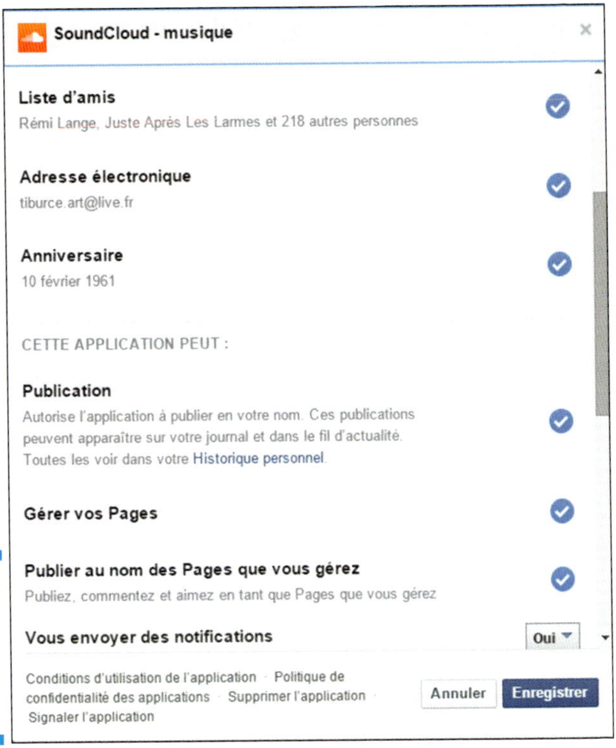

Figure 13.3 : Demande de permission à publier sur votre Journal.

C'est une bonne chose pour les applications dignes de confiance. Ainsi, vous pouvez recevoir des newsletters et des mises à jour directement de la source, sans vous connecter à Facebook. En revanche, si vous doutez de la fiabilité d'une application (sujet que nous abordons plus tard dans ce chapitre), cliquez sur Annuler l'abonnement.

Si vous êtes d'accord avec les permissions, si vous avez confiance en l'application et êtes impatient de vous lancer, cliquez sur Autoriser ou Enregistrer.

Notez que certaines applications ne demandent pas d'autorisations pour fonctionner et peuvent être utilisées immédiatement. Sachez qu'elles ont quand même accès à votre profil public, c'est-à-dire vos informations publiques (nom, photo de profil, nom d'utilisateur, identifiant, sexe, réseaux et autres données que vous avez accepté de partager) et votre liste d'amis.

Et maintenant ? Utiliser les applications

Il y a tant d'applications et d'utilisateurs différents qu'il est difficile de vous indiquer comment continuer. Nous vous proposons donc quelques actions courantes que vous serez amené à réaliser avec les applications. À vous de décider ce que vous allez faire.

Page d'accueil de l'application

Dans la plupart des cas, quand vous autorisez une application à accéder à vos informations ou quand vous cliquez sur son icône ou son lien, vous basculez dans sa page d'accueil. La Figure 13.4 montre la page d'accueil de l'application Causes. Tout comme la page d'accueil Facebook ou celle des applications comme Photos ou Groupes, de nombreuses pages d'accueil d'applications sont une sorte de passerelle d'accès à différentes actions. C'est ce que nous voulons signifier quand nous disons que les applications sont « intégrées » dans Facebook : elles se présentent sous le menu principal Facebook (grande barre bleue en haut de la page) et ne vous dirigent pas vers un autre site.

Les pages d'accueil varient d'une application à l'autre, mais, généralement, elles vous invitent à réaliser une action. L'application Causes, par exemple, vous informe sur les causes populaires et celles soutenues par vos amis. Vous êtes aussi invité à choisir celles que vous voulez soutenir. Par ailleurs, vous pouvez créer vos propres causes, faire un don à d'autres causes, *etc.*

Publier sur le Journal d'amis

Étant donné que les applications vous aident souvent à communiquer avec vos amis sur des sujets, des jeux ou du contenu spécifique, beaucoup d'entre elles vous demandent de publier un post sur le Journal d'un ami. Elles ne peuvent pas le faire tant que vous ne cliquez pas sur Publier un message.

Figure 13.4 : Page d'accueil de l'application Causes.

Favoris

En fonction de ce qui est important pour vous, vous choisissez les onglets que les gens peuvent voir dans la section Favoris de votre page d'accueil. Dans cette page, vous avez la possibilité d'ajouter l'onglet d'une application dans les favoris. Inutile de le faire pour toutes les applications que vous utilisez. Contentez-vous de mettre en évidence celles que vous préférez.

Pour ajouter un lien dans vos favoris, survolez le lien de l'application dans la colonne de gauche de votre profil, cliquez sur l'icône en forme d'engrenage, illustrée en marge, puis cliquez sur Ajouter aux favoris (voir Figure 13.5).

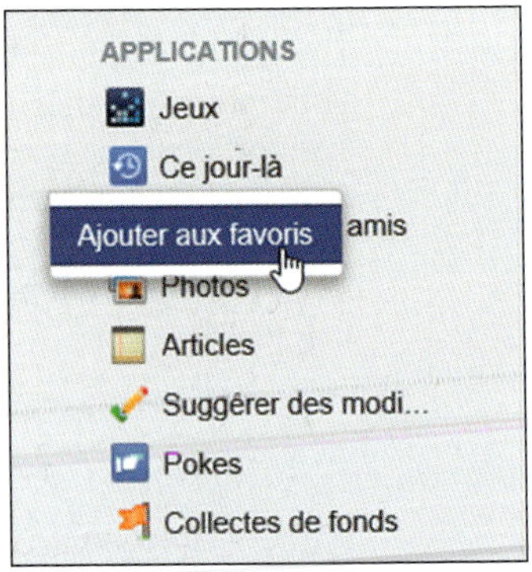

Figure 13.5 : Ajoutez vos applications préférées dans vos favoris.

L'icône de l'application apparaît désormais dans la partie supérieure de la colonne de gauche. Pour supprimer une application de vos favoris, survolez l'icône de cette application, puis cliquez sur la petite icône en forme d'engrenage située sur sa gauche. Dans le menu local qui apparaît, exécutez la commande Retirer des Favoris (voir Figure 13.6). Pour la supprimer, cliquez sur Supprimer l'application.

Figure 13.6 : Retirer une application des favoris ou la supprimer.

Imaginez que les applications que vous utilisez et affichez dans votre profil soient controversées. Peut-être ne voulez-vous pas que vos collègues, certains amis ou les personnes qui visitent votre profil pour la première fois les voient. Facebook vous permet d'utiliser la confidentialité pour déterminer qui voit les publications et l'activité liées à vos applications. Souvenez-vous que les paramètres de confidentialité ne s'appliquent pas aux posts que vous créez et qui s'affichent dans le fil d'actualité de vos amis. Par défaut, tous ceux qui accèdent à votre Journal peuvent voir les posts relatifs aux applications. Pour définir la confidentialité d'une application, agissez comme suit :

1. **Cliquez sur le petit triangle situé à droite de la grande barre bleue.**

2. **Dans le menu local qui apparaît, choisissez Paramètres.**

3. **Dans la colonne de gauche, cliquez sur Applications.**

   Cette action ouvre la page Paramètres des applications que nous étudierons dans la section « Gérer ses applications », plus loin dans ce chapitre.

4. **Trouvez l'application à modifier, placez le pointeur de la souris sur son icône, et cliquez sur l'icône de l'engrenage.**

   Une section semblable à celle de la Figure 13.7 s'affiche.

5. **Cliquez sur le menu déroulant de la section Visibilité des applications (App visibility pour certaines), et choisissez un niveau de visibilité ou personnalisez la confidentialité (Figure 13.8).**

Le paramètre de confidentialité que vous sélectionnez ici s'applique aux publications et aux activités liées à l'application sélectionnée. Il ne concerne pas les publications que vous créez et qui s'affichent dans le fil d'actualité de vos amis.

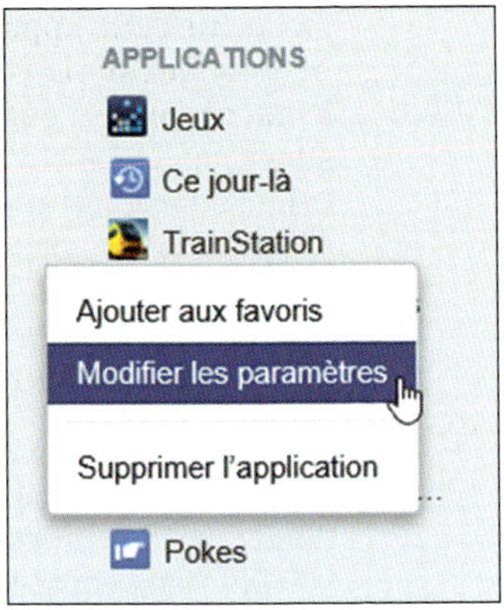

Figure 13.7 : Modifiez les paramètres de votre application.

Invitations et demandes

Vous pouvez inviter des amis à participer à des événements, à jouer à des jeux ou à soutenir des causes. Ces actions ont toujours un but précis, que ce soit ou non une application créée par Facebook.

Les invitations à utiliser une application sont bénéfiques pour tout le monde. L'application augmente son nombre d'utilisateurs, les personnes invitées découvrent une nouvelle application et en apprennent un peu plus sur vous et vous bénéficiez d'interlocuteurs privilégiés pour discuter de l'application et de ses objectifs.

Autres permissions

Certains types d'applications envoient des demandes de permission très spécifiques. Par exemple, une application de bureau peut demander une permission spéciale pour accéder à vos informations, même si vous n'êtes pas sur le Web.

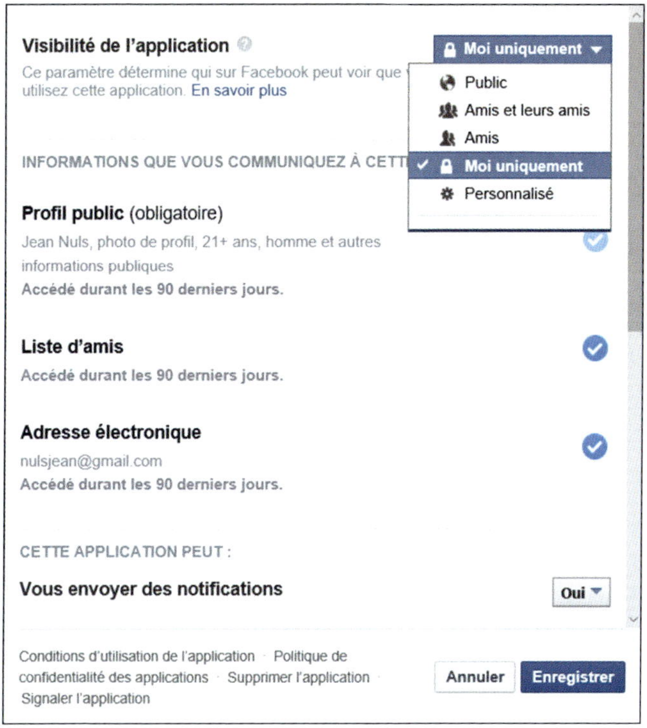

Figure 13.8 : Modifiez le niveau de confidentialité de l'application.

Les applications sont très diverses. Certaines publient du contenu très souvent, d'autres insistent beaucoup pour que vous invitiez des amis. Sachez que vous contrôlez les activités des applications. N'acceptez aucune action que vous ne souhaitez pas réaliser. Montrez à vos applications que vous êtes le chef !

Utiliser Facebook en dehors de Facebook

Pensez à tout ce que vous faites sur le Web. Vous achetez des cadeaux à vos amis sur Amazon.com, vous tenez un blog ou aimez commenter le blog des autres, vous lisez des avis sur des films, *etc*. Vous faites des tas de choses que vous apprécieriez certainement plus si vous pouviez les partager avec vos amis.

Envie de savoir si les avis que vous lisez sont fiables ? À la recherche d'un conseil de qualité sur un film ? Marre de ne côtoyer que des étrangers sur le Web ? Bienvenue aux *modules sociaux*.

Nous utilisons le terme *module social* pour désigner les applications intégrées dans d'autres sites Web. Ces modules peuvent être (ou ne pas être) semblables aux applications que vous utilisez dans Facebook. Il est plus juste de dire que ces modules utilisent un lien Facebook que vous employez pour apporter un aspect social à votre action.

Aucune application spécifique ne peut expliquer tous les points d'intégration des modules sociaux, car la plupart des applications ont besoin d'un ou deux de ces points pour être considérées comme des modules sociaux. Le point qu'il faut retenir est qu'il est possible de se connecter à un autre site en utilisant Facebook. C'est l'étape qui précède la plupart des implémentations que nous étudions. (Certaines implémentations utilisent des *cookies* ou un moyen de marquer les sites que vous avez visités, donc vous n'avez pas besoin de vous connecter.)

Se connecter

Le bouton Se connecter peut optimiser votre rapport au Web en ce sens qu'il vous épargne de créer un nouveau compte pour chaque site Web. Les formulaires Web qui requièrent votre nom, votre e-mail et vous invitent éventuellement à télécharger une photo de profil et trouver des amis appartiennent désormais au passé. Pour l'exemple, nous allons créer un nouveau compte sur Deezer, un site d'écoute de musique.

Allez sur la page de connexion de Deezer, sur `www.deezer.com` et cliquez sur le bouton Facebook. Sur certains sites, vous passerez par un bouton Connexion (ou Se connecter) généralement localisé en haut à droite de la page. Notez que vous pouvez vous connecter avec Facebook ou avec Deezer. Lorsque vous cliquez sur Facebook, la fenêtre illustrée dans la Figure 13.9 s'affiche.

Notez quelques points importants dans cette fenêtre. Si vous êtes connecté à Facebook quand vous cliquez sur le bouton

Figure 13.9 : Connectez votre compte Facebook à Deezer.

de connexion, la connexion se fait automatiquement. Dans ce cas, une fenêtre vous explique ce que Deezer utilisera de votre compte Facebook, comme à la Figure 13.10. Cliquez sur OK pour accepter ces conditions d'utilisation.

Si vous partagez avec vos amis, ils sauront, en consultant votre profil ce que vous avez écouté et quand vous l'avez écouté.

Modules courants

Il existe beaucoup de modules sociaux que les sites Web peuvent ajouter facilement. D'ailleurs, nombreux sont ceux qui en ont ajouté quelques-uns voire tous. De nos jours, difficile de trouver un site Internet sur lequel Facebook n'est pas présent. Les sections suivantes mettent en évidence quelques modules courants que vous avez certainement déjà croisés sur le Web.

Figure 13.10 : Cliquez sur Ok lorsque vous êtes déjà connecté à Facebook.

J'aime

Avec les modules sociaux, vous pouvez tout « aimer » virtuellement, partout sur le Web. Facebook offre aux entreprises une solution facile pour ajouter des boutons J'aime à leur contenu en ligne. Par exemple, de nombreux blogs disposent de boutons J'aime en face de leurs articles. Souvent, le bouton J'aime est accompagné de statistiques sur ceux qui ont aimé. Ainsi, si certains de vos amis ont aimé un contenu du Web, vous pouvez voir leur nom. Dès que vous cliquez sur le bouton J'aime n'importe où sur le Web, l'information est diffusée sur Facebook *via* le fil d'actualité.

N'OUBLIEZ PAS

Tout contenu que vous aimez en dehors de Facebook s'affiche sur votre Journal et dans le fil d'actualité de vos amis. Si vous pensez qu'aimer un article controversé peut vous mettre des amis à dos, choisissez plutôt de le partager sous forme de lien et configurez le niveau de confidentialité du partage.

Sur certains sites, la zone contenant le bouton J'aime affiche un échantillon des autres personnes qui aiment la Page Facebook. Cette zone peut également afficher les mises à jour récentes de la Page Facebook du site.

Sur certains sites, vous accéderez à ce bouton J'aime en cliquant préalablement sur un bouton Partager.

Commentaires

La Figure 13.11 représente une zone de commentaires fournie par Facebook. En théorie, tout blog, d'une personnalité ou d'un de vos amis, peut ajouter une zone de commentaires pour que les lecteurs puissent se connecter rapidement et poster des commentaires. Cette action est généralement précédée d'un écran de connexion.

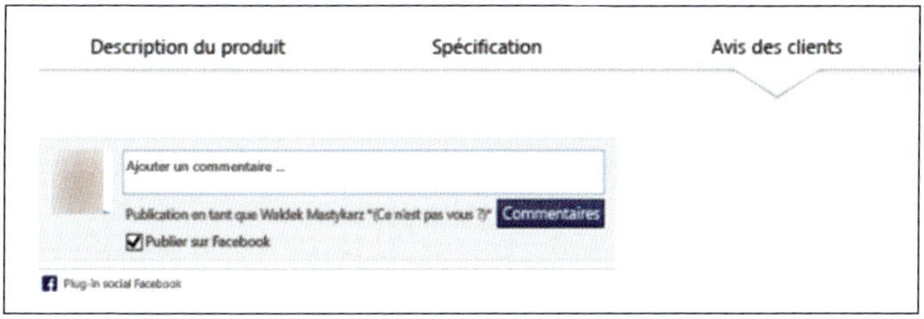

Figure 13.11 : Commentez partout sur le Web.

Activité récente

Sur les sites Web, ce module affiche les actions récentes effectuées par vos amis sur le site Web en question. La Figure 13.12 propose un exemple de flux d'activité (dans ce cas, des amis qui aiment des articles sur un site Web).

Recommandations

Ce module affiche des informations similaires à celles du module précédent, sauf qu'il ne privilégie pas le caractère récent, mais ce que les visiteurs ont aimé.

Figure 13.12 : Activités récentes d'amis sur un autre site.

Envoyer

Nous nous répétons, mais c'est tellement vrai : tout est mieux quand nos amis sont de la partie. Alors, faites profiter vos contacts Facebook de vos découvertes sur le Web. Un bouton Envoyer présent sur une proportion croissante de pages Web vous permet ainsi de partager du contenu sur Facebook avec des amis de votre choix.

Personnalisation instantanée

Cette catégorie de modules sociaux Facebook permet de connecter des comptes à des partenaires au nom de ses utilisateurs. Par exemple, Yelp, Pandora et Microsoft Docs sont des sites partenaires.

L'idée de la personnalisation instantanée est d'intégrer totalement l'aspect social dans ces sites Web. Par exemple, quand vous utilisez Pandora, vous voyez quels amis aiment les artistes et les morceaux qui s'affichent à l'écran. Sur Yelp, vous pouvez instantanément trouver toutes les personnes qui partagent votre avis : vos amis.

La Figure 13.13 montre la page d'accueil de Yelp où vous pouvez créer un compte.

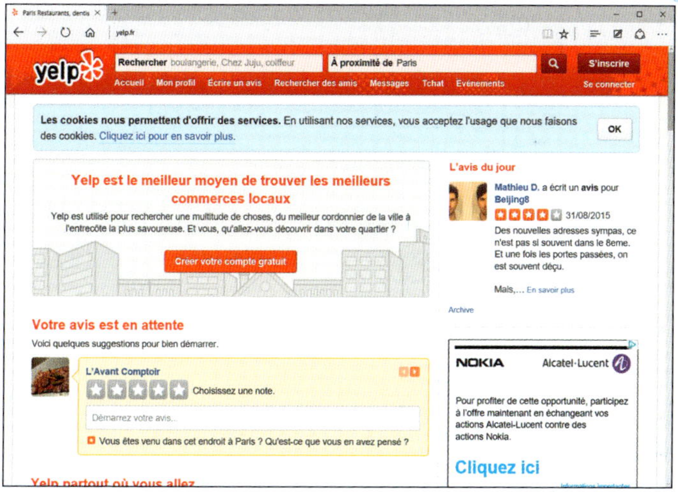

Figure 13.13 : Yelp !

Découvrir d'autres applications

Les applications que vous rencontrez le plus souvent sur Facebook sont celles qui sont intégrées dans Facebook et les sites Web de connexion qui proposent ces fonctionnalités. Cependant, il existe beaucoup d'autres catégories d'applications qui peuvent vous être utiles.

Applications pour l'entreprise

Si vous êtes propriétaire d'une Page, beaucoup d'applications sont conçues pour s'intégrer dans votre Page et fournir des fonctionnalités supplémentaires à votre entreprise. Par exemple, l'application YouTube permet de partager facilement des vidéos.

Applications pour le bureau

Les applications de bureau impliquent que vous téléchargiez quelque chose sur votre ordinateur (au lieu de simplement permettre à l'application d'accéder à vos informations). Ces applications proposent souvent des fonctionnalités qui vous permettent de lire votre fil d'actualité et de commenter les publications sans ouvrir de navigateur Web. Elles peuvent aussi rassembler vos événements Facebook et les importer dans l'agenda électronique que vous utilisez. En résumé, elles vous permettent d'utiliser Facebook en dehors de la fenêtre de votre navigateur.

Trouver ses applications préférées

Avec autant d'applications, difficile de savoir quelles sont celles que vous allez utiliser et qui sont drôles, pratiques et adaptées à vos besoins. Nous vous avons déjà proposé quelques exemples, mais nous savons pertinemment que vous avez vos propres goûts. Alors, faites vos propres recherches pour trouver les applications qui vous conviennent.

Vous allez certainement découvrir beaucoup d'applications par le biais de vos amis : les posts qu'ils créent et les invitations qu'ils envoient vous renseignent sur celles que vous devriez apprécier.

Page Applications

Comme son nom l'indique, la Page Applications contient les applications que vous utilisez. Pour y accéder rapidement, cliquez sur le petit triangle bleu situé à droite de la barre de titre bleue de Facebook. Dans le menu local qui apparaît, choisissez Paramètres. Cliquez sur Applications dans la colonne gauche. La Figure 13.14 propose un exemple de Page Applications. Notez que dans la page Applications, où les applications sont classées dans l'ordre chronologique inverse, l'application la plus récemment utilisée figure en haut de la page tandis que la plus ancienne se trouve en bas de page.

ATTENTION

Cela paraît fou, mais les jeux sur Facebook sont très addictifs. Nous n'osons même pas vous dire combien de temps nous avons passé à jouer au lieu d'écrire ce chapitre. Un seul conseil : pensez à prendre une douche et à vous changer de temps en temps.

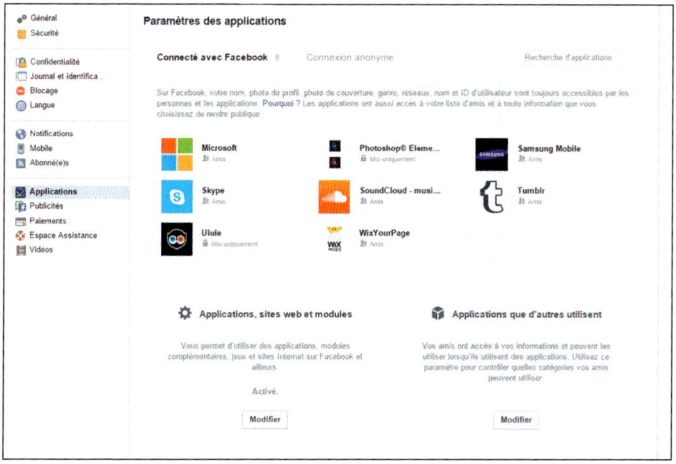

Figure 13.14 : Page Applications.

Signes d'une application fiable

Au fil de vos explorations en quête de nouvelles applications, vous devrez fréquemment faire face à des autorisations d'accès et des demandes de permission. Avant de les accepter, assurez-vous que l'application est fiable. Pour le déterminer, consultez la page d'accueil de l'application.

Cette page est une source intéressante d'informations qui vous aide à déterminer si l'application se comporte de manière respectueuse avec vos informations et avec vos amis. Personne ne souhaite qu'une application fasse mauvais usage de ses photos ou spamme ses amis à tout bout de champ. Voici quelques indicateurs à observer :

- **Vos amis utilisent l'application :** Le fait que vos amis utilisent l'application est un excellent indicateur pour repérer une bonne application. C'est souvent le signe qu'elle est distrayante, utile et intéressante. Petite clarification, dans ce cas, le terme *vos amis* désigne ceux avec qui vous interagissez le plus souvent sur Facebook. Si ce fameux type que vous avez rencontré un jour (appelons-le Tony) vous envoie une invitation, et si vous vous dites « Bizarre, je n'ai pas parlé à Tony depuis des lustres », il y a de fortes chances pour que l'application soit mauvaise et utilise des méthodes néfastes pour envoyer des invitations.

- **Les avis sur l'application sont plutôt positifs :** Dans la colonne gauche de la page d'accueil de l'application, vous disposez d'une note globale attribuée à l'application. De plus, il suffit de cliquer sur Avis pour consulter les avis des utilisateurs. Des commentaires tels que « Spamme mes amis » ou « Trop lente » devraient vous dissuader d'utiliser l'application.
- **L'application fournit un support :** Les bonnes applications respectent leurs utilisateurs et tentent de les aider quand ils sont en difficulté, soit par le biais d'une FAQ, soit en répondant aux posts publiés sur leur Journal. Certaines applications sont développées par des amateurs qui exercent cette activité dans leur garage pour passer le temps. Leur niveau de support risque donc de ne pas être aussi élevé que celui des grandes entreprises. À vous de voir !

Gérer ses applications

À force d'ajouter des applications, vous allez rapidement vous retrouver avec des tas d'applications à gérer. Pas de panique, Facebook met à votre disposition les outils nécessaires pour vous faciliter la tâche. Ces outils sont regroupés dans la page Paramètres des applications.

Page Paramètres des applications

La page Paramètres des applications vous permet de contrôler beaucoup d'aspects de vos applications, que nous avons déjà abordés dans ce chapitre.

Pour accéder à cette page, cliquez sur l'icône du triangle située à droite de la grande barre bleue, et sélectionnez Paramètres. Cliquez ensuite sur Applications dans la colonne de gauche.

Cette page compte quatre paramètres dédiés aux applications, jeux et sites Web :

- **Applications connectées à Facebook :** Cette section peut être vide si vous utilisez Facebook depuis peu. Elle indique le nombre d'applications et de sites Web auxquels vous avez associé votre profil Facebook. À tout moment, vous pouvez supprimer l'application si vous n'appréciez pas son fonctionnement ou n'êtes pas à l'aise avec.
- **Applications, Sites Web, et Modules :** Permet d'utiliser vos applications, plugins, jeux, et sites Web sur Facebook et partout ailleurs.
- **Applications que d'autres utilisent :** Quand vos amis utilisent d'autres sites Web et applications en collaboration avec Facebook, il peut leur être utile de voir les informations de leurs amis (dont vous en l'occurrence). Par exemple, s'ils utilisent une application qui leur rappelle l'anniversaire de leurs amis, ils ont besoin de ces informations. Dans cette section, vous déterminez les informations vous concernant auxquelles vos amis peuvent autoriser les sites à accéder. Si vous voulez permettre à vos amis d'utiliser un site Web de rappel d'anniversaires, vous devez les autoriser à fournir au site votre date de naissance. Si vous refusez qu'une application, quelle qu'elle soit, accède à certaines de vos informations, comme les articles que vous écrivez par exemple, cliquez sur Modifier et décochez la case correspondante dans la fenêtre qui s'ouvre. Ainsi, vos amis ne pourront plus importer cette information dans leurs applications.
- **Anciennes versions de Facebook pour mobile :** Ce paramètre permet de contrôler la confidentialité de votre activité avec des versions anciennes de Facebook pour dispositifs mobiles.

Par défaut, les applications de la section Applications que vous utilisez s'affichent en tête de liste. Chaque application est associée à une icône (crayon) Modifier et à une croix (x). Cliquez sur la croix pour supprimer complètement une application. Cette action supprime non seulement les références à l'application dans votre page d'accueil, mais annule aussi les autorisations. Ainsi, l'application n'a plus accès à vos informations. Si vous voulez la réutiliser, vous devrez une nouvelle fois accepter la demande de permission.

Tout l'intérêt de cette page se trouve dans le lien Modifier qui ouvre la fenêtre illustrée dans la Figure 13.15.

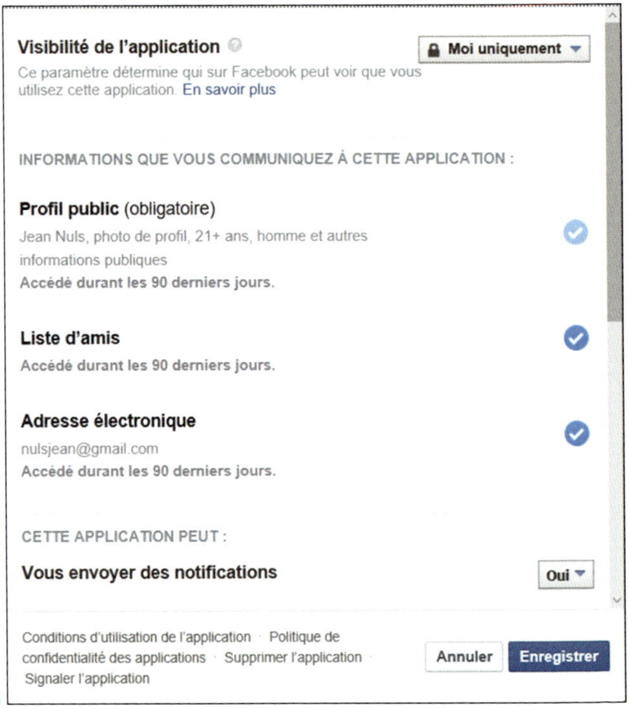

Figure 13.15 : Fenêtre détaillant les paramètres d'une application.

La plupart des paramètres qui y figurent concernent des aspects des applications que nous avons déjà étudiés. C'est pourquoi nous vous proposons ici un rapide aperçu des options et de leur impact sur votre relation avec l'application concernée :

- **Dernière connexion :** Indique la date de votre dernière connexion à l'application.
- **Visibilité des applications :** Indique qui peut voir votre activité et les publications liées à l'application.
- **Informations que vous communiquez à cette application :** Détaille tout ce à quoi l'application peut accéder vous concernant.

- **Cette application peut :** Indique si l'application doit ou non vous envoyer des notifications pour ses mises à jour.

Contrôler l'affichage du contenu de ses amis

Nous avons tous une grand-tante ou une cousine éloignée qui s'illustre systématiquement aux fêtes de famille en portant des chapeaux excentriques et en parlant un peu trop fort. Mais si, cherchez bien ! Tous les membres de la famille ont déjà subi son discours sur les vertus dépuratives de la tisane au fenouil et ont répondu « Chacun son truc ». De la même manière, nous avons sûrement des amis sur Facebook qui n'ont pas les mêmes goûts que nous en matière d'applications. Certains adorent les quizz qui envahissent votre page d'accueil avec des informations que vous ne trouvez pas vraiment intéressantes. D'autres vous défient sans cesse à des jeux auxquels vous ne jouez plus depuis que vous avez 15 ans. Voici quelques conseils pour conserver le Facebook que vous aimez :

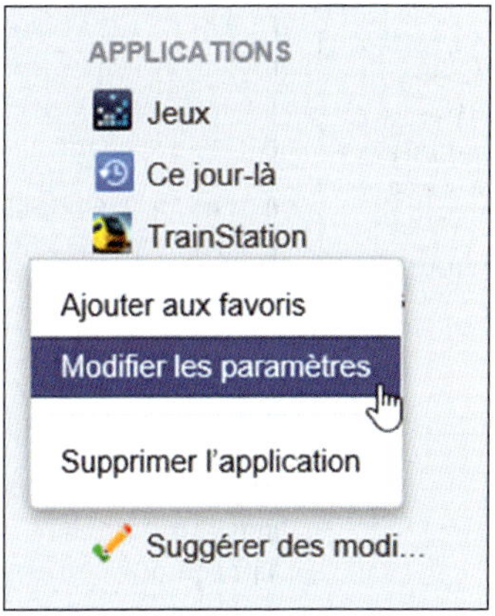

Figure 13.16 : Modifier les paramètres de l'application.

- **Bloquer une application :** Sur votre compte, cliquez sur Accueil. Ensuite, dans la colonne de gauche, cliquez sur l'icône de l'engrenage suitée à gauche de celle de l'application à bloquer. Dans le menu local qui apparaît, choisissez Modifier les paramètres, comme à la Figure 13.16. Dans la partie inférieure de la boîte de dialogue des paramètres de l'application, cliquez sur le lien Signaler l'application. Dans la boîte de dialogue qui demande des explications sur ce signalement, activez l'option Je signale comment cette application utilise mes informations. Ensuite, cliquez sur Continuer. Dans la nouvelle boîte de dialogue qui apparaît, choisissez Bloquer <nom de l'application>.

- **Ignorer les invitations d'un ami :** Vous vous souvenez de cette grand-tante un peu folle ? Il se peut qu'elle vous envoie des invitations ou des demandes pour des appli-

Conseils pour les développeurs

Si vous êtes développeur et souhaitez créer une application Facebook, le meilleur conseil que nous puissions vous donner est le suivant : soyez excellent pour vos utilisateurs. Les conseils ci-dessous sont un peu plus développés :

- **Ne spammez pas.** Les utilisateurs détestent les spams. S'ils associent les spams à votre application, ils vont sûrement détester votre application.
- **Soyez utile.** Les gens utilisent Facebook comme un outil leur permettant de rester en contact avec leurs amis et d'obtenir des informations sur d'autres personnes. Si votre application est utile, elle se popularisera en un rien de temps.
- **Soyez social.** Là encore, les gens utilisent Facebook pour garder contact et interagir avec leurs amis et leur famille. Votre application se développera rapidement si elle présente un aspect social. Les utilisateurs veulent se connecter avec leurs amis. Donnez-leur de nouveaux outils pour le faire.
- **Soyez clair sur vos objectifs.** Il est très important que les gens comprennent ce qu'ils font quand ils ajoutent ou interagissent avec votre application. Personne n'aime être déçu.
- **Soyez compétitif.** Beaucoup de personnes développent sur la plate-forme. Distinguez votre application des autres. Assurez-vous qu'elle propose les meilleures fonctionnalités possibles.
- **Soyez à l'écoute de vos utilisateurs.** Les utilisateurs Facebook sont passionnés et s'expriment. Tirez-en profit. Lisez les avis et les discussions sur la page de votre application, analysez les suggestions et répondez aux publications négatives quand vous le pouvez.
- **Soyez fiable et rapide.** Quelle que soit votre application, si un utilisateur est sans cesse bloqué par un message de maintenance ou doit attendre trente secondes dès qu'il télécharge une page, il arrête de l'utiliser. Mettez tout le temps et les ressources nécessaires pour prendre en charge un grand nombre d'utilisateurs.

cations relatives à l'univers du chapeau excentrique. Dans les invitations, vous disposez d'un lien vous permettant d'ignorer toutes les invitations de cette personne. Vous restez amis, mais ne recevez plus d'invitations farfelues.

- **Masquer le fil d'actualité :** Pour ne plus recevoir de notifications d'un ami, c'est-à-dire d'un compte Facebook, affichez son profil. Ensuite, cliquez sur le bouton Abonné(e). Dans le menu local qui apparaît, cliquez sur Ne plus suivre <nom du compte>.

Index

A

B

C

D

E

F